核危机控制

Nuclear Crisis Control

王永红◎主　编
刘志亮　宋剑波　来永芳◎副主编

时 事 出 版 社
北 京

图书在版编目（CIP）数据

核危机控制/王永红主编．—北京：时事出版社，2019.2
ISBN 978-7-5195-0276-8

Ⅰ．①核…　Ⅱ．①王…　Ⅲ．①核武器问题—研究—世界
Ⅳ．①D815.2

中国版本图书馆 CIP 数据核字（2018）第 266148 号

出版发行：时事出版社
地　　址：北京市海淀区万寿寺甲 2 号
邮　　编：100081
发行热线：（010）88547590　88547591
读者服务部：（010）88547595
传　　真：（010）88547592
电子邮箱：shishichubanshe@sina.com
网　　址：www.shishishe.com
印　　刷：北京旺都印务有限公司

开本：787×1092　1/16　印张：14.5　字数：230 千字
2019 年 2 月第 1 版　2019 年 2 月第 1 次印刷
定价：88.00 元

编审人员

审　　定：董中朝　李树广　张高林　王玄玉
罗　霞　马志勇

主　　编：王永红

副 主 编：刘志亮　宋剑波　来永芳

统　　稿：王永红

编写人员：王永红　刘志亮　宋剑波　来永芳
吴江峰　黄伟奇　颜　慧

前 言

核危机是由于核武器问题引发的破坏地区和平与稳定、威胁国际安全的恶性事件，核危机控制成功与否关系到世界和平和稳定。纵观历史，世界上发生了多次核危机，但绝大数核危机得到了有效的控制，遏制了核危机升级，防止了核武器扩散，避免了核战争爆发，但是目前世界上仍有核危机未得到有效的解决，未来也可能出现新的核危机，因此研究核危机控制的内在规律和应对措施具有很重要的现实意义和学术价值。

本书重点研究了如下几个方面内容：一是核危机控制的内在规律。核危机控制是对核危机的发生、演变及其后果进行监测、掌握、限制等的活动，重点研究了核危机控制的基本要素、活动和影响因素等。二是核危机控制的战略指导。战略指导是控制核危机的总体设计，战略指导决定了核危机控制的方向与途径，主要包括控制目标、控制原则和控制机制。重点研究了核危机控制目标的主要内容和确立依据；制定核危机控制原则的依据和主要内容，运用原则的方式及要求；核危机控制机制的目的、作用及建立，核危机控制机制运行要求等。三是核危机控制决策。决策是核危机控制活动中的最重要一个环节，重点研究了核危机控制决策的组织体系和决策程序。四是研究了核危机控制的手段。手段是达成核危机控制目标，实现决策者意图的方法和措施，重点研究了政治外交、经济、军事等手段的方式、作用及运用要求。五是核危机控制中的国际组织和大国的地位和作用。重点研究了相关国际组织和大国的作用。

本书是课题组成员共同努力的结果，是课题组成员智慧的结晶。王永红负责全书的框架设计、统稿。具体分工为：第一章由王永红撰写，第二章由来永芳撰写，第三章由王永红、黄伟奇撰写，第四章由宋剑波撰写，第五章由王永红撰写，第六章由刘志亮撰写，第七章由颜慧、吴江峰撰写，第八章由宋剑波撰写，第九章和第十章由刘志亮撰写。

在研究过程中，课题组得到各级领导的高度重视，相关专家提出许多宝贵意见，在此特别感谢董中朝教授、李树广研究员、张高林教授、王玄玉教授、罗霞教授和马志勇副教授。

课题组查阅了大量的文献资料，吸收了他人的相关研究成果，对核危机控制问题进行了深入细致的研究，力求达到系统全面的效果，但由于课题组成员能力水平有限，对问题的认识存在不足，恳请读者批评指正。

编者

2018 年 11 月 30 日

目 录

绪　论

一、研究目的及意义

核武器作为大规模杀伤武器之首，因其巨大的威慑和毁伤作用，成为许多国家追求的目标和威慑手段，因此，从核武器出现以来，世界各国在谋求核武器与遏制核武器发展，使用核武器与禁用核武器的矛盾中，核危机不断出现。据统计，到目前为止，世界上共发生各种有影响的核危机约10余次。核危机严重影响国际社会的稳定，威胁人类社会的安全。纵观历史，大部分核危机得到有效的控制，阻止了核危机进一步升级，避免了战争、核战争的爆发和核扩散。目前，世界上具备核研制核武器潜力的国家数量已经超过40个，随着时间的推移，加入这个行列的数字还会大大增加。未来，核危机出现的可能性依然存在，在一定程度上会诱发新的核危机。因此，研究核危机控制的理论与实践，寻找有效的模式、方法来应对可能发生的核危机具有重要的现实和理论意义。

首先，发现核危机控制的内在规律。规律是客观存在的，是不以人的意志为转移的。只有发现了这些客观规律，才能更加准确地认识、化解核危机。核危机一般经过潜伏、爆发、持续和化解四个阶段。在不同类型、不同程度的核危机控制中，核危机控制行为体采取具体方式不同，但通过分析发现，核危机控制中都隐蔽着一定的基本规律，这些规律在不同的核危机控制中只是表现出不同的形式。核危机控制作为一种控制活动，基本问题主要包括：第一，核危机控制的目标是什么；第二，在核危机控制中应坚持哪些原则；第三，核危机控制如何科学决策，使利益最大化；第四，在核危机控制中采用哪些手段达到目标。对于这些问题，不同的核危机控制只是给出不同的答案而已。

其次，为有效地控制核危机提供理论。理论来源于实践，反过来又对实践具有指导作用。20 世纪 90 年代以来，危机控制与管理的理论研究进入新的历史时期，危机控制理论已成为现代政治学和决策科学的一个新的领域。核危机控制理论的作用主要体现在：一是有助于正确认识核危机。控制核危机必须正确地分析核危机的类型、产生的根源，对核危机没有正确的认识，深入的分析，就不可能有针对性地控制核危机。二是有助于制定正确的战略指导。战略指导是对核危机控制的顶层设计和整体把握，运用基本的原理方法指导具体核危机的解决，具有很强的方向性、全局性和长远性，是控制核危机的核心内容。其主要内容包括核危机控制的目标、原则和机制，科学地确定、运用战略指导必须遵循科学的程序与方法。三是合理地选择控制手段。控制手段是达成目标的重要途径，不同的手段具有不同的作用，要结合核危机的进展和实际情况，适时地选择手段。

最后，为我国参与核危机控制提供参考。我国周边核形势相对比较复杂，朝核危机、南亚核危机、伊朗核危机都发生在我国周边，这些核危机不仅对地区和世界和平造成了影响，同时也影响到我国的核心利益。中国作为一个负责任的核大国，不卷入核危机，但周边核危机发生后，无论是维护国际和平与稳定还是维护国家核心利益，都需要对核危机控制进行深入的研究，形成正确的理论指导，最终化解核危机。

二、国内外研究现状

从 20 世纪 50 年代核危机出现后，就有学者开始研究核危机控制。核危机控制理论研究兴起始于美苏两国对抗而引发的古巴导弹危机。1962 年古巴导弹危机事件发生后，一场可能危及多个国家命运与安全的大规模战争甚至核大战一触即发。但美苏两国开始意识到事态发展的严重性，都不愿接受因危机失控而导致一场毁灭性战争的严重后果，没有再采取过激行动，选择了较为理智的克制态度，使问题得到了较好的解决。古巴导弹危机事件的和平解决，不仅使人们看到了冷战条件下危机失控的严重性和对危机实施有效控制的可能性与现实意义，同时也引起了人们对核危机控制理论研究的高度重视与普遍关注。目前，研究成果主要分成三类：

第一类，关于核危机本身的研究。重点研究核危机发生的背景及原因、实质、发展过程、展望、对地区及世界的影响等内容。于义风、史波波等编的《朝鲜核问题研究》，周琦、朱杰进的《朝核危机的实质及其解决思路》，对第一次朝鲜核危机、第二次朝鲜核危机产生的根源、影响、影响解决的因素、前景等问题进行了研究。陈丽芬的《浅析朝核问题中的中国国家利益》、王虹的《朝核危机产生的原因及中国的对策》、金玲和王衡的《朝核危机的安全困境与中国国家利益》重点分析了朝核问题对中国利益的影响。中和的《朝核危机何去何从》分析了经济制裁、导向战争的可能性。巴殿君的《朝鲜核危机的现状及展望》分析了朝核去功能化的现状、朝核去功能化的解决模式、朝核去功能化路径及走向等。

唐志超的《伊朗核问题的由来、发展及走向》和《当前伊朗核危机透视》、唐继赞的《伊朗核危机的四种可能》、田文林的《伊朗核危机告诉我们什么》《伊朗核危机可能出现的前景》、张元凯的《透视伊朗核问题》、姚大学的《伊朗核危机的历史考察》研究了伊朗核发展史、核问题的发展、各方的立场、展望。刘国华的《伊朗核问题与大国的利益博弈》分析了伊朗拥核的原因，以及美国、欧盟、俄罗斯对伊朗核问题的态度。伊朗拥核作为对付美国威胁，确保国家安全的可靠盾牌，以拥核作为实现强国目标的关键工具，实施多样化能源战略的需要。美国的基本立场是维护和确保其在中东地区的战略利益和独家主导地位，打击以致终结伊朗伊斯兰政权，对国际核不扩散机制的改造，为其盟国以色列消除战略威胁。欧盟作为伊核问题“利益攸关者”，始终致力于促进核问题的妥善解决，既反对伊朗发展核武器，又主张以政治外交手段解决，即发挥联合国的主导作用，通过“核查”、谈判等和平方式解决危机。

第二类，对具体核危机控制的研究。主要针对某一次核危机控制进行理论分析，如古巴导弹危机管理研究、朝核危机管理研究和伊朗核危机控制研究等。

古巴导弹危机管理研究方面，Richard M. Pious 的《古巴导弹危机和危机管理的有限性》[①]，俄罗斯的留里克《通过潜望镜看古巴导弹危机》[②] 对危机管理的程序、政治领导、力量平衡等进行了分析。

李效东著的《朝鲜半岛危机管理研究》分别对第一次朝鲜核危机和第二次朝鲜核危机的管理过程、目标和手段等进行了分析。周琦、朱杰进的《朝核危机的实质及其解决思路》提出和平解决和武力解决的两种解决方式。林利民的《朝核危机管理与中国的外交抉择》，项蒙昱的《朝核问题和中国的多边外交政策选择》，林永亮、林炳表的《朝鲜核危机及中国的应对策略》三篇文章主要分析了利用外交手段进行核危机管理。盛海燕的《俄罗斯在朝鲜核危机中的立场与作用》，分析了俄罗斯的基本立场，坚持朝鲜半岛无核地位，遵守《不扩散核武器条约》，无条件地保证这一地区的和平、安全与稳定，通过政治途径解决危机。

龚小东的《多向度思维探析——美国与伊朗核危机下的合作》，从社会政治心理方面分析了美伊合作的可能性，从整体实力方面分析了美伊合作的现实性，从付出代价方面分析了美伊合作的必要性。赵青海的《俄罗斯与伊朗核问题》，分析了伊俄核合作以及俄罗斯在伊核问题的政策。闫文虎的《美国应对伊朗核危机的战略与措施》，提出了美国的核危机管理手段，主要包括打舆论战与威慑战，加大经济制裁力度，"颜色革命"与内部渗透，挑起民族宗教矛盾与事端、国际孤立等。孙德刚的《伊朗核危机阴影下的以色列先发制人战略》，主要分析了以色列先发制人打击的促进因素，如生存问题、转移国内民众视线等，制约因素如军事力量的有限性、政治派别的反对、缺乏盟友的鼎力支持、国际舆论的反对以及伊朗的反击等。

第三类，对核危机管理的综合研究。对核危机管理进行综合分析，从个案中找出核危机管理的基本规律和特点。

理查德·内德著的《核危机管理》从可能导致战争的几个阶段进行危机管理，主要包括先发制人、失去控制和误判上升，最后趋于稳定。程晓

① Richard M. Pious. The Cuban Missile Crisis and the Limits of Crisis Management. Political Science Quarterly, pp. 81 – 105.

② [Russia] RYURIK A. KETOV. The Cuban Missile Crisis as Seen Through a Periscope. The Journal of Strategic Studies, Vol. 28, No2, April 2005: pp. 217 – 231.

勇在《国际核危机及其控制》一文中，将国际核危机分成冷战时期和冷战后的国际核危机及其控制；程晓勇在《国际核危机及其管理研究》中对国际核危机管理的定义和基本范畴、层次与分段，基本原则、预防与预警、决策、第三方管理和影响因素等内容进行了分析。

曹希楷的《国际核危机管理模式探析——以朝核危机为例》（硕士学位论文，2009），提出国际核危机管理模式分为武力介入、大国干预和国际制裁。陈先才将核危机管理模式分为如下几种①：

1. 武力介入—伊拉克模式，2003 年，美国以伊拉克拥有大规模杀伤性武器、萨达姆支持国际恐怖组织为借口，公然绕开联合国对伊拉克发动了战争；2. 大国干预模式—独联体模式，即国际社会通过多国、大国保证安全的方式来促进独联体国家乌克兰、哈萨克斯坦和白俄罗斯三国放弃其境内的核武器的方式；3. 国际制裁—利比亚模式，指通过长期的外交封锁、经济制裁、带有斩首性质的外科手术打击来迫使某些致力于进行大规模杀伤性武器扩散的国家主动放弃扩散行为的模式。

这类研究成果也总结了当代核危机管理的策略：主要包括有核国家应降低核武器在国家安全战略中的战略地位；国际社会必须保留强制性的政策选择，建立和加强一套广泛的国家和国际性的自愿性的执行机制；切断核材料供应源，确保核设施的安全；加强核核查。解决地区冲突，加快和平进程。

核危机控制是长期以来国际社会普遍关注的热点问题，是国内外学术界长期跟踪研究的重点课题，也是相关国家和国际社会十分关注和亟待解决的重大现实问题。课题组力求在充分吸收现有研究成果的基础上，进行系统、深入的分析和研究，探索核危机控制内在规律，提出核危机控制的理论方法。

三、内容框架

本书研究内容主要分两部分。第一部分，从第一章到第七章为基础理

---

① 陈先才．国际核危机管理模式之比较分析．国际论坛．2007. 9（5）：48－52.

论部分，主要采用归纳法，着眼核危机控制的规律和特点，研究核危机控制的通用理论与方法；第二部分，从第八章到第十章为应用部分，以前面的理论成果为指导，分析历史上发生过或正在发生的核危机控制。

一是核危机和控制概述。重点分析什么是核危机，核危机有哪几种类型，核危机产生的根源是什么。核危机控制的内涵，核危机控制的基本要素，核危机控制的主要限制活动，核危机控制的影响因素。

二是核危机控制的目标。分析核危机控制目标的概念、特点及分类；核危机控制的主要目标有哪些，确定核危机控制目标有哪些依据。

三是核危机控制的原则。分析核危机控制原则的确立依据；危机控制原则是国际社会应普通遵循的基本准则，这些基本原则的内涵及作用；核危机控制原则在实际核危机控制中运用的方式和要求。

四是核危机控制机制。分析核危机控制机制的内涵，机制在核危机控制中发挥何种作用。核危机控制机制框架如何组成，每一种机制的内涵、作用及建立；核危机控制机制运用有何方式和要求。

五是核危机控制决策。分析核危机控制决策的内涵、模型和特点；核危机控制决策体系由哪几个要素组成；核危机控制决策模式和基本的决策程序。

六是核危机控制的手段。分析核危机控制手段的内涵、作用；核危机控制手段主要有哪些，每一种手段有何特点；核危机控制在运用中的时机和要求。

七是核危机控制中的国际组织和大国。分析国际组织在核危机控制中的作用，在核危机控制中发挥作用的有哪些国际组织；世界大国在核危机控制中发挥哪些作用，在核危机控制中在哪些方面进行博弈，分析主要的几个世界大国在核危机控制中的基本观点。

最后以古巴导弹危机、伊朗核危机以及利比亚核危机等典型案例，分析核危机控制的目标、原则、机制和手段等。通过剖析这些案例，一方面验证前面的理论成果，另一方面为可能发生的核危机控制提供参考。

第一章
核危机及控制概述

第一节　核危机概述

核危机是一种影响世界与地区和平与稳定的国际危机，准确把握核危机的内涵与外延是研究核危机控制的逻辑起点。

一、核危机内涵

（一）核危机的概念

“危机是指事件处于即将发生决定性变化的一段不稳定的时间或一种不稳定的状态”。[①] 程晓勇认为，核危机是涉及核武器因素的破坏国际稳定、威胁国际安全的恶性事态。由于国际核危机涉及核武器这种超级杀伤性武器，因此对国际体系的冲击和损害极大。[②] 魏志江和李燕平将核危机定义为，“国际间两个（或两个以上）国际行为体之间的矛盾冲突及其相互作用对现存的国际核不扩散体系的结构平衡或稳定构成挑战的一种态势，从而导致国际社会反对核不扩散的基本价值观面临威胁，而卷入危机的当事方必须在一定时间内做出决策和反应”。作者认为，核危机是由于核武器或涉及核武器因素引起的破坏地区稳定、威胁世界和平的国际危

① Steven Fink. Crisis management：planning for the Inevitable. New York：AMACOM，1986：15.

② 程晓勇．国际核危机的控制与管理．南亚研究．2010－10－13.

机。对核危机的内涵可从以下几个方面去理解：

一是核危机是一种国际危机。国际危机最直接的特征是两个或两个以上国家之间的一场对抗，但这种对抗介于和平与战争之间，如果不加以控制就有可能发展到冲突或战争。国际危机是“两个或两个以上主权国家的政府在发生严重冲突时的一系列相互作用过程，该过程还没有爆发实际的战争，但可以感觉到极可能爆发战争的危险。”[①] 赵绪生认为，“国际危机可以界定为一种特殊形式的国际冲突，是国际冲突发展的一个特殊阶段，即国际关系发展到一种临界状态，如果这种状态得不到有效管理，那么国际危机发展的下一个阶段、也就是最后的阶段就是爆发战争或者导致国际体系发生质的变化。国际危机的主体是国家行为体：其实质是国际体系在短期内出现的一种失衡状态，是国家之间冲突关系的发展处于质变的临界点；其主要表现形式就是既有国际平衡的破坏引发的地区动荡与冲突。”[②] 潘光认为，“国际间因若干方面矛盾激化而导致的一种破坏正常国际关系的恶性状态”。[③] 胡平认为，“国际危机是由一组迅速展开的事件组成，在危机期间，国际系统或其中某些子系统中破坏系统稳定的力量及其影响大大超过了正常（即平均的）水平，因此使在国际系统中发生暴力对抗的危险性迅速增长”。[④]

二是核危机是由核武器诱发的国际危机。核武器因素是核危机区别于其他一般性国际危机的最重要标识，只有涉及核武器因素的国际危机才能称为核危机，核事故不能称为核危机。在核武器的全寿命过程中都可能出现核危机，第一种情况，除《不扩散核武器条约》中所认可的5个核国家外，其他国家只要启动核武器计划，研发核武器，都会挑战现行的核不扩散体系，从而引发核危机，比如巴基斯坦、印度、利比亚、伊拉克、伊朗、朝鲜等国；第二种情况，在一般性国际危机事件中卷入核武器因素，冲突一方通过部署核武器、威胁使用核武器，达到威胁对方迫使对方屈服

① Phil Williams. Crisis Management：Confrontation and Diplomacy in the Nuclear Age, London：Martin Robertson & CO. Ltd，1976，p. 25.

② 赵绪生．论后冷战时期的国际危机与管理．现代国际关系．2003（1）：24.

③ 潘光．当代国际危机研究．北京：中国社会科学出版社，1989：1.

④ 胡平．国际冲突分析与危机管理研究．北京：军事谊文出版社．1993：154.

的目的。

（二）核危机的演变过程及特点

任何事物都有一个产生和结束的过程，核危机一般分为核危机潜伏期、核危机爆发期、核危机持续期和核危机化解期。

核危机潜伏期。核危机潜伏期是指从启动核计划（包括核武器研发计划和核武器使用计划）到核危机爆发这一段时间。核危机潜伏期具有如下特征：一是隐密性，核武器计划是一个国家的绝密项目，具有很强的保密性。核武器作战计划也具有高度机密性。在核危机爆发前，外部很难知道。二是时间比较长。由于核武器发展是需要很长时间的过程，核危机潜伏是比较长的，随着核计划不断推进，国际社会才会逐渐知晓，直到核危机爆发，国际社会作出反应。如伊朗核危机，伊朗从 1957 年到 1991 年，伊朗一直在和平利用核能，1970 年正式批准了《不扩散核武器条约》。1991 年，海湾战争之后，美军在伊朗周边国家大量驻军，加之以美国为首的西方国家与伊朗严重对立，伊朗受到了严重威胁，在霍梅尼去世后，伊朗重新启动了核计划，2003 年，伊朗时任总统哈塔米发表电视讲话称，伊朗发现铀矿并成功提炼出铀，随后美国对伊朗核能开发计划提出“严重质疑”，并多次警告伊朗停止与铀浓缩相关的活动。2005 年 6 月，内贾德当选总统后，伊朗在核问题上的态度渐趋强硬，2006 年 1 月 3 日，伊朗宣布已恢复两年多的核燃料研究工作，并于 10 日在国际原子能机构的监督下揭掉了核燃料研究设施上的封条，正式恢复核燃料研究活动。由此可以看出，伊朗核危机潜伏期达到了 15 年。三是对抗性比较弱。在潜伏期，有的国家在和平利用核能的幌子掩护下，不仅不会造成危机，而且还可能得到外部的技术、资金和人力支持，伊朗最初的核能计划得到了美国的支持，朝鲜的核能计划得到了俄罗斯的支持。

核危机爆发期。核危机爆发期是指核计划公开曝光到国际社会初步采取措施这一段时间。核危机爆发期具有如下特征：一是有标志性事件。核危机爆发的标志性事件主要有核武器部署、使用计划被公开，启动核武器发展计划，退出《不扩散核武器条约》等。二是爆发突然。无论是发展核武器，还是部署使用核武器，这些事件都具有很强的保密性，一旦公开都会引发意想不到的影响，如国际社会的强烈反应。三是时间短。核危机爆发从初露端倪到全面爆发，往往时间很短。1962 年 8 月 29 日，美国通过侦察发现苏联在古巴修建地对空导弹，同时还发现地对地导弹基地的迹象，9 月 4 日，肯尼迪总统发表声明，美国不会容忍古巴引入进攻性武器，这标志着古巴导弹危机开始爆发，10 月 15 日，通过对航空照片的分析，发现 1 枚中程弹道导弹后，10 月 16 日，肯尼迪总统主持召开国家安全委员会员执委会，标志古巴导弹危机全面爆发。

核危机持续期。核危机持续期是指核危机爆发到核危机结束这一段时间。核危机持续期具有如下特征：一是核危机结束具有标志性事件。在古巴导弹危机中，赫鲁晓夫下令全部撤走在古巴的导弹、飞机及其他军用设施，标志古巴导弹危机持续期结束。在伊朗核危机中，2015 年 7 月 14 日，伊朗核问题全面协议达成，标志着核危机持续期结束。在第一次朝核危机中，1994 年 10 月 17 日，朝美双方达成一项框架协议，10 月 21 日，双方代表团团长正式签字，标志第一次朝核危机结束。在第二次朝核危机中，2007 年 2 月 13 日，第五轮六方会谈通过了“落实共同声明起步行动”的共同文件，第二次朝核危机结束。二是具有很强的对抗性，核危机一旦爆发，对立的双方立刻进入对抗状态。这种对抗贯穿于整个危机阶段，双方高度紧张和不断施加压力，在政治、外交、经济和军事等领域展开对抗。“在这个阶段，每一方都立场坚定，发布威胁和警告，进行军事部署等。以便表明决心，并说服对方相信，让步是最安全的”。[①] 在朝核危机中，朝鲜通过进行核试验、试射导弹、发射卫星、实弹射击来展示自己的决心和意志，而美韩则通过联合军事演习、加强前沿部署等手段向朝鲜施压。在对抗形势出现之后，如果双方没有找到和平解决问题的办法，就有可能施加更大的压力，包括增加对基本价值的威胁，采取进一步接近战争的步骤等。三是持续时间较长。伊朗核危机持续时间达 13 年，朝鲜分三个阶段，共持续 25 年。

核危机化解期。核危机化解期是指从核危机结束到全面落实相关的协议这段时间。这是一个实质性的阶段，在古巴导弹危机中，苏联撤走部署在古巴的导弹、飞机以及其他军事设施，如朝美达成框架协议后，朝鲜不

① Glenn H. Snyder and Paul Diesing, Conflict Among Nations. New Jersey: Princeton University Press, 1977: 71.

再对宁边5兆瓦的核反应堆重新添加核燃料，停止两座石墨反应堆的建设，封闭其处理厂，并最终拆除这些核设施；朝鲜早些时候更换5兆瓦核反应堆燃料棒时取出的8000根核燃料棒将暂时留存在朝鲜，朝鲜方面负责对其进行安全贮存。

二、核危机类型

对于核危机有不同的分类。从诱发因素进行划分，分为对抗诱源型核危机以及核扩散诱源型核危机两种类型。从影响程度划分，核危机可分为全球性核危机和局部性核危机。从危机导向结果划分，核危机可分为导向战争的核危机和战争边缘性危机。[①] 本文主要从诱发因素为主，将核危机划分为核武器扩散型危机、核武器部署危机、核武器使用危机以及核设施遭袭危机。

（一）核武器扩散危机

核武器扩散危机，是指由于国家行为体违反国际核不扩散机制，研制、生产核武器而引发的核危机，是当代核危机的主要形式。《不扩散核武器条约》第9条第3款对“核武器国家”作了界定，即“本条约所称有核国家系指在1967年1月1日前制造并爆炸核武器或其他核爆炸装置的国家”，因此，世界上只有5个合法的有核国家，即美国、苏联（现为俄罗斯）、中国、法国和英国，其他国家都不是核武器国家。如今已有187个缔约国，目前印度、巴基斯坦、以色列不是缔约国，朝鲜于2003年退出该条约[②]。典型的核危机有朝鲜核危机、伊朗核危机、伊拉克核危机、南亚核危机、利比亚核危机、南非核危机等。

该类型核危机主要有以下特征：一是该类型核危机的目的是为了获得核武器；二是该类型核危机主要发生在《不扩散核武器条约》签订后，《不扩散核武器条约》将世界各国分为“有核国家”和“无核国家”两大

---

① 朱建新．核生化防御战略研究．北京：军事科学出版社，2009.06：57.

② 罗霄，梁咏．朝核问题的国际法视角解读［J］．法学研究．2007（3）：111—116.

类，5 个有核国家组成一个特权“核俱乐部”，其他国家不得加入。而且，条约把防范的重点放在无核国家上，要求无核国家放弃发展核武器的权利，并将和平核活动置于国际原子能机构的保障监督之下。[①] 三是该类型核危机周期较长。在核危险发展的四个阶段中，除爆发期相对较短外，其他几个阶段时间都很长。伊朗核危机控制用了 13 年，朝鲜核危机从 1993 年爆发，截止到 2018 年，核危机持续了 25 年也没有得到彻底的解决。四是该类型核危机控制难度大。核武器作为世界最具威慑作用的大规模杀伤性武器，是无核国家特别是被美国视为敌对国家希望拥有的“杀手锏”，在没有得到“核保护伞”的庇护和军事互信机制的保障下，即使通过政治丑化、外交施压、经济制裁和军事威慑等手段，也很难使这些国家放弃核武器的企图和想法。

（二）核武器部署危机

核武器部署危机，是指为了达到核均衡进行核武器部署引发的核危机，是冷战时期核危机类型之一。典型的核武器部署危机有古巴导弹危机。该类型核危机主要有以下特征：一是部署核武器的主要目的是达到核均势。核武器要达成作战能力，除了有核弹头，还必须有可投掷的运载工具，传统的三位一体的战略核力量包括导弹、飞机和潜艇，在核武器发展之初，投掷工具主要依靠导弹。在冷战时期前期，由于导弹射程有限，美苏为了达到威慑对方，只好通过靠前部署来弥补导弹射程不足的问题，美国于是在欧洲和土耳其部署核武器，达到对苏联全境的全覆盖。苏联为了达到核均势，选择了在离美国本土很近的古巴部署导弹。二是该类型危机主要发生在冷战时期，主要原因是，一方面冷战结束后随着核武器投掷工具技术水平的发展，中远程导弹技术得到了大幅提升，战略轰炸机隐形和续航能力提升，核潜艇具有高机动性，这些核武器投掷工具均可实现全球威慑，而不必通过前沿部署达到战略目的，另一方面，随着世界无核区的建立，无核区国家承诺不在本国试验、部署核武器。三是持续时间比较短，该类型危机是典型的军事危机，对抗激烈，对抗双方都动员了包括核

① 周晓玲．国际核安全法律制度评析［J］．西安政治学院学报，2010（8）：71—76.

力量在内的大部分军事力量，战争一触即发，后果不堪设想，对抗双方也不希望看到最坏的情况发生。四是军事力量弱的一方主动退让。军事对抗中，力量弱的一方一般处下风方面，为了避免吃亏，迫于形势，会做出妥协的姿态。而强势一方，不会穷追猛打，也给对方留一定的面子和台阶，做出一定的让步。

（三）核武器威胁使用危机

核武器威胁使用危机，是指在国际冲突或常规战争中，威胁使用核武器导致的危机，是冷战时期核危机的主要形式。典型的核武器威胁使用危机有柏林核危机、朝鲜战争核危机、奠边府核危机、台海核危机、苏伊士运河核危机、中苏核危机、中东核危机等。该类型核危机主要有以下特征：一是该类型危机的目的是威胁使用核武器企图赢得胜利。该类型危机主要发生在冲突双方中，只有一方拥有核武器或求助第三方核武器，另一方不拥有核武器的情况。在冲突中，不能用常规手段结束冲突或一方濒临失败的情况，为了扭转战局，拥有核武器的一方企图威胁使用核武器迫使对方屈服。二是该类核危机主要发生在20世纪50年代至70年代。柏林核危机发生在1948年，朝鲜战争核危机发生在1953年，奠边府核危机发生在1954年，台海核危机发生在1955年，苏伊士运河核危机发生在1956年，中苏核危机发生在1969年，中东核危机发生在1973年。三是该类型危机周期较短。柏林危机持续时间不到1年，朝鲜战争核危机持续时间5个月，奠边府核危机持续时间约2个月。四是主要以拥核国家放弃核武器结束。无论是战略核武器还是战术核武器，使用核武器会遭到国际社会的强烈反对，甚至遭到盟友的反对，因此核武器的价值更多体现在威慑作用，而不是战场上的实际效果。拥有核武器一方在使用核武器前也会综合考虑各种因素，避免核战争爆发，防止核反击或报复给自己带来的灾难。

柏林危机。1948年6月24日，苏联为了制止美英瓦解和破坏苏占区的企图，切断了西占区和柏林西管区的全部水陆运输，对西柏林实行全面封锁。美国决定不惜一切代价留在柏林，采取了拉住西方盟国和加紧冷战宣传两项措施。杜鲁门不失时机地动用核讹诈政策，威胁使用原子弹。在苏联采取封锁行动后，杜鲁门对美国新闻界宣布正派遣60架具有携带原子弹能力的B－29轰炸机前往柏林。与此同时，美国防部制定了代号为“烤肉机行动”的对苏作战计划，要求以34枚原子弹一次性轰炸苏联24个城市。1948年7月28日，美国防部长福雷斯特约见国务卿马歇尔和陆军参谋长布雷德利，讨论是否执行“烤肉机行动”以反击苏联对柏林的封锁。11月福雷斯特专程赴欧，并告诉驻欧盟军司令克莱将军，“要毫不犹豫地使用原子弹，并要首先打击莫斯科和列宁格勒”。随着西方强硬政策不断升级，苏联改变策略，转而发起和平宣传运动。1949后，苏联放松了柏林的交通管制，于5月12日宣布结束封锁。美国也不再威胁对苏联使用核武器。①

朝鲜战争核危机。1950年6月25日，朝鲜战争爆发。1950年11月28日，美国海军少将莱勃向参谋长联席会议呈送了一份秘密电文，请求参联会建议“以原子弹的可能使用作为阻滞中国军队的一种手段”。11月30日，杜鲁门召开紧急会议，发表《关于朝鲜局势的声明》，表示要继续扩大侵朝战争，并扬言使用原子弹来威胁中朝人民。1953年2月，美国总统艾森豪威尔在国家安全委员会议上表明如下观点：我们应该考虑在朝鲜开城地区使用战术原子弹，该地区为这类武器提供了很好的打击目标。随后，艾森豪威尔同意了参联会关于在朝鲜有选择使用战术核武器的建议。5月6日，艾森豪威尔在国家安全委员会会议上亲自参与选定朝鲜境内的原子弹突击目标。参联会立即着手制定作战计划，命名为“奥普兰8—52行动”。② 1953年7月27日，签署了《关于朝鲜军事停战的协定》，随后，美国放弃了对朝鲜实施核袭击的计划。

奠边府核危机。1954年3月，越南抗法战争进入最后阶段，法军被围困在奠边府。4月初，越军的包围圈已缩小到纵横距离1200米到1300米的范围，法军除空投外，包括空降等一切供应手段都被切断。法国不甘心最后的失败，3月8日，派遣伊利将军到华盛顿恳求援助。美国同意提供部队和武器装备援救奠边府的法军，美国参联会还提议向法国提供2—3枚原子弹。3月25日，美国陆军部作战计划署得出结论，认为原子弹能够扭转奠边府不断恶化的局势。4月8日，陆军部草拟了代号为“秃鹫行动”

① 顾德欣，牛永军．核幽灵的震荡．北京：国防大学出版社，1999.1：110—111.

② 顾德欣，牛永军．核幽灵的震荡．北京：国防大学出版社，1999.1：112.

的秘密作战计划。该计划打算由海军舰载战斗机向越南投掷2—6枚3万吨当量的原子弹。为迷惑世界舆论，作战计划署建议美国的飞机涂上法国的军徽。4月10日，艾森豪威尔派国务卿杜勒斯和海军上将雷德福前往巴黎和伦敦，就“秃鹫行动”寻求盟国的支持。但英、法两国都对这一行动计划表示了疑虑。就在美国和盟国就使用原子弹问题展开讨论时，奠边府战役发生了根本性变化。5月1日，越军向奠边府发起了总攻，7日上午，战斗结束。美国向越南投掷原子弹的计划也因此破产。①

台海核危机。1958年，中东地区的力量对比发生了不利于西方的变化，美国出兵黎巴嫩的举动遭到世界舆论的反对。为了转移视线，美国在远东地区采取了攻势。在这种形势下，台湾当局公开叫嚣“反攻大陆“。驻扎在金门、马祖等岛屿上的国民党部队不断进行挑衅。中国政府为了严惩台湾当局的狂妄行径，命令中国人民解放军从1958年8月23日开始炮击金门、马祖等岛屿。美国立即作出反应，公然对中国发出战争威胁，并向台湾地区增调军队。9月4日，艾森豪威尔会见杜勒斯，讨论使用核武器的可能性，杜勒斯极力支持使用核武器。但是艾森豪威尔担心使用核武器会导致美国公众的不安和加深华约内部可能出现的裂痕。9月11日，艾森豪威尔在电视上向美国人民解释局势的严重性，提出美国卷入台海危机的可能性，并又一次用”多米诺骨牌“理论解释美国的核选择。由于公众反对情绪强烈，艾森豪威尔最终排除了使危机进一步升级的做法。中国政府在这次台湾海峡危机中，采取了谈判与半打半停相结合的策略，使美国处于十分尴尬的境地。②

苏伊士运河核危机。1952年七月革命后，以纳赛尔为首的埃及新政府同英国进行交涉，要求英军无条件撤出埃及。1956年7月26日，纳赛尔宣布苏伊士运河公司归国有，公司的全部财产移交埃及。埃及收复苏伊士运河后，使英法遭受沉重打击，他们鼓动以色列于10月29日入侵埃及西奈半岛，31日英法联合进行武装入侵，第二次中东战争由此爆发。战争开

---

① 顾德欣，牛永军．核幽灵的震荡．北京：国防大学出版社，1999.1：113—114.

② 顾德欣，牛永军．核幽灵的震荡．北京：国防大学出版社，1999.1：114—115.

始后，美国乘机插手中东事务，逼迫英法停火撤军。苏联也加紧行动，11月5日，并致信美国总统，建议苏美合作，同时，苏联向英法分别递交一份强烈照会，暗示要用原子武器打垮他们。苏联的表态使西方十分惊慌。美国立即发表声明，拒绝与苏联共同行动，不许苏联进攻英法，美军进入全球性警戒状态，美国驻北约大使格仑瑟举行记者招待会，声明如果赫鲁晓夫使用核导弹对付不列颠诸岛，莫斯科将被“确定无疑地”摧毁。美苏为了各自的利益再次互相施展核威胁。英法两国在军事上受到沉重打击后，在政治上空前孤立，在经济上陷入困境，被迫接受联合国决议，于12月22日撤出埃及领土。以色列也于1957年3月8日全部撤出。第二次中东战争以埃及的最终胜利而结束。①

中东核危机。第二次中东战争后，英法殖民势力退出中东，美苏两国乘虚而入，填补这一地区的力量真空，并加紧展开争夺，阿以矛盾也愈演愈烈，1967年6月5日爆发了第三次中东战争，以色列趁机侵占了大片阿拉伯领土。1973年10月6日是，第四次中东战争爆发，埃及突破“巴列夫防线”，叙利亚收复戈兰高地部分领土。战争开始后，美苏两国展开紧张活动，调动兵力，企图控制局势。10月24日，基辛格召集处理危机专门委员会开会，该委员会当晚决定使用核武器。在征得尼克松总统同意后，参联会主席穆尔海军上将命令美国核力量进入三级戒备状态，同时全球的美国作战部队进入紧急战备状态。第二天凌晨，美国核力量进入大规模状态。世界大战的阴云再次笼罩全球。最后联合国安理会通过了几内亚等国的提案，决定派“联合国紧急部队”去中东，才消除了美苏直接对抗的危险。第四次中东战争终于没有把美苏拖入核大战的深渊。②

（四）核设施遭袭危机

核设施遭袭危机，是指一方为了阻止另一方获得核武器，威胁使用或

---

① 顾德欣，牛永军．核幽灵的震荡．北京：国防大学出版社，1999.1：119—120.

② 顾德欣，牛永军．核幽灵的震荡．北京：国防大学出版社，1999.1：120—121.

使用军事行动摧毁另一方核设施的危机。如对中国核设施的“绝育手术”①。我国开始研制原子弹后，美国一直密切注视我国原子弹进展。从1961年开始，美国利用U-2高空侦察机多次飞临我国上空，还利用间谍卫星拍摄了多处核工厂及核设施照片。1963年1月22日，肯尼迪在国家安全会议上强调，禁止核武器试验条约的重点就是对付中国。1963年7月14日，美国特使哈里曼赴莫斯科，哈里曼问赫鲁晓夫，是否愿意采取“美国行动”或“苏联行动”，阻止中国发展核武器，赫鲁晓夫拒绝把中国原子弹问题当做一个威胁，对美国联手的计划不感兴趣。与苏联联手计划告吹，单干要冒很大的政治风险和军事风险，美国无可奈何，终于没有采取军事行动。

三、核危机发生的根源

总的来说，核危机发生的主要原因有：

一是核不扩散机制的缺陷。现有的核不扩散机制对核大国以外的国家有一定的歧视性，在国际社会不能充分提供安全保障的情况下，不但限制了中小国家发展保护自身的核能力，并且阻碍了这些国家发展利用民有核技术，这刺激了部分国家突破核不扩散的约束，开发核技术和核武器，比如伊朗。

二是国际安全格局发生变化。冷战时期，在两个超级大国对峙局面下，一些国家获得“安全搭便车”利益，对于一些具有一定战略地位的国家，超级大国为其提供核安全保护伞。两极格局结束后，一些国家失去了这样的安全保障，在美国对这些国家敌视和打击意图下，获得核武器保障安全成为这些国家开发核武器的直接因素。

三是确保国家安全需要。有些国家通过发展核武器或是通过加入国际核俱乐部来提高本国在地区或国际的影响力。或是因为通过开发核武器来保护国家安全的成本比进行常规军备竞赛更便宜，带来的收益更大，或是由于竞争对手拥有核武器而迫使自己也必须拥有同等的攻防手段。

---

① 郑治仁．揭秘中国五次核危机．晚报文萃，2004（2）．

四是赢得战争的需要。当战争双方处于势均力敌状态，拥有核武器的一方通过部署核武器来改变力量对比，打破平衡从而形成力量优势，或在战场上准备使用核武器来加速作战进程或结束战争，在这种情况下也会导致核危机爆发。

五是国内形势的需要。有些国家经济不景气，导致民族凝聚力下降，国民外逃。为了强化领袖崇拜、消除失败情绪，振奋民心、维护体制稳定，通过发展核武器、制造核危机为稳定现有体制打一剂“强心针”。

第二节　核危机控制概述

核危机控制是对核危机的发生、演变及其后果进行监测、掌握、限制等的活动。核危机控制的基本要素包括核危机当事方、控制行为体、控制信息和控制手段。核危机控制的主要活动包括情报、决策、限制等。

一、核危机控制的内涵

（一）核危机控制的概念

控制是指掌握住不使任意活动或越出范围。在危机管理学中，有的学者将危机管理和危机控制当作同一个意思，将危机管理中的“管理”一词解释为“控制”或“节制”，认为危机管理指的是最高决策者对危机行为进行严密控制，从而减少危机失控升级为战争的风险。

核危机控制，是对国际核危机的应对和管理，是对国际社会在国际核危机发生后为防止危机恶化并最终消除危机而采取的各种措施和办法，包括了为预防国际危机和解决国际危机而制订的各种条约、协议、预案以及设立的职能机构等。[①] 核危机管理，是指有关各方（包括国际社会、国际危机当事各方）对国际核危机的控制和处置。包括对核危机的预警、防范、解决和善后的全过程，其终极目标是和平解决核危机，避免核战争的

① 程晓勇．国际核危机及其控制．世界经济与政治论坛，2009（1）：86—124.

发生①。作者认为，核危机控制是指为化解核危机，避免危机升级或恶化而进行的情报、决策、限制等活动。

理解核危机控制概念主要把握：一是核危机控制的目标是消除危机，防止危机升级演变成冲突或战争。二是核危机控制活动主要包括情报活动、决策活动和限制活动等，通过采取一系列措施，控制核危机走向，化解核危机，防止核扩散和核战争。三是核危机当事方和利益攸关方，以最大限度地维护自身利益为出发点，在政治、经济、军事、外交等方面进行的综合博弈。四是核危机控制从核危机爆发开始，到核危机化解结束。

（二）核危机控制分类

根据核危机类型，核危机控制分为核武器扩散危机控制、核武器部署危机控制、核武器威胁使用危机控制。

1. 核武器扩散危机控制

核武器扩散危机控制是指对核武器扩散所采取的控制措施。核武器扩散危机控制从参与行为体分单边模式、双边模式、多边模式；从控制手段主要分为4种模式：主动放弃模式、和平控制模式、强制控制模式、综合控制模式。

主动弃核模式。核武器发展国根据国内外形势，单方面放弃核武器计划，是核危机当事国的一种自觉行为，是一种单边行为。其主要措施包括：停止核武器计划，停止、销毁、拆除核武器相关设施，接受国际原子能机构的核查和监督，并得到国际原子能机构的认可。南非主动放弃核武器计划就是一个典型的案例。

和平控制模式。主要通过政治对话、外交斡旋、经济援助等手段对核危机进行控制的一种模式。核危机当事国被动接受国际社会的建议，放弃核武器计划、部署的一种行为，是一种双边或多边行为，双方各做出一定的让步。这种模式无论对当事国还是利益攸关方都是乐见其成的模式，不至于引发地区动荡，对维护各方利益，维护地区稳定都起着积极的作用。中亚核危机、第一次朝核危机和第二次朝核危机都是和平控制的典型

---

① 程晓勇．国际核危机及其管理研究—理论探讨与案例分析．暨南大学，2009. 6. 10.

案例。

强制控制模式。主要通过经济制裁、军事威胁或打击对核危机进行控制的一种模式。是双边或多边核危机发生后，利益攸关方和国际社会通过政治对话、外交斡旋后，核危机当事国仍然不愿意放弃核武器计划，国际社会只好采用强硬的手段迫使核危机当事国放弃核计划。这种模式具有极大的风险，有可能导致危机升级、冲突或战争爆发。单纯的军事压力往往起到的作用是十分有限的，弄不好可能还起反作用。为了能够最大限度地发挥武力运用的作用，必须配合相应的政治和外交活动。如以色列空袭伊拉克核设施。

2. 核武器部署危机控制

核武器部署危机控制是指对部署核武器引发的危机的控制。该类型的核危机控制主要有以下特点：一是控制目的是为了恢复核均势，使该地区核力量不被破坏或达到平衡。二是控制手段主要以军事对抗为主，是决策者智慧、意志的对抗，军事力量的较量。比如古巴导弹危机。

3. 核武器威胁使用危机控制

核武器威胁使用危机控制是对企图使用核武器的控制。分为自我控制、第三方控制和主动揭露三种模式。

自我控制模式。核武器作为一种战略武器，主要发挥战略威慑作用。使用核武器将带来意想不到的后果，拥核国家威胁使用核武器的主要目的是恐吓对方，给对方造成心理压力，迫使对方屈服。

第三方控制模式。第三方是指核危机中的利益攸关方，核武器的使用关系到利益攸关方，第三方出于自身利益，会反对使用核武器。在历次核危机中，第三方成功地阻止了核武器的使用，达到了控制核危机的目的。

主动揭露模式。充分揭露对手使用核武器的阴谋，用道德的力量阻止其使用核武器。紧紧抓住国际舆论主动权，争取国际社会的支持与同情，同时表明坚强的斗争决心，不为敌人的威胁所屈服。通过舆论宣传表达坚强的斗争决心战胜对手的信心，从而使对手明白，即使其使用核武器，同样达不到目的。

二、核危机控制的基本要素

要素是构成事物的必要因素，事物存在的客观基础，是认识事物的必要前提。核危机控制的基本要素包括核危机当事方、核危机控制行为体、核危机控制信息和核危机控制手段。这些要素相互作用，对核危机控制活动的进程和结局产生影响。

（一）核危机当事方

核危机当事方是核危机的制造者，是核危机控制的对象。在核武器使用危机中，拥有核武器的国家是核危机的制造者和当事国，这些有核国家企图通过使用或威胁使用核武器，迫使对方屈服。在核武器扩散危机中，当事国是试图研制、生产和获得核武器的国家。

（二）核危机控制行为体

核危机控制行为体是指在核危机控制中的利益攸关方和国际组织等。

利益攸关方，指国际关系中的溢出效应，一国行为超越本国国界，影响国际社会，无论其有益还是有害，均为“攸关”。[①] 核危机利益攸关方指核危机造成影响的国家，这种影响主要体现在国家安全方面。核危机直接关系利益攸关方的切身利益，利益攸关方在核危机控制中成为最为活跃的力量，并成为核危机控制的组织者、倡导者。一般来说核危机利益攸关方主要包括邻国和大国。在朝鲜核危机中利益攸关的有美国、韩国、日本、中国和俄罗斯。在伊朗核危机中，利益攸关方有以色列、欧盟、美国和俄罗斯。核危机爆发后，首先引起相邻国家的关注，既有地缘政治的原因，也有历史的、民族的、宗教的原因。在地缘上相邻的国家，为维护国家利益，可能会采取两种截然不同的态度，一种是强烈反对，甚至采取军事行动进行干预，另一种则自发地有组织地声援一方或抗议另一方，甚至予以物质上、行动上的支持。由于大国在经济上、军事上的优势地位，基于利

① 利益攸关方．Http：//baike. baidu. com/view/1048229. htm.

益考虑，大国特别是超级大国常常成为核危机控制的主要力量，无论是冷战时期还是冷战后，核危机控制无不留下超级大国的烙印。

国际组织在核危机控制中发挥重要的作用。国际组织主要通过道义谴责、外交孤立、政治施压、经济制裁及武装干预等手段对核危机进行控制。国际组织进行核危机控制具有如下特点：代表国际社会的国际组织，成员国的授权是行为的基础和前提，国际组织的章程或条约是行为的基本依据；核危机控制的内容严格控制在管辖的范围内；核危机控制的目的是为了维护世界秩序和人类和平；核危机控制以谴责、政治解决为基本手段，其他手段是不得已而为之。在核危机控制中，联合国和原子能机构是两个重要的国际组织。联合国在核危机控制中的主要作用体现在两方面：一是就核问题通过决议，谴责核危机当事方，要求放弃核武器和核计划；通过决议制裁核危机当事方。二是以安理会名义组建核查小组。1991 年 4 月 3 日联合国通过 687 号决议，并成立了伊拉克特别委员会（特委会），特委会成员有权进入伊拉克任何场所，并有权进行拍照、采访、提取样品进行化验等。原子能委员会的主要宗旨是“加快并扩大原子能在世界范围内对健康、和平与繁荣的贡献”，其目的是加速和扩大原子能的和平利用，保证在该机构保障下的核设施与核材料不被用于军事目的，同时对可疑点展开核查。如果发现对象国有发展核武器的意图和行为，主要采取以下措施：一是要求该国立即停止违反国际核不扩散机制的行动；二是通报国际原子能机构的所有成员；三是通报联大与安理会；四是终止对该国技术援助与支持。

（三）核危机控制信息

信息在核危机控制中发挥重要的作用。有效的信息沟通有助于减少对对方意图的误读，降低由于误判引起军事冲突的危险。在古巴导弹危机中，肯尼迪和赫鲁晓夫之间的书面和口头通信达 21 次（其中肯尼迪致赫鲁晓夫 8 次，赫鲁晓夫致肯尼迪致 13 次）。[①] 有效的信息传递有助于增加危机双方的相互信任。以及在危及对方的核心价值体系的前提下寻找双方

① 杨存堂．苏联历史档案选编（第 29 卷）：古巴导弹危机．北京：社会科学文献出版社，2002.

利益汇合的地方，彼此妥协，实现有限目标。通过有效的信息传递，危机双方在讨价还价中判断对方的底线，判断双方可以妥协的利益，最终使危机在一方或双方妥协的基础上解决。有效的信息能为自己的决策和行动提供依据。可以掌握当事国的部署使用核武器的企图，发展核武器的目的；可以掌握核武器计划、核武器进展、核技术水平、核人才状况；如果不能准确理解对方信息，导致误判，后果将不堪设想。但在危机期间要实现这种准确理解是非常困难的，因为相互间对抗十分剧烈。在古巴导弹危机中，肯尼迪总统的基本判断是，苏联政府并不想“将这个世界推向战争”，这一准确判断成为危机能够解决的基本前提。

在核危机控制中，主要信息包括如下几类：在政治方面，主要监测对象政治稳定程度。包括政府的管理能力、民众对政府的信赖与支持情况、社会政治结构的稳定情况；军事方面，主要监测对方的军事活动情况。在核活动方面，主要分析核设施的施工、运行情况；经济方面，主要监测经济稳定程度；社会方面，主要分析社会稳定与发展程度。包括社会文化生活、种族和宗教信仰情况、人口情况；资源方面，主要分析环境资源情况，包括自然资源分布、资源短缺发生危机的可能性；对外关系，主要从地缘政治情况分析引发危机的基本要素。

（四）核危机控制手段

核危机控制手段，是指当事各方在核危机发展过程中管理核危机所运用的方式方法，以及为最终解除核危机而采取的措施。在核危机控制过程中，采取什么样的手段应对危机，不仅对危机的发展走向和结果会产生重大影响，而且涉及危机当事各方的切身利益，甚至可能会影响国际体系的形态变化。

核危机控制手段在核危机控制中发挥重要的作用：一是核危机控制手段是战略指导的具体实施。在核危机控制中，控制目标、控制原则都需要通过相应的手段来实现，如确立以和平方式解决核危机，运用的主要手段是政治外交方式，如以强制方式解决核危机，运用的主要手段是国际制裁、军事干预等手段。二是核危机控制手段是化解核危机的有力推手。通过采取合理的手段，可以使核危机当事国与利益攸关方进行沟通，达到相互了解、互信的目的，从而化解危机；通过采取强制手段，包括外交制裁、经济制裁和军事干预等，对核危机当事国进行惩罚，使当事国承受无法承受的损失，从而做出妥协。

核危机控制手段主要包括政治手段、外交手段、经济手段、军事手段。政治手段是指核危机当事各方在核危机发展过程中充分运用国内外政治资源，为核危机朝着对己方有利方向发展所采取的各种措施。政治手段主要包括舆论宣传、心理恐吓、势力渗透等形式。外交手段是指核危机当事各方在核危机发展过程中利用外交对核危机进行控制的方式。外交手段是核危机控制中常用的一种手段，是国际社会普通认可和接受的一种方式。外交手段贯穿于核危机控制的整个过程。外交手段主要包括首脑外交、政府外交、民间外交、第三方干预等手段。外交斗争和军事斗争被认为是国家追逐利益的“两个轮子”。经济手段是指在核危机发展过程中经济实力较强的当事方对经济实力较弱的当事方所采取的经济制裁或经济援助的方式。通过向经济实力较弱的当事方施以压力或恩惠，最终促使其妥协，从而达到解决核危机的目的。经济手段主要包括经济援助和经济制裁两种方式。经济制裁的主要形式有贸易上采用禁运、联合抵制、出口或进口限额等，在资产上采取资产冻结、资本流动控制、支援终止等。军事手段是指在核危机发展过程中当事各方采取军事措施对核危机加以控制的方式，是控制核危机的重要手段，是最具影响和破坏性的手段。实践表明，核危机控制单纯依靠外交与政治手段有时是软弱的，需要军事力量的支持。但武力是把双刃剑，既可能促使危机尽快结束，也可能使局势进一步恶化。军事手段主要包括军事威慑、军事封锁和军事打击等方式。

三、核危机控制的主要活动

核危机控制的主要活动包括核危机情报、核危机控制决策和核限制活动。

（一）核危机情报活动

情报信息是核危机控制中的基本保证，只有搜集到足够的情报，对情报进行准确的分析，并传递到决策者，才有可能成功解决危机。监测活动贯穿于整个核危机控制中。

一是广泛地收集情报。在核危机中主要采用人力和技术侦察相结合的手段。技术侦察是核情报信息的重要来源，同时也是情报信息相互印证的重要证据，主要包括侦察飞机、卫星和国际核核查系统。人力侦察则指主要派出情报侦察人员或间谍，去获取相关情报信息。在古巴导弹危机中，美国的情报来源主要包括四个方面：运往古巴的船只、古巴难民、中情局在古巴的代理人和 U－2 飞机的侦察活动。1962 年 10 月 14 日，中央情报局出动飞机拍摄到苏联部署导弹的照片。在核危机控制中，美国利用各种侦察装备监测苏联的行动。在伊朗核危机和朝鲜核危机中，通过卫星和国际核爆监测系统进行监测，通过拍摄的照片显示，在伊朗阿拉克进行的重水反应堆修建工作已经到了浇注地基的阶段①，朝鲜已经做好第三次核试验准备。在南亚核危机中，美国在印度上空部署 2 颗锁眼—12 照相侦察卫星以及 2 颗长曲棍球雷达成像卫星，在危机时至少保证有 1 颗全天侯卫星进行固定监视，所获图像 1 小时内可送到总统办公室。

二是情报信息研判。利用信息融合、人工智能、图像识别、语音识别、文本识别等技术，准确判别核武器部署、核设施分布、核活动等情报。在古巴导弹危机中，情报专家对安德森拍摄的胶片进行仔细判读后发现：茂密的森林化为平地，空旷的田野出现了大量的混凝土搅拌工厂、油箱和食堂、俄式帐篷，密林里正在修筑公路。他们还发现储存弹道导弹的建筑物和发射导弹的设备，其中有些导弹已经安装在发射架上，而指的方向正好是美国。判读结果表明：苏联正在古巴大规模修建弹道导弹基地，并且已经把部分中程弹道导弹运进了古巴。这些导弹射程为 1200 英里，可以装载 100 万吨当量的核弹头。此外，苏联还把 25 架伊尔—28 战略轰炸机运到了古巴。

三是核危机预测。把握制约危机爆发或升级过程中的各种因素和环节，对受控方的目标、实力、政策及采取的战略、策略、具体措施等作出判断，预测核危机的发展趋势，变意料之外为预料之中。

---

① 杨道金．巅峰博弈：马哈姆德·艾哈迈德·内贾德传．北京：时事出版社，2013. 1：107.

（二）核危机控制决策活动

核危机控制决策就是在核危机控制中，决策者根据核危机的特点和当前国际、国内环境要素特征及自身条件，依照一定的原则和程序所形成的处置核危机的策略和办法。决策是核危机控制的核心，核危机控制过程实际上是一系列的决策和对决策的执行、修正，再决策的汇总。决策的根本目的是根据核危机的发展演变而合理地运用所能支配的资源，使核危机的走向最大限度地朝向决策者所希望的方向发展，为决策者带来最大可能的利益。

核危机控制的效果在很大成果上取决于是否有正确的决策。核危机给国际社会安全与稳定带来巨大冲击，对核危机的直接当事方的生存与安全造成直接的威胁。核危机控制方必须在有限的时间内做出正确的决策，才能尽量控制核危机的走势，减轻核危机带来的损失，最终争取核危机的和平解决。

在核危机演进过程中，核危机当事各方频繁进行政治、军事、外交斗争，在这些行为背后，是核危机当事各方决策的执行。决策是核危机控制中经常性、大量的工作。决策活动，将大量的控制活动贯穿起来，形成一条有序的链条。只有通过正确而高效的决策，核危机控制活动才能目标明确，有序不紊。

现代国际管理决策理论普遍认为，个人在决策中发挥着重要的作用，而且越是紧急的危机，决策者个人发挥的作用越大。对于核危机而言，核危机事关国家安全，单靠个人远远不能应付复杂而有极大压力的核危机，必须建立决策体制。核危机控制决策体制一般是由国家最高领导人以及政府的核心门负责人组成，主要包括外交部门、国防部门、国家安全部门等。在核危机控制中，最高决策者承担着选择方案的责任，其他部门主要起着提供备选方案的职责。成功危机控制的第二要求是减轻决策者与指挥者身上的时间压力。这样，主要或完全是由于“已没有时间了”这种错误理解而导致无意挑衅性地加剧危机的行动就不会出现了。在危机条件下进行的非同寻常的决策，可能使最终期限与政治目的混淆起来，即目的可能成为手段，而手段却成了目的。

控制决策的程序和过程非常复杂，是一个多阶段和多步骤的过程。初始的决策往往是试探性的，其后，随着形势的发展变化，核危机双方做出新的决策，或是对旧的决策进行修正。一般而言，核危机控制决策程序主要包括：确定目标、拟定备选方案、评估备选方案、选定行动方案、方案实施。

（三）核限制活动

核限制是成功解决核危机的关键活动，是落实核危机控制的具体行动，也是核危机控制取得成功的标志。限制活动主要包括取消核计划、核设施去功能化、销毁核设施以及撤走核武器等。

取消核计划。核计划是一个国家发展核武器政策的具体体现，取消核计划意味着失去了法律依据和经费保障。取消核计划既有主动放弃也有被动取消。1991 年7 月10 日南非加入《不扩散核武器条约》，9 月16 日与国际原子能机构签订全面保障监督协定，10 月 30 日向国际原子能机构提交所有核材料与核设备的清单，11 月 1 日国际原子能机构向南非派出第一个核查组。南非政府采取充分透明的政策，同意接受国际原子能机构在“任何地方、任何时间、任何场所的合理访问”。1993 年南非议会通过《控制大规模毁伤性武器扩散法令》和《原子能法修正案》，加强核生化出口控制。1996 年南非政府签署《佩林达巴条约》（即《非洲无核武器区条约》）。2003 年 12 月 19 日，利比亚政府宣布自愿放弃研制大规模杀伤性武器计划。在伊朗核问题上，俄罗斯外长伊万诺夫强调说：“应该把民用核计划与军事核计划区别开来。伊朗有利用核能领域研究成果的权利，但发展军事核计划，完全是另外一码事”。

核设施去武器功能化。生产核武器最核心的问题是核技术和核材料。由于科学技术的高速发展，不少国家相继掌握了核技术，从理论上讲具备了制造核武器的能力。截至 1998 年，具有核动力反应堆或核研究反应堆的 44 个国家都被列入有核能力的国家。核设施去武器功能化，就是在不销毁核设施的前提下，使其不具备生产武器级核材料的功能。根据当前获取裂变材料的途径，主要采用两种方法：一是停止铀浓缩。U235 在天然矿中的含量非常低，只有 0.7%，获得浓缩铀，需要复杂的工艺，要经过探矿、开矿、浸矿、精炬等流程，而浓缩分离是最后的流程，需要很高的科技水平。铀浓缩技术是国际社会严禁扩散的敏感技术，因此美国等国家通过把拥有该设备作为判断一个国家是否进行核武器研究的标准。在伊朗核危机中，一些海湾阿拉伯邻国为解决伊朗核危机，曾提出在中东之外一个中立国建立铀浓缩工厂。二是停止乏燃料处理。核材料可以通过核反应堆获取乏燃料并经过处理后获得，这种方法通常获得制造核武器的另一种核材料Pu237。朝鲜在前两次的核试验中使用的核材料就是从反应堆材料中提取的Pu237。在朝核危机中，朝鲜关闭石墨反应堆，封存8000根乏燃料棒。

销毁核设施。销毁核设施就是采用破坏性的方法彻底破坏核设施，使核设施安全丧失核功能，并且不具有可逆性。销毁核设施主要有两种方式：一是采用“外科式”手段，成功的案例是以色列空袭伊拉克核设施，后来伊拉克再也没有能力发展核计划。在朝鲜核危机和伊朗核危机中，美国也曾有过类似的计划，美国曾制订了5026作战计划，主要目的是摧毁朝鲜核设施。但这种方式可能会带来严重的后果，如引发战争。二是当事国主动销毁核设施。与前一种方式相比，这种方式是一种和平的方式，也是各方容易接受的方式。南非主动对核装置进行拆除和彻底销毁，双重用途的装备和设备重新安排到非核或者核的和平利用方面，在国际原子能机构的监督之下，销毁了两个地下试验井。2008年6月26日，朝鲜向“六方会谈”主席国中国正式提交了核申报清单。27日，朝鲜在国际媒体的见证下，公开炸毁宁边5兆瓦核反应堆的冷却塔。

撤走核武器。即撤走部署非核国家的核武器。苏联解体后，苏联的核武器分散在四国。为了消除独联体国家拥有核武器的危机，美国采取了政治施压和经援诱惑等手段，在1992年5月，美国与俄罗斯、乌克兰、哈萨克斯坦、白俄罗斯签署了《里斯本协议》，根据这个协议，分布在上述四个独联体领土上的苏联战略核武器只能由俄罗斯继承，其余三国的战略核武器必须运交俄罗斯。这三国必须以无核国家的名义参加《不扩散核武器条约》。在古巴导弹危机中，苏联撤走了部署在古巴的导弹，核危机结束。

四、核危机控制的影响因素

核危机控制是在一定的客观环境条件下进行的，必然也要受其制约和影响。影响和制约核危机的因素是多方面的，归结起来是内部因素和外部因素的相互作用。

（一）影响核危机控制的内部因素

影响核危机控制的主要内部因素有：国家利益、综合实力、社会文化因素等。

国家利益是核危机控制的出发点和归宿。核危机控制作为国际政治和军事领域的重要战略问题，直接关系国家的安全利益、政治利益和经济利益。对核危机的利益攸关方而言，核危机关系到本国的利益，核危机如果得不到有效的控制，必然会威胁到本国的国家利益。对核危机当事方而言，也不得不考虑自身的安全利益、经济利益。叙利亚经过长期的经济制裁，国内经济停滞不前，再之美国攻打伊拉克，使得其害怕重蹈覆辙，不得不宣布放弃核计划。朝鲜曾通过挑起制造危机引起国际社会关注，通过核危机实现自己的安全利益和经济利益。

综合实力特别是军事实力是核危机控制的基础和后盾。一般而言，综合实力对比失衡，优势方可能采取强制的方式；双方势均力敌则可能使决策者有顾虑，从而促成采取一定手段化解核危机。冷战期间，美、苏综合实力基本处于平衡，因此多次处于核危机状态，但却没有最终走向战争。

社会文化因素。一个国家长期历史积淀下来的文化传统、道德价值观、宗教信仰及意识形态等因素，都会潜移默化地影响核危机控制决策者的思维方式，从而直接影响政策的制定。文化的差异性决定各国在核危机控制的指导思想、方法手段存在较大的差异。协调性的战略文化则强调和平共处，合作共赢，冲突性的战略文化强调对抗和零和的观点。

中国是一个具有悠久历史文化的国家，几千年来深受儒家思想影响，历来注重“以和为贵”“言信忠，行笃敬”。强调和谐观念，建立人类命运共同体，认同世界的一体性和相互依存性，认为人与人、国家与国家之间的矛盾可以解决。因此，在核危机控制中，主张用和平外交手段解决核危机，反对军事手段和经济制裁。

西方文化传统总体上强调对抗，人与人之间是“狼与狼之间的关系”，怀疑和猜忌是国际社会的常态，信奉弱肉强食的丛林法则，表现为追求功利和扩张主义。近代西方大国的历史是一部扩张史。美国思想界扩张主义色彩相当突出，有人甚至宣称，扩张无论是过去，现在和将来都是美国的生存规律。领土的扩张还伴以文化的扩张，美国对亚、非、拉美独立国家的观念始终没有根本改变，一直试图把美国式民主社会模式和价值观念强加于他国。[①] 美国在制定对外战略及政策过程中，作为个人主义两方面的理想主义和现实主义为基础的“二元决定论”始终占据主流位置，影响着美国的国际关系理论、对外政策研究，左右着美国外交的主导方向。理想主义衍生出一种十分独特的美国外交理念：“美国例外论”。美国历来是国内法高于国际法。美国政府签署的很多国际条约和协议常常得不到美国国会的批准，如《禁止核试验条约》。

（二）影响核危机控制的外部因素

外部因素主要包括国际规则和价值观、世界战略格局和国际战略形势等因素。

国际规则和价值观。在后冷战时期，随着意识形态对抗的消失，国际法和国际规则以及价值观念等因素，对危机行为的影响日益突出。无论是伊朗核危机、朝鲜核危机，美国都要根据需要引用《联合国宪章》的相关条款、《不扩散核武器条约》等为其行为辩护，以向国际社会证明其行为的“正当性”与“合法性”。[②]

世界战略格局。世界战略格局是一定时期内世界各主要国家（国家集团）及其他力量相互关系的基本结构。核危机的产生及其发展都离不开当时的国际环境，在不同的战略格局下，核危机的性质和发展方式不同。在两极格局下，核危机大多由大国直接干预进行解决和处理。在多极格局下，核危机由多方共同解决。

国际战略形势。国际战略形势是一定时期内世界各国、各国家集团、各种力量相互关系的现状和动向。当前，科学技术尤其是信息技术的飞速发展，经济全球化、贸易一体化、全球信息网络化程度不断提高，核技术、核材料、核人才的扩散的可能性加大，给核危机控制带来了一定的难度。

---

① 何亚非．美国外交战略的文化基因．中国新闻周刊，2015（28）．

② 徐辉．国际危机管理理论与案例解析．北京：国防大学出版社，2011．11：40．

第二章
核危机控制目标

核危机控制目标是核危机控制的基本着眼点和落脚点，自始至终贯穿于核危机控制的全过程，是核危机控制活动的基本遵循。目标事关核危机控制的成败得失，是危机定性之后面临的首要问题。

第一节 核危机控制目标的内涵

一、核危机控制目标的概念

目标，是对活动预期结果的主观设想，是在头脑中形成的一种主观意识形态，也是活动的预期目的，为活动指明方向。具有维系组织各个方面关系构成系统组织方向核心的作用。

核危机控制目标，是指国家或政治集团所确定的在一定时期内，就核危机控制问题在战略上所要达到的目的或标准。从国际核危机控制历史实践上看，核危机控制目标，具有两个不同的层次：一方面，当把核危机作为一个危害国家安全、地区稳定和世界和平的一般概念来理解时，核危机控制的目标，是指国家或政治集团的一种长远的、总体的战略目的和标准；另一方面，当把核危机看成是一个具体的、危害国家安全、危害地区稳定和世界和平的涉核事件的时候，核危机控制的目标，将是指国家或政治集团就防止、控制和解决这一事件所制定的具体的战略目的和标准。

二、核危机控制目标的分类

核危机控制目标有不同的分类方法。

（一）按目标高低进行划分

核危机控制目标按高低通常分为最高目标、最低目标和最佳目标。[①]

最高目标。是指决策者对危机控制结果的最大期望值，是决策者对危机发展进程特别是风险和困难要素进行最乐观判断之后得出的目标取值。在这种情况下，决策者容易从主观上将最高目标作为理想目标，同时又将理想目标作为最佳目标。最高目标不一定是最佳目标，有时可能是最坏目标。

最低目标。是指决策者对危机控制效果的最小期望值，也是决策者的基本目标底线，是决策者对危机发展过程中的危险、风险和困难要素进行最悲观判断之后得出的目标取值。在这种情况下，决策者容易从主观上将最低目标作为最坏目标。最低目标不一定是最坏目标，有时可能是最佳目标。

最佳目标。是指决策者对危机控制效果的客观取值，是一定环境条件下各种决策目标的最优化结果。从理论上看，最佳目标不一定是最高目标，也不一定是最低目标，往往是两者之间的某一区间取值。决策者确定的目标理论上很难达到最佳值，尽管决策者主观上高度重视目标确定时的利弊权衡。在特殊条件下，最佳目标可能是最高目标，也可能是最低目标。

（二）按目标长远进行划分

核危机控制目标按长远可划分为近期目标和远期目标。

近期目标。是指决策者对核危机控制的近期值。近期目标相比远期目标，取值小，容易实现，是核危机控制取得成效的主要标志。比如，在伊

① 赵子聿，贤峰礼．国家安全危机决策．北京：时事出版社，2006. 12：234.

朗危机中，近期目标是停止铀浓缩活动。

远期目标。是指决策者对核危机控制的远期值。远期目标相比近期目标，取值大，需要时间长，需要从机制上进行解决，是实现核危机控制的终极目标。比如，在朝核危机中，实现朝鲜半岛无核化，这不是一件一蹴而就的事情。

三、核危机控制目标的特点

核危机控制目标具有如下特点：

具有鲜明的方向性。首先，针对不同的类型的核危机，有不同的控制目标。对于核扩散危机，其目标是防止核扩散；对于核武器使用危机，其目标是阻止核武器使用。其次，核危机控制目标是为解决现实核危机而设定的，不能过多地考虑其他问题。核危机控制目标应尽可能集中，不应分散，不能把目标定得过多，要紧紧把握主要目标，尽力防止次要目标对主要目标的干扰和冲击。比如，在核危机控制中，不能将政治制度、人权、意识形态等纳入到核危机控制目标之中。

具有预期的长远性。核危机控制目标反映了一个国家或核危机控制行为体的意志和根本利益，核危机控制目标必须符合国家的根本利益。目标确定必须关照长远，任何只重视现实不重视长远目标将会给国家安全危机控制带来损害和被动。目标的长期性主要体现在利益的长远性，要努力将眼前利益与长远利益有机结合起来。比如，朝鲜核危机，实现半岛无核化的根本目的是维持半岛的和平稳定。

具有相对的稳定性。核危机控制目标一般是国家决策者深思熟虑后确定的，是指导核危机控制的灵魂，需要很强的稳定性，不能随意修改和变更。如果随意调整目标，既会造成核危机控制行动、措施的不确定性，也可能让对方不能准确把握己方的意图，不利于核危机的化解。因此，当危机情势出现重大变化时，应全面权衡、慎之又慎，不能盲目乐观，也不能消极悲观，防止目标被决策者情绪所左右。当然，稳定性是相对的，是在一定时间、一定空间和一定范围内相对稳定，不是永远一成不变的。如在朝鲜核危机控制中，我国的控制目标基本上没有发生变化。

第二节　核危机控制主要目标

在核危机控制中，具体目标有四个：防止核扩散、防止核武器使用、维护地区稳定与世界和平以及实现自身利益。

一、防止核扩散

防止核扩散，是指不扩散核技术、核材料和核武器。防止核扩散在一定程度上是有核国家与无核国家之间的相互博弈、相互竞争。冷战结束后，核武器扩散成为十分紧迫的安全威胁。核武器扩散打破地区权力格局，威胁区域安全稳定。《不扩散核武器条约》中规定：有核国家不得向任何无核国家直接或间接转让核武器或核爆炸装置，不帮助无核国家制造核武器；无核国保证不研制、不接受和不谋求获取核武器；停止核军备竞赛，推动核裁军；把和平核设施置于国际原子能机构的国际保障之下，并在和平使用核能方面提供技术合作。当前，绝大多数联合国成员都加入了该条约。

核扩散分为横向扩散和纵向扩散，横向扩散主要表现为核武器、核技术及核材料在地域上的扩散，如拥有核武器及发展核武器技术的国家和地区的增多；纵向扩散主要表现为行为主体因对抗和核竞赛，不断提高原有核武器的研制水平、增加核武库的储量。二者相比，横向核扩散更容易给世界带来不稳定因素。

（一）防止横向核扩散

防止横向核扩散，也叫防止水平扩散，指防止新的国家拥有了核武器，是核危机控制的重要范畴，也是国际社会控制的重点和难点。

1945 年，美国在成功研制核武器后，杜鲁门政府对核相关的技术和武器本身采取了极为保密的措施，对与美国签有核合作协议的盟国—英国和加拿大也采取了技术封锁。当苏联、英国、法国和中国先后研制成功核武器后，想拥有核武器的国家被视为扩散者。为了防止核武器继续扩散，

1968 年 7 月，国际社会制定了《不扩散核武器条约》，以 1967 年 1 月 1 日为时间界限，此后发展、拥有核武器的行为都被定性为“核扩散”。

对于一个国家是不是核武器国家，《不扩散核武器条约》的第九条第三款规定：“本条约称核武器国系指 1967 年 1 月 1 日前制造并爆炸核武器或其他核爆炸器材之国家”。因此，对事实上拥有核武器的国家，以色列、印度、巴基斯坦和朝鲜，国际社会并不承认他们的核武器国家地位。目前，国际社会根据核武器的拥有事实、核武器技术掌握情况、对核武器的状态，对国家进行了如下分类：（1）核武器国家，包括美国、俄罗斯、法国、英国和中国；（2）事实上的核武器国家，包括印度、巴基斯坦、以色列、朝鲜；（3）放弃核武器的国家，包括南非、乌克兰、哈萨克斯坦和白俄罗斯；（4）核门槛国家，具有独立制造核武器能力但却尚未拥有核武器的国家，包括加拿大、德国、日本、韩国、瑞典等；（5）无核国家。

冷战结束后，非国家行为体加入到扩散的行列，核材料、核设备和核技术扩散活动加剧，因此，核扩散从核武器的扩散，尤其是指核战斗部的扩散，后来扩展到核材料、核技术、运载工具、核技术人才等方面。近年来，随着国际形势的不断变化，核扩散引发的核危机成为控制的主要对象。核危机控制在防止核扩散中通过直接和间接两种方式发挥着作用。

1. 防止直接核扩散

所谓直接防止核扩散，是指在一次核危机中，通过矛盾双方的博弈，使一方放弃核武器的发展计划、行动和部署。直接防止核扩散是核危机控制中最直接的目标，也是最一致的目标。在传统安全问题上，核武器被当作国家安全的终极手段。在没有做好全面禁止和彻底销毁核武器之前，超前谈论无核世界是不切实际的。

1981 年 6 月，以色列空袭伊拉克核设施，使伊拉克彻底失去了核武器能力。利比亚在历经多年的制裁和长期孤立之后，经济上大伤元气，2003 年 12 月 19 日，宣布自愿放弃大规模杀伤性武器计划。1991 年苏联解体时，其境内的不少加盟共和国都保留有核武器，主要集中在俄罗斯、乌克兰、哈萨克斯坦克和白俄罗斯。在俄罗斯和美国等国的主导下，乌克兰、哈萨克斯坦和白俄罗斯三国主动交出核武器，防止了核武器扩散。

2. 防止间接核扩散

间接防止核扩散，是指控制本次核危机或者其他相关危机的解决，使其他国家放弃核武器计划或行动，从而防止核扩散。目前，世界和局部地区保持一种平衡态势，如果这种平衡被打破，就会爆发核危机，诱发核军备竞赛，在核扩散领域产生多米诺骨牌效应。“多米诺骨牌”本来是西方的一种博戏玩具，美国总统艾森豪威尔第一次把这种游戏引申成为一个国际政治术语。他说：“在东南亚，如果有一个国家落在共产党手中，这个地区的其他国家就会像多米诺骨牌一样，一个接一个地倒下去”。

在伊朗核危机中，美国曾认为，由内贾德主导的伊朗核计划已经产生了多米诺骨牌效应。自从2006年以来，埃及、土耳其以及沙特等15个中东国家也纷纷高调启动各自的核研究计划。在这种情况下，美国如果不能干净利索地解决伊朗核问题，使伊朗终结核计划，那么就无法有效遏制其他国家的核活动。更严重的是，一旦任由核技术在中东泛滥失控，阿拉伯国家和以色列之间，甚至伊斯兰世界内部什叶派和逊尼派之间互相使用或威胁使用核武器就绝不是天方夜谭。

朝鲜核危机多次激发了韩国和日本的拥核想法。2006年10月9日，朝鲜进行核试验后，日本出现了关于是否需要研发核武器的讨论。第三次核试验之后，日本多名官员公开宣称，日本应该拥有核武器，而且以日本现在的技术，制造出核武器最多只需要6个月的时间。安倍政府也已正式向国会提出修改和平宪法、废除限制日本拥有战争权的第九条的建议。韩国执政党和部分专家提出韩国也应进行核武装的主张。认为韩国在军事力量上落后于朝鲜，应通过拥有核武器改变目前的局面。李明博政府曾一再要求美国修改《韩美原子能协定》，以解禁韩国核乏燃料棒的再处理技术。

（二）防止纵向核扩散

防止纵向核扩散也称为防止垂直扩散，即防止有核国家增加核武器的数量、质量，也就是在核武器质与量方面的提升。如，美国与苏联/俄罗斯关于削减战略核武器。1972年5月26日，美苏在莫斯科签订美苏关于限制进攻性战略武器的某些措施的临时协定，简称《美苏第一阶段限制战略武器条约》（SALT1），1979年6月18日，美苏在维也纳签订了《美苏第二阶段限制战略武器条约》（SALT2），1987年12月8日，在华盛顿签署了《美苏两国消除中程和中短程导弹条约》，简称中导条约（INF），1991 年 7 月 31 日，美俄两国在莫斯科签署《第一阶段削减战略武器条约》（START I），条约规定，在条约生效后 7 年分 3 个阶段把进攻性战略武器削减 30%，届时各自拥有的陆基洲际导弹、潜射弹道导弹、重型轰炸机的总数不得超过 1600 件，其所携带的核弹头不得超过 6000 枚。1993 年 1 月 3 日，美俄在莫斯科签署了《进一步削减和限制进攻性战略武器条约》即《第二阶段削减战略武器条约》（START II）。2002 年 5 月 24 日，美俄签署了《莫斯科条约》，条约规定双方将各自实战部署的战略核弹头削减到 1700—2200 枚。2010 年 4 月 8 日，美国与俄罗斯在捷克首都布拉格签署了《美俄关于进一步削减和限制进攻性战略武器的条约》（新 START 条约，简称新条约），2011 年 2 月 5 日正式生效。该条约规定：各方部署的核弹头数量不超过 1550 枚；各方部署的和未部署的陆基洲际弹道导弹发射装置、潜射弹道导弹发射装置、装备核武器的重型轰炸机总数不得超过 800 件，其中已部署的不超过 700 件。

二、阻止核武器使用

使用或威胁使用核武器往往成为核大国和核霸权国家进行军事威慑的重要手段，也是有核武器国家或国际行为体之间发生军事危机时最可能采取的博弈手段和策略。因此，阻止核武器使用，是核危机控制的重要内容。中国曾经历过 5 次此类核危机，其中 4 次与核战争擦肩而过。越法战争中，奠边府战役也曾遭遇核武器使用的危机。在这类核危机中，控制的主要目标就是要防止因危机失控而使核武器由威慑转向使用。为了有效阻止核武器的使用，主要通过以下几个方面实现控制目标。

一是把握舆论主动权，阻止使用核武器。目前，国际上只签订了关于《不扩散核武器条约》《全面禁止核试验条约》等核军控的条约，还未签订《禁止使用核武器条约》，这就使得在核危机控制中阻止核武器的使用缺乏有力的国际法保障，从而给某些拥有核武器的国家进行核威慑或核讹诈提供了机会。在这样的形势下，必须紧紧抓住国际舆论主动权，争取国际社会的支持与同情，同时表明坚强的斗争决心，不为敌人的威胁所屈服。为此，首先，要充分揭露对手使用核武器的阴谋，用道德的力量阻止其使用核武器。核武器属于大规模杀伤武器，任何使用大规模杀伤武器的行为都是违反国际人道主义的行为，这是国际社会的共识。其次，要不惧怕核武器，通过舆论宣传表达坚强的斗争决心和战胜敌人的信心，从而使敌人明白，即使其使用核武器，也同样达不到目的。1958 年 8 月 23 日，我军炮击金门，美国曾举起“核大棒”，扬言对我进行核打击。在台湾部署核武器、派出具有核打击能力的战斗机，并制定了打击目标。面对这种威胁，中国人没有屈服，9 月 8 日，毛泽东在最高国务会议上说：“美国侵略者的这一套，只能去征服那些时刻准备向美国原子弹、氢弹投降的机会主义者”。表明了中国人民的斗争决心和大无畏态度，从而迫使美国态度由硬变软，借口会招致苏联的报复，转而放弃使用核武器。

二是通过第三方阻止核武器使用。核武器的使用可能引发战争升级，由核武器使用导致的核污染也可能会波及周边国家和地区。因此，企图使用核武器的一方不能不考虑第三国的因素，而且是一个需慎重考虑的重要因素。1963 年，美国计划联手苏联对罗布泊试验场等目标实施常规和核打击，由于苏联的拒绝，美国放弃了这次行动。1969 年 3 月，中苏先后在珍宝岛发生了三次较大规模的武装冲突，苏联领导层反应十分强烈，军方强硬派主张“一劳永逸地消除中国威胁”。准备动用在远东地区的百万吨级核武器对中国的军事政治等重要目标实施“外科手术式核打击”，遭到美国的反对，苏联被迫放弃了该方案。1954 年，为使被围困在奠边府的法军免遭灭顶之灾，美国密谋对越南投掷原子弹。但该计划遭到英法两国的质疑，英国首相明确表态英国公众不会支持向越南投掷原子弹。美国向越南投掷原子弹的计划破产。可见，在核危机控制中，通过主动采取恰当的外交和政治手段，借助第三方的介入与干预，可有效阻止核打击付诸实施。

三是通过相互克制阻止核武器使用。核武器作为一种大规模杀伤武器，具有巨大的杀伤和破坏作用，广岛遭袭，大约 11.4 平方千米范围夷为平地，71379 人死亡，受伤和失踪人员 68023 人；长崎遭袭，造成 39000 人死亡，60000 人受伤。核危机中，当双方都拥有大量的核武器时，一旦核战争爆发，人类将面临灭顶之灾。时至今日，核战争没有胜利者这一客观现实，已经成为各国政治家和军事的共识。因此，核危机控制中，利益攸关各方的战略决策者，都不愿使危机升级，因此，大多情况下，会在确保各自核心利益的基础上，采取克制的态度。如果双方能够相向而行，便会阻止核武器的使用。如，古巴导弹核危机爆发后，当时美苏双方都拥有一定数量的战略核武器，其中美国洲际弹道导弹294枚、潜射弹道导弹144枚、远程轰炸机600架，苏联洲际弹道导弹75枚、远程轰炸机190架。而且双方都进入战争对峙状态，战争一触即发。但慑于核战争的严重后果，双方采取了克制和适度让步措施，苏联从古巴撤出了导弹，作为补偿，美国承诺不入侵古巴并撤出在土耳其的导弹，从而避免了核战争爆发。

三、维护地区稳定与世界和平

维护地区稳定与世界和平是核危机控制目标的重要内容，可通过以下几个方面实现。

一是通过核危机控制减少地区军备竞赛。核危机会强化邻国的忧虑心理和不安全感，纷纷增加军费，扩大军备。如，伊朗核危机发生后，以色列反应就很强烈，认为伊朗发展核技术对以色列国家安全构成严重威胁，国际社会必须采取果断措施阻止伊朗的核计划，才能够维护中东地区的安全与稳定。中东其他国家也纷纷增加军费，扩大军备。2007年，海湾国家与美国签订了至少200亿美元的军购协定。阿联酋计划出资20亿美元，装备一个快速反应旅，花费60亿美元购买导弹防御系统、空中预警机等。通过有效的核危机控制，降低地区紧张程度，减少这些国家的忧虑和不安。

二是通过核危机控制减少地区军事行动。核危机发生后，邻国或利益攸关方都有可能采取强硬措施，如举行军事演习、进行军事部署，以向对方展示自己的武力和不满的信息，迫使当事方就范，这些军事行动如不加以控制，可能导致地区紧张，擦枪走火，也可能演变成一场战争，从而破坏地区的稳定，甚至威胁世界和平。在中东地区，2006年10月29日，美国、英国、法国、意大利、澳大利亚和巴林六国海军在巴林附近的国际水域举行联合演习，其主要目的是检验美国及其盟国在该地区防止大规模杀伤性武器材料及相关设备扩散的能力，当然矛头更多的是指向伊朗。在东北亚，朝鲜第三次核试验后，美国采取多种形式进行军事威慑，韩美频频进行联合军演。在“关键决心－2013”联合军演中，美韩都以朝鲜为假想敌进行演练，美国还派出了B－2轰炸机、F－22隐形战斗机以及核动力航母等尖端武器参加军演，并由此加紧了东北亚地区的军事部署。为应对来自朝鲜、伊朗等国的威胁，美国还增设14枚反导导弹，并在日本部署第二部可甄别敌方导弹弹头的海基X波段雷达。韩国军方在朝鲜第三次核试验后，随即高调宣布已全面部署可打击朝鲜全境的舰对地、潜对地巡航导弹和弹道导弹，并将加速研发能打击朝鲜全境的射程为800km的弹道导弹，尽快构建集探测、识别、决策、打击于一体的“杀伤链”攻击系统，还计划尽快构建韩国导弹防御体系，以对可能来自朝鲜的导弹进行有效拦截。2005年4月22日美国向朝鲜发出了警告，说如果六方会谈破裂，美国总统将别无选择，只好采取军事行动。这些军事行动，可能对朝鲜发展核武器的企图有一定的威慑作用，但并不能从根本上解决朝核危机问题。只有对危机进行有效控制，减少容易激怒当事方的军事行动，进而通过会谈多边磋商等形式，达成朝鲜去核化和半岛无核化，才是解决问题的根本方法。

三是减少别有用心的大国介入地区事务的机会。核危机通常是一个关乎全球安全或地区安全的国际性事件，核危机如果得不到有效控制，就会为某些别有用心的大国插手和介入地区事务提供千载难逢的机会和借口，从而引发新的矛盾与冲突，不利于全球安全和地区的和平与稳定。如，2003年，美国为推翻萨达姆政权，确保其在中东地区的利益，借口伊拉克拥有大规模杀伤性武器，发动了伊拉克战争，导致了该地区长达十年的动乱与不安。同样，朝鲜核危机的出现，也为美国进一步介入朝鲜半岛事务提供了理由，如果朝核危机不能得到有效管控，也可能升级为一场地区性冲突或战争。正因如此，国际社会才对“六方会谈”框架内危机的政治解决寄予了很高的期待。事实证明，持续多轮的“六方会谈”，虽然没能最后完全解决朝核危机，但对防止霸权大国借核危机对半岛事务别有用心的介入，对缓解危机带来的东北亚紧张局势，确保地区和平与稳定，发挥了重要作用。

四、实现自身的利益

核危机作为一个重大的国际事件，各相关国际行为主体在危机管控过程进行政治、经济、军事、外交等博弈，以维护本国利益，实现自身的政治或经济目标。在当今世界的国际政治体系中，某些国家或一些行为主体在通过正常的国际关系难以实现既定目标或难以避免己方的重大利益受到损害时，不仅可能对即将到来的危机故意不加防范，甚至还可能主动挑起核危机，激化核危机，以谋求通过核危机获取正常情况下难以获取的利益或避免正常状态下难以避免的损失。另外，核危机发生后，各当事方在不使核危机到达临界点的情况下，通常都会不同程度地利用核危机，来谋求利益的最大化。

一是达到政治目标。所谓政治目标，就是利用核危机控制中的博弈手段，达成自己的政治目的。主要表现在：第一，推销自己的价值观念，有意丑化对方形象，推翻现政权。如，在朝鲜核危机控制中，美国始终没有改变对朝鲜的冷战思维，其长期目标是改变朝鲜政权。在伊朗核危机控制中，美国的最终目标是搞垮伊斯兰政权，在伊朗建立亲美的世俗政权。第二，通过核危机控制，积极参与国际事务，提升自己的国际地位。日本参加朝鲜核危机控制的主要目标之一就是要实现政治大国，加快防卫体制和防卫政策的调整。俄罗斯则试图通过参与朝鲜核危机控制，提升其对朝鲜半岛事务的影响力。第三，改善国际形象。朝鲜在第二次核危机中，以核计划为手段，逼美放弃对朝敌视政策。将朝鲜从支持恐怖主义国家名单上除名，改变国际形象，重新融入到国际社会。

二是实现经济目标。所谓经济目标，就是利用核危机控制的博弈手段，获得经济利益。如，分析朝鲜在第二次核危机事件中的表现不难看出，朝鲜以制造核危机为手段，达成直接经济目标的企图十分明显。只要满足解除对朝经济制裁、提供经济援助和能源补偿等条件，朝鲜就可以暂时放弃核计划、核设施、核材料及核装置。1994 年美朝达成的《核框架协议》曾规定，美国为朝鲜建造轻水反应堆提供帮助，在建成并交付使用之前，美国负责向朝鲜提供 50 万吨燃料重油，但随后美国并没有完全履行承诺。再如，中东是世界原油的中心产区，又有着极其重要的战略地位，即是美国的能源命脉所系，也自然是美国全球地缘战略扩张的重点之一。在伊朗核危机控制中，美国确保其经济利益不受损害的目的显而易见。因为，伊朗一旦掌握核技术，将对美国在中东的利益构成致命威胁，不仅对美国在中东地区的军事目标构成威胁，而且威胁到美国的石油进口。

第三节　核危机控制目标确定依据

恰当的目标，是指所选目标与战略意图、自身实力相符，与运用环境相适应。目标确定的过程，就是主观意识与客观现实相契合的过程；而目标选择的恰当，恰恰表明人们的主观世界正确地反映了客观世界。

核危机控制目标的确定与相关国家行为主体的国家利益、国家实力、国际地位、国家战略和地缘政治等紧密相关。也就是说，相关主体确定任何核危机控制目标，都是结合各自的情况，围绕各自的利益来确立自己的核危机控制目标。因此，就一般意义而言，任何行为主体确定核危机控制目标，都必然着眼其国家利益、国家实力和现实战略形势的需求，并将其作为确定核危机控制目标的基本依据。

一、国家利益是确定核危机控制目标的根本依据

国家利益是影响和制约核危机控制目标的最基本因素。国家利益是指一个国家行为体在满足行为系统时所具有的利益，是民族国家生存和发展的必要条件。① 19 世纪英国人帕默斯顿伯爵说："国家间没有永恒的朋友，也没有永恒的敌人，只有永恒的利益，这些利益是我们责无旁贷的追求"。② 利益是国家在国际关系行为的出发点和归宿点。"任何一个政治家、国际法学家或者学者，都不会认为对外政策应该背离或无视国家利益"。

皮尔逊和罗切斯特认为，主权国家最重要的国家利益一般至少包括三项基本内容：一是确保自身的生存，包括保护其公民的生命和维护领土完整；二是促进其人民的经济福利与幸福；三是保持其政府体系的自决与自主。这些内容构成国家的核心价值和最基本的对外政策目标。另一方面，

---

① ［美］莫顿·A·卡普兰著，薄智跃译．国际政治的系统和过程．北京：中国人民公安大学出版社，1989：166.

② Richard N. Hass. What To Do With American Primcay. Foreign Affairs, Vol. 78, No. 5 Sept. /Oct. 1999, p. 74.

国家利益有其丰富的内容和多种表现形态。如根据内容可以区分为安全利益、经济利益、文化利益等；根据时效性，可分为永恒国家利益和可塑性国家利益；根据强度可分为核心利益、重大利益、主要利益和一般利益。[①]不同时期，国家利益的内容和形式不同，利益的分布和重要性也不同。当国家面临危机和压力时，不同的利益将出现价值排序的变化。此外，国家利益受到主观判断变化的影响，利益的选择与权衡也时常发生变动。[②]

一是核危机控制目标与战略安全利益紧密相连。在国家安全战略中，国家追求的国家利益总是表达为各种战略目标，战略目标与国家利益紧密相关。国家利益是战略目标的基本原则，是国家行为的出发点。而战略目标使国家对国家利益的追求具备了可操作性。核危机控制目标是战略目标中的一种具体表现形式。

在核扩散危机控制上，不同的国家有不同的目标。但无论如何，核危机控制的目标总离不开维护各自的利益。这从美国的核危机控制目标分析中可见一斑。美国在亚洲地区主要的政策利益之一是“希望亚洲能够控制其核武器和其他大规模毁伤性武器。需要注意的是，亚洲核武器国家的数量比世界其他任何地区都多，其中包括朝鲜和巴基斯坦这样很有可能不负责任的国家”。[③]

二是核危机控制目标与国家利益的发展而有所不同。同一国家在不同情况下，以及对不同核危机事件的危机控制也有不同的目标。在里根时期，美国两份《国家安全战略报告》阐述的国家利益分为三大类：一是安全，主要包括：“美国作为一个自由、独立的国家以及其价值观和制度的存在”，“一个稳定、安全并消除对美国利益重大威胁的世界”，“美国与盟友间健康而有活力的关系”；二是经济繁荣，“健康而不断增长的美国经济”；三是自由民主价值观。在此基础之上，设计了战略目标，其中一个目标就是防止核武器扩散。

克林顿时期，其核扩散危机控制目标主要有三个方面：一是严防苏联

---

① 王荣．美国国家安全战略报告．北京：时事出版社，2014. 10：115.

② 程晓勇．国际核危机管理基本问题探讨［J］．理论导刊，2012. 4：110—112.

③ ［美］霍华德·J·威尔德，陈媛媛，何克勇译．美国在冲突地区的外交政策，江苏：江苏人民出版社，2014. 3：97.

地区的核武库失控，竭力设法削弱俄罗斯的战略核力量以及禁止乌克兰、白俄罗斯和哈萨克斯坦拥有战略核武器；二是竭力阻止大规模杀伤性武器及导弹扩散到第三世界国家手中；三是确保美国的优势地位，即军事技术优势、核优势和高质量人员优势。

根据美国国家利益委员会2000年《美国国家利益报告》的界定，"美国只拥有五种核心利益：一是预防、遏制、减少核武器、生物武器及化学武器攻击美国本土及其海外军事力量的威胁；二是确保美国盟国的生存以及与美国主动合作以建立一个有利于美国的国际体系；三是防止敌对性大国力量的出现；四是确保主要全球体系（贸易、金融、能源供给及环境）的可持续性和稳定性；五是以有利于美国利益的方式与那些能够成为战略对手的国家（中国和俄罗斯）建立建设性关系"。

小布什政府上台不久，发生了"9·11"恐怖袭击事件。这一重大事件，引起了美国政府深层次的战略思考，特别是意识到恐怖分子获取核武器的可能性及其严重后果。因此，又将美国的核危机控制战略目标调整为防止恐怖分子获得核武器以及核武器和核技术的扩散。2002年，小布什在《国家安全战略报告》中提出八大战略目标之一是，"制止敌人利用大规模杀伤性武器威胁美国、美国的盟国和友邦。"

奥巴马政府上台不久，已经认识到当今美国已难凭一己之力应对经济危机、气候变化、核扩散等全球挑战和自身安全威胁，迫切需要别国，特别是主要大国提供支持。奥巴马政府需要审慎修正布什政府受新保守主义影响、迷信"硬实力"的对外政策。美国媒体把奥巴马政府对外政策需要优先处理的事务概括为"一个中心、两场战争、三个重点"，即以重振美国经济为中心，尽快从伊拉克和阿富汗战争泥潭中脱身，重点解决巴以问题、朝核问题和伊朗核问题①。在核危机控制问题上，2009年4月6日，美国总统奥巴马在捷克首都布拉格发表演讲，呼吁建立"无核武器世界"，并提出了自己的路线图：率先减少核武器储备，督促国会批准《全面禁止核试验条约》，支持缔结"禁产"条约，强化核不扩散机制，召开世界核安全首脑峰会等等。这一倡议立即引起世界反响，媒体称之为核军控的

① "奥巴马政府全面启动外交'新政'"，星岛环球网，2009－2－8，http：//www. stnn. cc.

"布拉格之春"。有媒体分析，奥巴马提出无核世界主要有四个目的：一是表明美国的积极姿态，占据核军控道义高地，变被动为主动，迅速恢复美国国际形象；二是为了引起国际社会对日益严峻的核扩散问题的关注，将遏制伊朗和朝鲜不断上升的核威胁作为全球安全最为紧迫的任务；三是对俄施压，促其做出妥协，延长《削减战略武器条约》或订立新约，将其纳入美国主导的新一轮军控进程；四是敦促英、法、中参与核裁军，将印、巴、以、朝纳入多边军控当中。可见，核危机控制目标与国家和政治集团的整体战略利益密不可分。

2010 年《国家安全战略报告》将美国的国家利益概括为"安全、繁荣、价值观、国际秩序"，在此基础上，针对每一项国家利益提出了战略目标，目标之一是"阻止核武器和生物武器的扩散，确保核材料的安全"。

三是核危机控制目标与不同地区的战略利益需求而有其特殊性。不同的国际行为主体，由于其在国际上的政治、经济、军事地位不同，其地缘政治不同，其在全球和不同战略地区的利益需求不同。

二、国家实力是确定核危机控制目标的重要依托

国家实力是不同国际行为主体制定核危机控制目标的基本依据之一。国家实力，不仅仅指国家的军事实力，同时也包括国家的政治实力、经济实力、外交实力、文化实力等等，是国家硬实力和软实力的结合，是国家的综合实力。新的历史条件下，特别是进入 21 世纪以来，国际政治和国际关系发生着重大的变化，多极化局势日趋明显，全球化进程不断加快且内涵不断丰富。各国际行为主体间的经济、政治、外交、文化等领域的关系日益紧密、合作更加深入，相互制约、相互影响作用日益凸显，依存度空前提高。这些新变化，使得当代核危机控制不仅仅表现在军事抗衡上，而且体现于政治、外交、经济、军事、文化等多个方面的综合性搏弈。同时，政治、外交斗争情况还往往决定着军事斗争的发展及核危机的变化。

国家实力是确定控制目标的基本制约要素。如果说利益是确定目标的方向，那么实力就是对目标距离的度量，确定控制目标只能量体裁衣，量力而行。

核危机控制目标的确定必须与本国的国家实力相匹配。换言之，就是

核危机控制目标的确定，要依据国家斗争和对抗实力进行。一般来说，国家实力越强，在核危机控制对抗中做出的让步与妥协可能越少，则要实现的核危机控制目标可能越高；反之，国家实力越弱，在核危机控制对抗中做出的让步与妥协可能越多，要实现的核危机控制目标则可能越低。当然，国家实力只是实现核危机控制目标高低的必要基础，能否最终达成较高的核危机控制目标，实现国家利益的最大化，还有一个实力运用和潜力发挥问题。这些则需要高超的斗争智慧和精湛的斗争艺术。从国家实力角度看，在核危机控制结果层面，也有可能发生以小博大，以弱胜强的情况。但在核危机控制目标制定层面，通常国家实力强的一方则可能制定较高的核危机控制目标，而国家实力弱的一方，则可能制定较低的危机控制目标较低。无论如何，国家实力客观上影响着核危机控制目标的制定，是制定核危机控制目标的重要依据。

目标的确定不仅基于自己的力量，还有赖于力量的正确和巧妙运用。力量运用不当，也可能导致核危机控制目标的转化。不惜一切追求既定利益目标，反而使自己的其他利益遭受更大威胁，在国家行为中屡见不鲜。这说明，确定恰当的目标，与恰当的估计和使用力量是紧紧联系在一起的。

从20世纪中期以来到本世纪初发生的世界重大核危机的控制实例不难看出，核危机发生时，当事国通常以国家综合实力为依托，展开多领域、全方位的多维博弈。在外交上公开指责对方，与其断绝外交关系，撤离使馆人员，停止各种正常往来，联络有关国家孤立对方、支持己方，表现为当事国外交官员以至国家元首频繁出访有关国家，建立国际热线通话等。在政治上揭露对方的企图，列举对方的非正义性，策动对方反政府派别对当局表达不满甚至反叛，煽动对方境内有关民族情绪，挑起动乱，以向对方施加政治影响和压力，同时号召本国人民做好战争准备。在经济上与对方断绝贸易与联系，暂停履行经济合同、协议，停止经济投资，冻结对方的资财，甚至联络国际有关力量对对方实行包括经济封锁在内的经济制裁等。在军事上公开或隐蔽地向危机地区调动兵力，加紧进行战争准备，同时，声言要使用某种大威力武器，并炫耀夸大这种武器的作用，以对对方产生威慑作用，迫使其放弃涉核企图，逼其就范。核危机局势中的双方，谁的综合实力强，或谁在某一方面手段运用得高明，谁就可能获得在核危机斗争中的主动权，使核危机按着其预想的方向或目标发展①。不难想象，少作妥协，甚至不作妥协，以小的代价，获得大收获，谋取达成较高的核危机控制目标，实现国家利益最大化，是核危机控制中各行为主体的最高和最理想的追求。

三、国际形势是确定核危机控制目标的制约因素

国际形势的发展变化通常会影响核危机控制目标。核危机相关各方，需要审时度势，根据不断变化的国际战略形势而适时、适当制定和调整其核危机控制目标。为了有效控制核危机，最终实现和平化解，核危机相关各方对于核危机控制目标的确定与调整至关重要。

核危机发生、发展到最终解决有一个不断演进的过程，而且这个过程的长短不一。因为，核危机是国家或政治集团间为争夺、保护战略利益并经过较长时间酝酿发生的，它直接关系着国家或民族的生存与发展，一般不是轻而易举就可以化解的，通常要经过艰难的斗争，有时要付出血的代价、遭受巨大损失才可能产生结果。无论是胜者还是负者，在危机发展过程中，都要承担重大风险，承受巨大心理压力，进行反反复复的研究、磋商与协调，在内外、上下、左右做大量工作，特别是要在国际社会与邻国中反复进行游说、策划、求援，有时还不惜向利益攸关的国家或组织付出政治、经济代价。而且，即便是做了大量工作之后，危机也未必按照己方设想的方向发展，即使能够按照设想的方向发展，还可能出现反复，甚至可能功亏一篑。当危机出现柳暗花明之时，双方因在某一个具体问题上发生意见分歧，危机还可能陷入山重水复之境。核危机状态有的可能会持续数月，有的可能数年，甚至几十年。其间或僵持不下，或边打边谈，或打打停停。

核危机的发展变化与当事国核危机政策有着紧密的关系。在某种程度上说，危机就是危机政策的具体体现，有什么样的危机政策就会出现什么样的危机，而当事方的危机政策往往与国际形势对其有利与否密切相关。

① 崔金久，步伟利．20世纪重大军事危机述评．军事科学出版社，1995. 02：392.

当国际的总体形势对其有利时，相关行为主体就可能采取相对强硬的政策，进而确定较高的危机控制目标。在斗争策略上，通常会表现为寸步不让、针锋相对，力求迫使对方完全屈服其意志，从而达成较高的核危机控制目标。反之，当国际的总体形势对其不利时，相关行为主体就可能采取相对灵活的政策，确定较低的核危机控制目标，或下调其所制定的核危机控制目标。在斗争策略上，通常会表现为做出一定的让步与妥协，放弃此前咄咄逼人的强硬姿态，接受对手或第三方提出的化解危机的建议。

总之，国际形势对于核危机当事双方的危机控制目标的制定与达成有着重要的影响和制约作用，是相关国际行为主体确立和调整其核危机控制目标的重要依据。需要指出的是，与永恒的国家利益和一定时期相对稳定的国家实力不同，国际形势是动态的，处于不断发展变化之中的，因此，国际形势对相关行为主体核危机控制目标的影响更具有波动性，从而更可能成为影响整个核危机发展走向的积极、活跃的趋动因素。

第三章
核危机控制原则

核危机控制原则是相关国家或国家集团利益的体现，围绕有利于维护其自身利益而制定，由一定国家或国家集团为了维护国际社会或自身利益所实施的。虽然不同国家或国家集团都有自己的核危机控制原则，但核危机控制有着全世界和人类的共同利益，国际社会应有普遍遵循的原则。

第一节　核危机控制原则制定依据

制定核危机控制原则既要符合国家的利益，又要维护世界的和平秩序，因此确定核危机控制的基本依据既包括本国的国家安全战略、外交政策，又要依据相关的国际法规。

一、国家安全战略是制定核危机控制原则的基础

国家安全战略是从国家和国际的全局高度筹划和指导维护国家安全利益的方略，反映国家对安全威胁的判断和识别，主要的外交、军事、安全政策和地区政策，以及将采取的措施和可利用的手段。国家安全战略是核危机控制的重要指导。

（一）核威胁态势判断

安全是与威胁密切相关的的两个概念。威胁是决策者对国家即将面临的军事、战略或经济损失的预期。威胁分为两种：现实的，是基于对方特

定信号和意图的推论；潜在的，是根据某种环境的判断或仅仅基于对方能力的考虑。①

对核威胁的判断一直是国家安全战略的重要内容。在冷战时期，美苏对抗，核武器的部署、使用是世界最大的核威胁。冷战结束后，国家安全威胁更加多样化，核武器的扩散成为“最大威胁”。

美国将核武器扩散作为最大的威胁。克林顿时期，1998 年的《新世纪国家安全战略》指出，“最大威胁”来自“反对地区和全球安全努力的歹徒国家，以及具有对未受保护的人民和政府运用核生化武器潜力的跨国行为体，如恐怖主义和国际犯罪组织”。

2001 年“9・11”事件后，美国彻底改变了对外部安全环境的判断，将恐怖主义视为最重要、最现实、最紧迫的威胁。2002 年《国家安全战略报告》提出，“恐怖主义与大规模杀伤性武器的结合是美国国家安全的主要威胁”；“美国将追究那些姑息恐怖的国家，包括那些庇护恐怖主义分子的国家”。布什政府将其防扩散目标主要指向“支持恐怖主义”的朝鲜、伊拉克、伊朗等少数所谓“邪恶轴心”和“无赖国家”。2006 年《国家安全战略报告》称“美国处于战争中”，为了打赢反恐战争，美国必须利用其军事力量和其他国家权力机构，阻止恐怖主义发动袭击，阻挠“无赖国家”和恐怖主义盟友获取大规模杀伤性武器。

2010 年《国家安全战略报告》，放弃了布什政府强调“恐怖主义是美国国家安全的首要现实威胁”的提法，将之定位为“全球时代众多重要威胁之一”，再次突出核武器扩散给美国国家安全带来的威胁与风险。认为“失败国家”可能成为大规模杀伤性武器扩散的重要途径，如伊朗和朝鲜。再次突出核武器扩散给美国国家安全带来的威胁与风险。为此，“美国应在确保威慑能力的可靠性和有效性的同时，削减核武器、降低对核武器的依赖；巩固《不扩散核武器条约》在防扩散领域的基础地位，促使伊朗和朝鲜履行国际义务；领导国际社会确保核材料的安全”。2015 年《国家安全战略报告》将大规模杀伤性武器的扩散和使用作为主要的威胁，提出“没有核武器的世界和平与安全”，承诺朝鲜半岛无核化，防止伊朗生产核

---

① 王荣．美国国家安全战略报告．北京：时事出版社，2014. 10：82.

武器。①

俄罗斯将核武器作为最大的威胁。2000 年 1 月，俄罗斯颁布了《俄罗斯联邦国家安全构想》，几乎用了一半的篇幅分析受到的威胁，威胁来自内部和外部，针对当时的国际形势，俄罗斯认为国家安全正面临前所未有的威胁。美国和俄罗斯通过《第二阶段削减战略武器条约》，严重削弱了俄罗斯在核武器方面的优势。

英国将核武器和恐怖主义作为威胁的重要内容。2008 年 3 月 19 日，布朗正式公布了《英国国家安全战略》，这是英国首份国家安全战略，将恐怖主义、核武器、全球动荡、国际犯罪、民间紧急事件和间谍视为英国所面临的威胁。

"9·11"事件后，日本的新威胁观逐渐形成。关于全球性威胁和挑战，日本的 2009 报告和 2010 报告指出，大规模毁伤性武器以及弹道导弹的扩散趋势正成为全球性安全威胁。

（二）战略方针

战略方针分为"先发制人"和"后发制人"两种类型，不同的战略方针决定不同的控制原则。

1. 先发制人型

先发制人战略，是指以强大的军事实力为支撑，以国家核心利益为尺度，以绝对安全为目标，采取一种超前性和进攻性的战略态势。"先发制人"战略实施的主要目标是恐怖主义活动的地区和拥有大规模杀伤性武器的国家。有时为了捍卫"自由"，也需要对某些特定对象实施"先发制人"。"先发制人"战略主要以战争手段来实施，从本质上讲不是一种消极的自卫和被动的反应，而是一种"预防性干预"和主动出击。"先发制人"战略的实施表现为典型的单边主义，无论国际社会是否接受，联合国是否授权，其行为是否符合《联合国宪章》和国际关系准则，一旦锁定目标，就将果断出击。在国际上，奉行先发制人战略的国家不多，美国和以色列曾一度奉行先发制人战略。

---

① National Security Strategy. The White House，February 2015：11.

2002 年小布什在西点军校演讲时提出“先发制人”战略，向恐怖主义全面开战，把“先发制人”的对外指导思想写入军事战略之中，这在美国历史中是第一次，其理由为6点：先发制人是行使自卫权的需要；先发制人从来是美国的一种政策选择；传统的国际法过时了；过去的威慑战略对现实面对的敌人不起作用了；现实敌人在追求获得大规模杀伤性武器，而且其行动诡秘难测；美国不能坐看威胁的增长和到来而无所作为。[①]

以色列处于阿拉伯国家的包围之中，国土狭小，缺乏战略纵深，人口少，脆弱的安全防线使它输不起一场战争，更不用说核战争，于是选择了先发制人的战略，即在强大敌人发动打击之前予以消灭，强调境外作战，将战场推进敌人国土之上，发展进攻性力量，通过空中打击和突袭弥补自身力量不足；强调速战速决，防止出现持久战、消耗战和肉搏战，在冷战期间，以色列曾多次将先发制人战略运用得淋漓尽致。贝京在内阁公报的最后写到，以色列绝不允许“敌人对我们的人民研制大规模杀伤性武器”，并将采取一切必要的先发制人的行动来保卫以色列的公民。1981 年以色列成功地越境摧毁伊拉克奥西拉克核反应堆。20 世纪 90 年代，以色列情报部门就断定伊朗正在秘密实施核计划。1992 年，以色列第一次提出了对伊朗核设施采取先发制人打击的可能性。2002 年，伊朗正式公布核计划，首先做出反应的是以色列。以色列一份安全战略报告认为：“今天的以色列比历史上任何时候都需要在整体国防战略上强调先发制人，以色列的主要目标是阻止阿拉伯国家和伊朗联合起来，谋求发展大规模杀伤性武器”。[②]

2. 后发制人型

后发制人是积极防御的国家安全战略方针和积极防御军事战略方针的重要因素和鲜明特征，是在危机时期维护国家安全的重要指导思想。后发制人就是不打“第一枪”，不主动出击。后发制人具有如下特点：

一是始终占据国际道义制高点。在任何情况下，绝对不会主动挑衅和侵略其他国家，坚持以和平手段解决或化解矛盾和纠纷。在任何情况下不首先使用武器和以武力相威胁。即使对方首先使用武力，也应当采取对等

① 林治远．外国国家安全战略与军事战略教程．北京：军事科学出版社，2013. 6：167.

② 孙德刚．危机管理中的国家安全战略．上海：上海人民出版社，2010. 2：190.

方式或者跟进反应的方式，避免核危机升级，核危机演变为武装冲突或核战争。

二是做好反击的准备和能力。在不打“第一枪”的同时，必须具备打好“第二枪”的能力，不能只有防守之功，更要有还手之力。具备让对手不敢轻易动手的威慑能力，具备足以应对先发制人打击的防御和防护能力，具备能够打败侵略或制止侵略的反击能力以及二次打击能力。

（三）战略举措

战略举措是为实现战略目标而选用的手段和途径。国家要实现自己的安全战略目标，在合理评估实力与资源的基础上，必须智慧地选择适宜的战略举措，从而达到战略目标，实现和促进国家利益。

一是通过不扩散行动制止核武器的扩散。主要通过外交、军备控制、多边协议出口管制等传统措施，对扩散接受国和恐怖主义网络进行遏制和制止，延缓他们获得敏感技术、材料和专门知识的过程，并使他们为此付出更大的代价。国际社会共同努力，防止大规模杀伤性武器和导弹技术、专门知识和材料被非法转移。

采取积极的不扩散外交，阻止供应国与接受国相互勾结，促使接受国停止他们的大规模杀伤性武器和导弹项目。要求有关国家承担责任义务；继续建立联盟，寻求有关联盟进一步支持不扩散和减少威胁的计划。

加强多边制度，加强《不扩散核武器条约》和国际原子能机构的工作，包括由不扩散核武器条约所有缔约国正式批准的IAEA附加议定书，确定所有国家完成全部的IAEA安全保障协议；达成禁止生产可裂变材料条约；加强核供应集团和桑戈委员会的作用。在导弹领域，加强导弹技术控制制度。

通过合作减少威胁。支持普遍遵守防止弹道导弹扩散的计划，国家提供援助减少威胁，与其他国家合作，提高大规模杀伤性武器相关材料的安全性。与国际合作伙伴共同努力，开发更清洁、更有效、较少产生废料和更有利于防止扩散的回收使用技术和燃料处理技术。

对核材料的管制。减少国家可裂变材料，加强残留材料安全，继续制止世界范围内分离钚的储存，将高浓缩铀的使用降低到最低限度。

出口管制。改进和加强出口管制，出口管制应促进不扩散目标及其他各项安全目标，一并考虑不扩散目标和商业利益，重点考虑对敌对国家和推行扩散国家的出口。

二是以反扩散行动制止核武器的使用。有效的阻止是抗击核武器及其运载工具的重要战略组成部分，防止核武器的材料、技术和专门知识向敌对国家和恐怖主义组织转移。拥有新的威慑手段，强有力的政策宣言和有效的军事力量，加上以各种政治手段阻止潜在的敌人寻求或使用核武器。除常规反击和核反击外，加强有效的情报、监测等能力，形成综合的能力压制敌人使用大规模杀伤性武器的气焰，同时保持压倒性的反击态势，从而增强威慑效果。在适当情形下采取先发制人的措施，在核武器未被使用前，采用各种手段将其摧毁。建立强大的防空和导弹防御系统，在大规模杀伤性武器射向目标途中对其拦截或彻底摧毁，完善有效的被动防御措施，快速减轻或避免大规模杀伤性武器使用后造成的危害。

二、国家外交政策是制定核危机控制原则的依据

外交政策是一国处理对外关系问题，进行外交活动所遵循的基本原则和行动方针，体现国家的意志和目的，不同国家在不同时期有不同的外交政策。一般地说，一国外交政策的基本出发点和目的是在对国际国内环境认识的基础上，在国际社会中寻求和维护本国的最高利益。外交政策主要有和平自主外交政策、霸权主义外交政策等。不同的外交政策影响核危机控制原则。

（一）和平共处外交政策

和平共处外交政策的基本原则是和平共处，构建以合作共赢为核心的新型国际关系，但结伴而不结盟，对话而不对抗。价值取向是坚持正确义利观，在国际事务中主持公道，弘扬正义，在国家关系中义利兼顾，以义为先。[①] 毛泽东提出，“不论大国小国，互相之间都应该是平等的，民主的、友好的和互助互利的关系，而不是不平等的互相损害的关系”。1954

① 王毅在十二届全国人大四次会议举行的记者会上就中国外交政策和对外关系答中外记者部．人民日报（京），2016－03－09（3）.

年 4 月《中华人民共和国和印度国关于中国西藏地方和印度之间的通商和交通协定》中首次提出“和平共处五项原则”，同年 5 月，中印、中缅总理的联合声明中重申并确认五项原则作为国际关系的指导原则。邓小平多次谈到维护世界和平和各国的安全稳定“唯一的出路是不同社会制度的国家在五项原则基础上和平共处、相互合作，而不是干涉别国内政、挑起别国内乱。”习近平在新时期提出“互信、互利、平等、协商、尊重多样文明，谋求共同利益”的外交政策。在核危机控制中，奉行和平共处外交政策的国家，一般都会采取以和为主的原则去处理核危机。

（二）霸权主义外交政策

霸权主义外交政策集中表现就是以大欺小，以强凌弱，以富劫贫。第二次世界大战后，美国和苏联就是霸权主义和强权政治的典型代表。把自己民族和本国利益看得高于一切，在同较小国家的关系上，不是平等相待，而是抱着一种大国民族优越感，损人利己，唯我独尊，把自己的意志强加于人，甚至粗暴干涉他国内政，侵犯他国人民的利益，不尊重以致损害其他国家的独立和主权。在核危机控制中，奉行霸权主义外交政策的国家，一般会凌驾他国之上，采取强制的措施。

三、国际条约是制定核危机原则的重要参考

国际条约在加强核不扩散机制，维护世界和平和地区稳定安全发挥重要作用，同时也是核危机控制中遵循的基本法律准则。这些条约主要包括《联合国宪章》《不扩散核武器条约》《禁止核试验条约》以及《无核区条约》等。

（一）联合国宪章

《联合国宪章》是处理国际事务的基本准则。《联合宪章》第 2 条将“会员国家主权平等之原则”规定为联合组织及其会员国应遵行的首要原则。国家平等的真正含义是不同国家，无论大小、强弱、贫富，也无论其政治、经济、社会制度如何，它们相互关系都是平等的。

（二）《不扩散核武器条约》

《不扩散核武器条约》（NPT）是国际防扩散体系的基石，宗旨是防止核扩散、椎动核裁军和促进和平利用核能，又称“防止核扩散条约”或“核不扩散条约”。该条约于1968年6月由联合国通过，1970年3月5日正式生效。基于有核国家越少，国际安全就越有保障的理论构思，该条约已为国际社会普遍接受。该条约的主内容是：有核国家不得向任何无核国家直接或间接转让核武器或核爆炸装置，不帮助无核国家制造核武器；无核国家保证不研制、接受和不谋求获取核武器；停止核军备竞赛；把和平核设施置于国际原子能机构的国际保障之下，并在和平使用核能方面提供技术合作。

（三）《禁止核试验条约》

《部分禁止核试验条约》，全称为《禁止在大气层、外层空间和水下进行核武器试验条约》，于1963年8月5日由苏、美、英三国外长在莫斯科签署，同年10月10日生效。条约的主要内容有：“谋求永远不继续一切核武器试验的爆炸”；“缔约各国保证在其管辖或控制下的下列任何地方禁止、防止并且不进行任何核武器试验爆炸或任何其他爆炸；在大气层、外层空间和水下的核武器试验”；“保证不引起、鼓励或以任何方式参加”在大气层、外层空间和水下的核武器试验。至2004年度，先后有125个国家加入这一条约①。

《全面禁止核试验条约》（TBT），旨在全面防止核武器扩散、促进核裁军进程，增进国际和平与安全，于1996年9月在联合国大会上通过。主要内容有：缔约国承诺不进行、导致、鼓励或以任何方式参与进行任何核武器试验爆炸或任何其他核爆炸，并承诺在其管辖或控制下的任何地方禁止核试或防止任何此种核爆炸；维也纳设立《全面禁止核试验条约》组织，所有缔约国均为《条约》组织的成员；为确保《条约》得到遵守，建立以国际监测系统、磋商与澄清、现场视察及建立信任措施为主体的国际

① 李元龙，梁雪美．军事条约．北京：蓝天出版社，2011.4：307.

核查机制。截止2009年，共有181个国家签署了这项条约，其中有150个国家批准了这一条约。①

进入核时代后，美苏核军备竞赛愈演愈烈，双方都在大规模部署核武器。无核国家为维护自身的安全利益，在国际社会的支持和参与下，自愿建立无核区，以阻止和限制在本地区出现和扩散核武器。早在50年代末，无核区的概念已引起国际社会的重视。1957年，波兰提出建立中欧无核武器区的“拉巴基计划”，这被国际上认为是第一次正式提出的建立无核区的建议。②

（四）无核区条约

无核武器区，通常称为无核区，是防止核武器在全球扩散的重要举措，往往是某一地区相邻的几个国家在取得共识的基础上，通过签署集体条约并公之于国际社会的形式来确立的。条约一般规定缔约国不得进行核试验，不得研制、生产、储存核武器及其他核爆炸物；此外，缔约国不得允许其他国家在无核区储存核武器或核武器材料。为了展示无核武器国家禁核的决心，无核武器条约往往在时效上确定为无限期有效。有核国家承诺不得对无核区缔约国使用或威胁使用核武器或其他爆炸装置。

六个无核区条约是《南极条约》《拉丁美洲和加勒比海禁止核武器条约》（《特拉特洛尔科条约》）、《南太平洋无核区条约》（《拉罗通加条约》）、《东南亚无核区条约》（《曼谷条约》）、《非洲无核区条约》（《佩林达巴条约》）和《中亚无核区条约》。

（五）核出口与导弹控制制度

1974年，桑戈委员会通知国际原子能机构，他们向非条约成员国的无核武器国家出口核材料和核设备制订了一个“触发清单”，一旦清单上的核材料出口，将触发国际原子能机构的安全保障。接受国必须同意不将这些材料转用于制造核武器或其他核爆炸装置。如要向另一个无核国家转口，接受转口的国家也必须接受安全保障。

---

① 李元龙，梁雪美．军事条约．北京：蓝天出版社，2011.4：321.

② 陈小功．军备控制与国际安全．北京：世界知识出版社，1998.10：120.

核供应国集团（“伦敦俱乐部”）制定了“转让准则”和“触发清单“两种出口控制制度，不仅对核材料、核设施、核技术进行保障监督，而且对进口国所有核设施进行全面保障监督，并限制军民两用敏感项目的出口。

《导弹及其技术控制制度》不是国际条约，是以美国为首的西方7国根据各自国内法对其他国家进行控制和制裁的单方面文件，旨在防止可运载大规模杀伤性武器的导弹和无人加强航空飞行器及相关技术的扩散。“最敏感项目”一般不得转让，“军民两用项目”出口时，必须以许可证方式逐件审批。①

第二节　核危机控制的基本原则

原则，是指说话或行事所依据的法则或标准②，通常是所从事活动的指导思想的具体体现，反映指导思想的基本要求。核危机控制原则是进行核危机控制所须遵循的基本准则，主要有以下原则。

一、目标明确，客观务实

核危机控制目标是必须首要考虑并贯彻核危机控制始终的重要因素，要达成明确的、决定性的、可实现的目标，应把握两点：一是目标的合理性和可行性；二是这些目标对核危机控制的相对主体的危机决策的影响。核危机控制从本质上说，是危机控制有关各行为主体利益博弈的过程。各行为主体所确立的危机控制目标的实现，都不可能建立在一厢情愿的基础之上，而是在双方或多方斗争中，得到相关行为体的认同。而所谓相关行为体对核危机控制目标的认同，本质上讲是对方对已方提出的核危机控制目标经过利益平衡后的反应结果。一旦对方认为此种核危机控制目标不符

① 周晓玲．国际核安全法律制度评析［J］．西安政治学院学报，2010（4）：71—76.

② 现代汉语词典．商务印书馆，1990.

合其根本利益，并且是不可接受的，则要想达成这样的目标将是困难的，甚至是不可能实现的。因此，准确掌握核危机控制目标，并预判目标可能引起的对方反应，对于迅速化解危机，提高危机控制的稳定性和高效性十分重要。

核危机控制的实践表明，确立恰当可行的有限目标，将会给危机控制与处置留有更大的回旋余地和机会。任何一方如果不现实地追求单方面的最大利益，一味提出遥不可及的条件，就不可能达成双方均可接受的妥协结果，从而提高危机升级的风险。一旦逼得对方没了退路，则很可能造成危机失控的局面，最终导致冲突甚至战争，形成两败俱伤的态势。处于危机对抗中的双方，一般很难实现其预想的最佳目标，使对方完全输或完全赢是很少有的。因此，成功的危机控制与管理，要求有关各方必须采取现实的态度，确定有限的目标，一旦实现有限的目标就做出妥协。如古巴导弹危机时，美国要求苏联撤回其部署在古巴的导弹，苏联在答应其条件的情况下，则要求美国撤回其部署在土耳其等地的导弹，并承诺不入侵古巴。可见，双方都不把摧毁对方的导弹、削弱对方的导弹能力作为目标，提出的都是较低的目标与要求，因而使这场危机得到了控制①。

有限的目标也需要设置不同的层次，在核危机控制活动中，应努力通过有层次的目标控制，避免危机升级或抑制核危机升级的速度，以求避免危机失控，引发军事冲突。不同层次的有限目标，就是不断降低决策者对所追求利益的期望值而形成的目标系列，当然，这个目标系列的顺序是以利益期望值由高到底排列的。有限目标的层次性设置，一方面增加了核危机控制目标的选择性，使双方有较大的回旋余地，从而为外交谈判发挥作用创造条件。另一方面，也为在危机可控前提下，实现目标利益最大化奠定了现实基础。如前所述，这种利益追求的降低不是无限的和无原则的，而只是在不做出原则性重大让步的情况下，尽可能地为对方保留体面的妥协空间，以达到缓解或化解危机的目的。

核危机控制目标并不是一成不变的，需要在核危机控制活动中，审时度势，根据斗争形势的不断变化而做出恰当的调整。特别要注意原则的坚

① 崔金久，步伟利．20 世纪重大军事危机述评．军事科学出版社，1995. 02：415.

定性与策略的灵活性的统一。着眼大局，着眼根本利益，不拘泥于小节，不贪图小利，不做丢了西瓜拣芝麻的事情。当形势发生变化，或核危机控制相对主体的控制行为或目标发生变化。成功的核危机控制要求利益攸关方都能意识到，想达到其理想中的最大目标是不现实的。为了将损失降到最低，避免冲突或战争，双方都必须适度妥协，维持目标的有限性，给核危机控制留有回旋余地。

二、彼此尊重，互利共赢

核危机发生后，各相关行为主体应本着以诚相等，互相尊重，平等对话，最大程度地理解和尊重对方的重大利益关切。不能以大欺小，以强凌弱。应相互尊重主权、信仰、文化、社会制度和生活方式。核危机相关方绝不能仅仅以绝对维护自身利益为出发点，狂自揣测对方动机与行动，从而采取不理智、不切合实际的对策与行动，这样就很可能产生误判，致使双方的对抗性心理和行动及措施增强，从而有可能导致危机的进一步发展，甚至会出现危机失控的危险。

核危机控制是事关国家和地区安全的大事，是相关国家各方面利益博弈的复杂过程。利益是国家在国际关系行为的出发点和归宿点。“任何一个政治家、国际法学家或者学者，都不会认为对外政策应该背离或无视国家利益”。利益攸关方都是以实现自身的最大利益为前提开展控制和解决危机的。但在当前经济全球化、世界多极化的大背景下，通过谈判，采取外交和政治手段，和平化解危机是相关国家和国家集团的共同愿望。

核危机控制并不是一场“非得即失”的零和博弈，只要各方具有解决问题的诚意，适当让步，避免用零和对策的观点看待和处理危机，就可能出现双赢或多赢的结果。只有找到共同利益和相互理解的基础，按照共赢的方式来解决问题，使各方利益得到关照，而不是一国的利益，这样的外交才是最好的外交。

核危机和平化解，本质上就是在各方利益平衡下，找到一个大家都能接受的妥协方案。这其中不可避免地要涉及利益上的得与失。[①] “9·11”事件后，美国前总统小布什曾说过，“凡是不支持美国的国家，都是反对美国的。”这样的立场不会有什么作用，因为这样的判断标准过于简单。外交关系中各方的利益都要能够得到实现，而不仅仅是其中一方的需求或利益得以实现，只有这样的外交政策才会成功。

三、以和为主，多措并举

核危机控制就是采取各种措施，控制和限制相互冲突的发展，改变冲突各方不断相互刺激和冲突逐步升级的趋势，使冲突得到抑制。充分利用政治、军事、经济、外交等多种手段，对核危机进程和走向进行综合的控制与协调是基本要求。

和平方式是核危机控制的首要和基本的方式。《联合国宪章》宗旨所宣示的“以和平方法且依正义及国际法之原则，调整或解决足以破坏和平之国际争端或情势（第1条），责成会员国”以和平方法解决其国际争端，俾免危急国际和平、安全及正义“（第2条），使危机能够通过和平的方式得到解决。中国历来主张通过和平协商的方式，解决边界问题和国际纠纷，反对动辄诉诸武力的行为。

和平方式主要通过政治和外交活动实现。通过坦诚、务实的交流与沟通，使相互对立的有关各方建立起某种程度的相互信任，这是解决问题的基础，离开这个基础，核危机就会处于不稳定状态。通过联合国框架与平台，国家首脑和要员的热线对话及穿梭互访，政府及政治领袖人物的政治声明等实施。如，主动及时向联合国安理会通报危机情况，表明本国政府对核危机的看法和处理危机的原则立场，以此赢得联合国和国际社会的理解与支持；主动开展与相关各方领导人的热线对话，或就核危机处理问题出访相关国家和地区，阐明核危机与相互安全和地区安全的利害关系，明确提出希望对方应采取的立场、态度和措施，争取相关国家的理解、支持、援助与参与调解等；全面表达对危机的看法和处理危机的原则立场，

① ［美］霍华德·J·威尔德，陈媛媛，何克勇译. 美国在冲突地区的外交政策，江苏：江苏人民出版社，2014. 3：10.

客观分析核危机的原因与复杂背景，表明维护己方核心利益、重大关切等的不可动摇的坚定决心和信心，警示敌对各方铤而走险、一意孤行做法可能导致的危险后果，并以诚恳的态度向对方传达和平解决危机的愿望与诚意。

强制性措施是核危机控制的重要手段。强制性措施主要是通过采取某些强制手段来遏制危机或防止核化生危机扩大和蔓延。这些手段主要包括经济手段、军事手段等。军事手段和经济手段都是双刃剑，通过适当的军事威慑和经济制裁给对方一定压力，可能会使对方做出相应的政策调整，从而达到缓和危机的目的；但如果运用不当，包括时机、强度、方式等，也可能会恶化双边关系，使对方采取加重危机的政策与态度。因此，军事和经济手段的运用必须得当，才能发挥有利效能。

历史经验表明，很多情况下，强制措施并不能使危机得到化解，反而有可能迫使对方采取更极端的行动。很大程度上会激怒对方，而对方为避免被动和不利，也会做出同样以至更为强烈的反应，甚至采取先下手为强的对策。即便是弱方，当不能摆脱困境或受到对方过分刺激时，也可能铤而走险，从而导致战争的迅速爆发。因此，为使危机得以控制，就须避免向对方施加强制措施。当双方进入对抗或陷入僵局时，应采取变通迂回、必要退却、软硬兼施等策略，以免使危机失控，径直走向战争。

四、遵守条约，合理合法

在现代社会，依法行动已成为国际社会普遍接受的准则。为防止核扩散，国际社会有很多的国际条约。国际条约是核危机控制的基本行为准则。核危机行为体的活动必须受到这些法律与行为准则的约束，各方主张的利益和要求也必须在这些法律与行为准则的框架内。寻求合法性，要求在依循本国法律的同时，重点在本国相关法律法规中找到采取措施的依据，在国际法与国家利益发生冲突时，坚持国家利益高于一切。尊重和利用国际法，要求为控制行动找到符合利益的法律依据，以达到支撑自己、抑制对手的目的。

核危机控制中，各国家行为主体以维护国家根本利益，和平化解危机为目标，就必须遵循行为主张合理合法的原则。只有这样，才能在不丧失国家根本利益和实现利益最大化的前提下，达成和平化解核危机的根本目标。尽管目前不少国际法规还存在这样那样的问题，有待于完善与改进，但现行的国际法和国际行为准则的基本原则是经过历史检验的，得到多数国家的认可，已能为国际政治行为的合法性提供一定的判定标准。

五、立足困难，着眼长远

核危机控制绝不是一朝一夕，一蹴而就的事情。伊朗核危机化解用了16年，朝鲜核危机化解用了25年。核危机控制各行为主体在核危机控制活动中，必须付之以极大的耐心、经得起危机发展趋势的徘徊和反复。充分认识核危机控制的复杂性和艰巨性，不可操之过急或全无信心，甚至放弃努力。无论是在保持接触、武力运用、目标调整以及坚持合法各个方面，都必须保持足够的耐心，决不可鲁莽决策，贸然行事。

一是在核危机控制行动遭遇严重困难，受到重大挫折时，各相关国家行为主体，要能稳住阵脚，抓住限制解决危机进程的关键性问题，冷静分析对策，绝不可失去信心，无所作为。但在具体行动上，不能操之过急，应做出有章法、有步骤的循序渐进的安排。充分利用政治、经济、军事和外交各种资源，综合化解危机控制中的困难，特别是突变性的事件。

二是当核危机事件遇到了难于一时解决的问题时，可以采取分阶段、分步骤的解决方案。在充分考虑各方利益的前提下，着眼长远，做出制度性的安排。同时，要制定切实有效的监督控制机制，确保危机控制方案的落实并不断取得实质性进展。

三是必须站在世界和平和人类命运共同体的高度，建立长效的核危机控制机制。有效的机制是预防危机、化解危机的重要措施。完善核不扩散机制，可以降低获取核武器的企图，增加获取核武器的难度，从而实现核不扩散的目标，并最终实现“无核化”。建立信任机制，国家间越相互了解和信任，戒心与误会就会相对减少，发生核危机的可能性就越小。即使出现危机，也会从维护两国友好关系出发，主动疏导矛盾，求同存异，和平解决。

第三节　核危机控制原则的运用

在具体的核危机控制中，运用以上原则有助于在宏观上把握好核危机控制活动的大方向，确保核危机控制行动取得实效与成功。忽略这些基本原则，就很可能大大增加导致核危机控制活动失败或不能达成预期效果的风险。从这个意义上讲，正确运用核危机控制基本原则与制定这些原则具有同等重要的地位。

一、倡导共同原则

核危机控制原则通常是与核危机控制的行为主体相关联的，不同的行为主体，由于其利益的特殊性，其核危机控制原则可能是有其自身的特殊性的。但是，维护世界和地区和平，是全世界爱好和平的人民的共同愿望，是世界的主流价值观。世界各国在承认和强调自身国家利益的同时，也有着许多共同的利益。这不仅体现在环境、气候等人类生存共同面对的问题上，同时，在政治、经济、军事、外交等方面，同样存在大量的共同利益，因此，在国际上应该存在共同的核危机控制原则。如果不坚持“和平共处五项原则”，在核危机控制上就会出现较大的分歧，达不成一致意见，影响核危机控制的进程。

二、守住底线原则

核危机控制中，可能会出现妥协退让，但并不意味着可以无限地退让，而是有底线的，这个底线就是国家的核心利益。国家利益主要是指那些有关国家尊严、领土主权与统一的问题；事关国家长远发展的根本问题；影响国家政权稳定、民族团结的问题等①。守住底线就是在核危机控

① 程晓东，王志军．对军事危机控制与协调的几点思考．教学研究资料，2007.7：27.

制环境发生较大的变化时，也应该毫不动摇地坚持。如果发生动摇，就会偏离国家的基本外交政策，损失国家根本利益。

三、灵活把握原则

应对核危机要有高超的战略指导艺术，需要软硬兼施、刚柔相济，既要坚持原则底线，又要适当灵活变通，否则就会僵硬不化。首先，根据核危机类型运用原则。核危机类型不同，核危机控制的目标不同，所采取的手段也不相同，因此核危机控制原则也不尽相同。扩散型核危机，持续时间长，应坚持“着眼长远”的原则，而使用型核危机，就不能运用该原则，否则就会导致核战争爆发。其次，根据核危机发展形势运用原则。核危机是在不断发展变化的，对于长期得不到解决的核危机，而且核危机当事方一意孤行，不听国际社会的劝说，和平方式不能解决核危机时，必须采取其他措施来解决核危机。

第四章 核危机控制机制

核危机控制机制是为从根本上预防、化解核危机而建立的机制，核危机控制机制在控制核危机方面发挥着重要作用，事实证明，如果核危机控制机制得到遵守，核危机可以避免，发生了也可得到有效的控制。

第一节　核危机控制机制的内涵

一、核危机控制机制的概念

机制在汉语中，解释为“各要素之间的结构关系和运行方式”，“有机体的构成、功能及其相互关系”，“泛指一个工作系统中的组织或部分之间相互作用的过程和方式”。在社会学中表述为“在正视事物各个部分的存在的前提下，协调各个部分之间关系以更好地发挥作用的具体运行方式”。首先，机制是一种游戏规划，反映的是事件内在的机理、规律以及组成部分之间协调互动的关系；其次，机制是一种工作方法、程序与措施，是经过提炼后形成的相对固定的行为规范；最后，机制是一种权威性、强制性的制度，个体不能以个人偏好、经验为由取而代之。

机制在国际关系领域被称为国际机制，机制可以是原则、规则、准则、协议、机构、过程或决策程序。机制更强调各要素之间彼此依存、有机结合和自动调节所形成的内在关联和运行方式。机制具有公认性、强制性、稳定性和系统性等特征。①

核危机控制机制就是为了有效地控制核危机，而建立的一套世界各国共同遵守的原则、规范、协议、决策程序等。核危机控制机制是建立在双边和多边基础之上，体现了核危机控制行为体共同的利益预期，是一套相互联系的行为原则、规范、规则，在核危机预防、处置、化解等过程中发挥着重要的作用。

二、核危机控制机制的目的

核危机控制机制的建立和不断完善，其全部目的或根本目的在于防止核危机发展为核战争。具体而言，是在核危机潜伏期或发生前，通过机制作用的发挥来进行预防，遏止核危机的发生；在核危机爆发后的持续阶段，通过机制卓有成效的工作来化解核危机；在核危机得以化解后，通过总结经验教训，对调整完善机制的相关薄弱方面，改善国际关系，消除核危机滋生的土壤和再次发生的机率。

（一）预防核危机

预防核危机是在核危机尚未发生时，采取各项措施予以遏制，使核危机“大事化小”“小事化了”。现代危机控制理论认为，最成功的危机控制是从根本上防止危机的发生或将其制止于萌芽状态。

核危机产生原因复杂，对国际社会正常秩序冲击大，并且由于事关国家最关切的核心利益——生存与安全，因此解决起来异常困难。从核危机控制的历史经验来看，从产生核危机的源头入手预防核危机是有效和经济的。“凡事预则立，不预则废”，因此，消除各种诱发因素，从而预防核危机的发生是核危机控制的重要目的。因此，建立一套综合性的核危机控制机制，对于预防核危机十分必要。

核武器产生以后，核军备控制逐步进入国际军事斗争的舞台并成为热点。掌握核技术，拥有核武器的国家与试图研发核武器的国家越多，发生

① 侯小河．军事互信论．北京：国防大学出版社，2013：27.

核危机的可能性也就越大，因此，国际社会普遍认为将核技术、核武器控制在少数国家范围内，并逐步削减核国家的核武器数量，就能减少核危机发生的可能性并逐步消除核战争对人类社会的威胁。正是基于核国家越少，国际社会越安全的认识，国际社会建立了包括相关组织和条约的核不扩散机制。这些组织包括原子能机构、“桑戈委员会”、导弹及技术控制制度、核供应集团、联合国安理会等国际组织，也包括《原子能机构规约》《不扩散核武器条约》《关于加强国际原子能机构保障监督的附加议定书》《全面禁止核试验条约》《防止弹道导弹扩散国际行为准则》《核材料实物保护公约》以及 6 个无核区条约等。

由于国际社会的无政府性，有核国家之间社会制度、意识形态、历史传统、利益需求等不同，国家之间的利益冲突大量存在，冲突有时不可避免，进而爆发危机的可能性不能排除，甚至引发战争。

核危机控制机制的目的在于通过一系列约束性、强制性的协议、条约，建立各种行之有效的机制，采取恰当的控制手段与方式，增进相互了解，搞清发生冲突的根本原因，各方的利益需求与矛盾的症结，解决途径和办法等，增加敏感问题的透明度，减少现实危机爆发的突然性。在核危机潜在的酝酿和发展过程（或称潜伏阶段），努力消除可能导致核危机的消极因素，使其逐步化解、消失，以制止核危机的发生。

虽然这些机制没有完全阻止核危机的发生，但确实延缓与减少了核武器与技术的扩散，在某种程度上预防了核危机的发生。

（二）预警核危机

核危机预警是对核危机进行判断的过程，它根据收集到的信息和情报，分析核危机可能爆发的时间、地点和发展方向，适时地向可能卷入的行为主体（国家或国际组织）发出警告，并提出应对措施，使相关行为主体能够采取行动阻止核危机。由于核危机是危害性最大的国际性危机之一，与相关国家政治利益、军事安全息息相关，与地区安全稳定和世界和平紧密联系，及时对核危机预警有利于各方采取措施控制核危机。对于尚未发生的核危机，通过预警，促进国际社会和利益攸关方及时采取行动，消除可能诱发核危机的因素，避免核危机发生。对于可能发生的核危机，核危机预警促使各控制行为体提前做好预案，控制核危机的发展。对于已发生的核危机，有了预警，相关各方采取应对措施，阻止核危机恶化，为化解核危机做好准备。核危机控制机制在预警核危机方面发挥的作用有：

一是核情报信息收获。在核不扩散机制和监督保障机制下，主要通过以下几个途径收集信息。国际原子能机构建立了全球核监测系统，收集全球核设施运行数据，比如铀浓缩活动、核反应堆活动、乏燃料处理情况。对不良变化活动进行监视，特别是对潜在风险地区的监控，并向相关地区派出实地检查。一些成员国发现核危机苗头，向国际原子能机构通报。核供应集团共享核材料、核设施出口信息。

二是预测核危机。核危机的发展是有规律可循的，是一个由量变向质变转变的过程。通过对核危机爆发的各种征兆信号进行分析，可以预测到可能爆发的核危机。军民两用核设施改为军用，提炼高浓缩铀，从乏燃料中提取钚，发展导弹技术等，这些迹象表明该国可能在制造核武器，核武器扩散危机可能爆发。朝鲜核危机、伊朗核危机在爆发前，都有这些征兆。此外，不履行核不扩散条约和双边、多边协议等，都有可能爆发核危机。

三是发出警报信号。向相关国家、地区组织、联合国发出核危机警报，其主要目的是向相关国家和国际社会说明事实的真相，呼吁相关国家和国际社会共同行动，阻止核危机的发生。此外，也是向核危机当事国发出警告的信号，停止违反核不扩散的行为，不要在危险的道路越走越远。

（三）化解核危机

核危机控制机制作为核危机管理主体控制核危机的重要组成部分，能在核危机出现后，可将其破坏性和消极性的影响限制在最小的范围内，在最短时间内以较小的代价结束核危机。

核危机控制机制有利于双方沟通信息和增信释疑，可以减少政治不确定现象，减少行为体的不确定心理。而且，核危机控制机制内的原则、规范、规则和决策程序所提供的信息，可以帮助一方认识关于其他行为体的行为意图，使得双方的期望趋同，从而增加政策透明度和可预测性。依托核危机控制机制处理核危机，给当事国平等交流的平台，营造互信合作的空间，减少敌对意识，增进相互理解。

冷战时期，核武器误警造成的核危机时有发生。主要原因是，卫星上的传感器或预警雷达发出令人误解或模棱两可的信息，计算机出现故障或者通讯设备产生问题。几次战略轰炸机和洲际导弹甚至进入长时间高度警戒状态，差一点接到发射的命令。

古巴导弹危机、朝鲜半岛核危机，之所以没有升级为核战争，与核危机控制机制对核危机的控制有直接关系。通过在核危机控制机制内开展的积极有效的工作，使处于核危机之中的各方在危急关头转向妥协或作出某些让步，使核危机化险为夷。

第二节　核危机控制机制框架

核危机控制机制是为解决核危机事件而建立的，它体现了行为主体共同的利益预期，由双方或多方政府同意建立，是一整套相互联系的行为原则、规范、规则和决策程序，可以是行为主体默示的规则，也可以是正式的有明确规则的制度，在核危机控制实践中对行为体起着约束作用。从核危机控制理论和实践来看，主要包括核不扩散机制、监督保障机制、平衡制约机制和军事互信机制。

一、核不扩散机制

核不扩散机制是防范核危机的重要保证，历史正反两个方面证明，遵守核不扩散机制，就可以避免核危机发生，破坏核不扩散机制，就会发生核危机。

（一）核不扩散机制的内涵

核不扩散的最初意思是不扩散核武器，尤其是指核战斗部的不扩散，后来扩展到核材料、核技术、运载工具、核技术人才等方面。而今，核不扩散指无核国家以及非国家行为体不谋求发展核武器，核武器国家不转让、不鼓励无核国家发展核武器，追求核裁军目标，以维持《不扩散核武器条约》所确立的现状的国际安排。

核不扩散机制。姜振飞认为，“所谓核不扩散体制，是指国际社会为了预防核战争而制定各种各样的公约、协定和所成立的机构的总和”。外国学者的定义是，核不扩散机制“是所有国际的、国家的、双边的、多边的核不扩散法律、政策和协定的总和”。核不扩散机制是典型的国际安全机制。

不同的学者对核不扩散机制架构有不同的观点，姜振飞认为，核不扩散机制框架包括核裁军条约、限制核武器空间部署及有关有核区条约、限制核武器发展条约、有关无核国家安全保障问题的文件以及国际出口控制与核查机构。周新华、潘韬认为，核不扩散机制主要包括：国际条约、控制出口的国际组织、政府及非正式协议和谅解、有关国家的国内立法。楼冕认为，核不扩散机制包括：机制的主导者、参与机制的成员、准则、动作模式和技术手段、强制措施等。不同的学者在核不扩散架构认知方面由于定义、基点不同，导致对核不扩散机制所包含的内容不同。本文基于对核不扩散的定义，认为核不扩散机制主要包括不扩散核武器条约、限制核武器发展条约、无核区、出口管制制度等。

（二）核不扩散机制的作用

虽然国际核不扩散机制没有完全阻止核危机的发生，但是它确实延缓了核武器与核技术的扩散，一定程度上起到了预防核危机发生的作用。在防止扩散、和平利用核能、维护地区和世界和平方面发挥了重要作用。

有效地控制了核国家数量。目前，事实上拥有核武器的国家只有9个。其中国际社会公认的有核国家只有5个，印度、巴基斯坦、朝鲜和以色列尽管拥有核武器，但一直不被国际社会所承认。核国家数量的减少，对减少核危机，维护地区稳定与世界和平发挥了积极作用。

核不扩散机制提高了一个国家发展和获得核武器的成本。国际原子能机构的监督保障制度使得核计划保密非常困难，核禁试、无核区条约使得发展核武器成为违法行为。发展核武器，不仅受到联合国、国际社会的一致谴责，而且面临严厉的经济、技术制裁，背上沉重的压力，大大提高迈入核武器国家的门槛。

核不扩散机制使得一些拥有核武器的国家放弃核武器或核计划。苏联解体后，核武器分布在俄罗斯、乌克兰、白俄罗斯和哈萨克斯坦，在国际社会的强大压力和美国等国的共同动力下，乌克兰、白俄罗斯和哈萨克斯坦三国销毁了其领土上的核武器，成为无核国家，先后于1994年12月5日、1993年7月22日和1994年2月14日加入《不扩散核武器条约》。南非于1993年3月放弃核计划，销毁已经制造出来的6个核装置，然后加入《不扩散核武器条约》。利比亚于2003年12月19日宣布放弃大规模杀伤性武器计划。

（三）核不扩散机制的建立

经过多年的努力，目前国际社会已建成了以《不扩散核武器条约》为基石的核不扩散机制，核不扩散机制主要包括不扩散核武器条约、限制核武器发展条约、无核区条约和特定区域无核化条约、核出口与导弹控制制度等。

1. 不扩散核武器条约

1945年11月15日，美、英、加三国首脑就关于原子能问题发表了《联合声明》，主张在联合国之下尽早设立一个委员会。同年12年，战后第一次苏、美、英三国外长会议第一次广泛讨论了禁止原子武器及和平利用原子能的问题。会议决定在联合国范围内成立原子能管制委员会。1946年1月24日，联合国大会就通过了第（1）号决议，决定成立联合国原子能委员会“以控制原子能，确保其只用于和平目的，并从国家军备中清除原子能和一切其他大规模毁灭性武器。”[①] 决议还要求该委员会就以上目标以及保障安全机制等问题向安理会提出建议。[②] 1946年6月14日，美国代表在联合国原子委员会提出了管制原子能建议——巴鲁克计划。该计划的主要内容是，创设一个国际原子能发展总署，对破坏管制规则的行为定为国际罪行，总署拥有无限的视察权，对违约行为采取强制性制裁，安理会常任理事国无否决权，在体制运作后，美国销毁自己的核武器。对此，苏联表示了反对意见，认为在这种监督体系中，没有可靠保证能发现和销毁美国所拥有的每一件原子武器，而苏联研制原子武器的权利被彻底剥夺，并提出了新的方案。苏联倡议各国达成协议，禁止使用原子武器，停止原

① Atomic Energy Commission Official Records, Supplement No. 1.

② 郑启荣、李铁城．联合国大事编年：1945～1996年［M］．北京：北京语言文化大学出版社，1998：4—5.

子弹的生产，并销毁贮存的全部原子弹。美国坚决不同意，双方互不相让，致使会议没有能够就国际管制原子能制度达成协议。[①] 该计划是美苏为了维护自己的核心利益而提出的，但对核不扩散机制的建立起到了极大的推动作用。

2. 限制核武器发展条约

核试验是核武器发展的必要环节，最初的核试验都是在大气中进行的，这对核试验区域及至全球都造成了严重的放射性污染，并遭到国际社会的强烈反对，因此禁止核试验成为核不扩散机制中的重要一环。1963 年 8 月 5 日，美、苏、英在莫斯科签署了《禁止在大气层、外层空间和水下进行核武器试验条约》，由于该条约只禁止了在三个空间进行核试验，但保留了地下核试验的空间，因此，该条约又被称为《部分核禁试条约》。该条约只对现有核国家有利，引起了大多数国家的不满，但为全面核禁试迈出了重要一步。1994 年 3 月，日内瓦裁军谈判会议正式启动全面核禁试条约的谈判，1996 年 9 月 10 日，联合国大会通过《全面禁止核试验条约》。条约规定，缔约国作出两步骤、渐近的努力，在全球范围内裁减核武器，以求实现消除核武器，在严格和有效的国际监督下全面彻底核裁军的最终目标。所有缔约国承诺不进行任何核武器试验爆炸或任何其他核爆炸，并承诺不导致、鼓励或以任何方式参与任何核武器试验爆炸。

3. 无核区条约和特定区域无核化条约

各个地区为了实现本地区的无核化，维持本地区的和平与稳定，先后建立了 6 个地区性无核区。

1967 年 2 月 14 日，墨西哥、智利等 14 个拉丁美洲国家在墨西哥城签订《拉丁美洲和加勒比地区禁止核武器条约》，亦称《特拉特洛尔科条约》。1975 年，新西兰和斐济向第 30 届联大提出《南太平洋无核区条约》(《拉罗通加条约》)，获得通过。1986 年 8 月 6 日，“南太平洋论坛”13 国首脑在拉罗汤加签署，1986 年 12 月 11 日生效。1995 年 12 月 15 日，东南亚国家联盟及老挝、柬埔寨和缅甸三国首脑在泰国首都曼谷签署《东南亚无核区条约》(《曼谷条约》)，条约于 1997 年正式生效。1996 年 4 月 11

---

① 李铁城．联合国的历程［M］．北京：北京语言学院出版社，1993：532.

日，非洲国家代表在埃及首都开罗召开签约大会，共有 49 个国家签署《非洲无核区条约》（《佩林达巴条约》），但埃及等阿拉伯国家表示，待以色列放弃核武器计划后才批约。2006 年 9 月 8 日，中亚 5 国在哈萨克斯坦的塞米巴拉金斯克签署《中亚无核区条约》。1992 年 9 月，蒙古国在第 47 届联合国大会上宣布蒙古国为无核区，开创了单个国家建立无核武器区的先例。1998 年 12 月 4 日，联大通过决议，支持蒙古国关于在全境设立无核武器区的声明。这些无核区条约特定公共区域的无核化。除了对区域无核化的关注，世界各国也关注公共空间和地域的无核化，并取得一定的成就。

1959 年 12 月 1 日，12 国在华盛顿签署《南极条约》，1961 年 6 月 23 日生效，无限期有效。条约旨在保障和促进和平利用、科学考察自由和国际合作，该条约第五条规定，禁止在南极洲进行任何核爆炸和处理放射性废料。该条约是人类历史上第一个禁止核试验的国际协定，从而也保证了南极地区成为世界上第一个无核区。1966 年 12 月联合国大会通过《关于各国探索和利用包括月球和其他天体在内的外层空间活动的原则条约》（简称《外空条约》）；《禁止在海床洋底及其底土安置核武器和其他大规模毁伤性武器条约》（又称《海床军备控制条约》或《海床条约》）。1970 年 12 月 7 日联大通过，1972 年 5 月 18 日生效。1984 年《关于各国在月球和其他天体上活动的协定》（简称《月球协定》）。

这些条约或协定分别限定了在南极、外层空间、海床、月球禁止核试验和部署核武器，保证这些人类公共资源应用于全人类的和平事业而非成为新的战场，确保不致使被核武器、核材料污染。

4. 核出口与导弹控制制度

1974 年，桑戈委员会通知国际原子能机构，他们向非条约成员国的无核武器国家出口核材料和核设备制订了一个“触发清单”，一旦清单上的核材料出口，将触发国际原子能机构的安全保障。接受国必须同意不将这些材料转用于制造核武器或其他核爆炸装置。如要向另一个无核国家转口，接受转口的国家也必须接受安全保障。

核供应国集团（“伦敦俱乐部”）制定了“转让准则”和“触发清单”两种出口控制制度，不仅对核材料、核设施、核技术进行保障监督，而且对进口国所有核设施进行全面保障监督，并限制军民两用敏感项目的出口。

《导弹及其技术控制制度》不是国际条约，是以美国为首的西方7国根据各自国内法对其他国家进行控制和制裁的单方面文件，旨在防止可运载大规模杀伤性武器的导弹和无人驾驶航空飞行器及相关技术的扩散。“最敏感项目”一般不得转让，“军民两用项目”出口时，必须以许可证方式逐件审批。①

核不扩散机制建立以来，尽管取得一些成绩，但明显地存在一些局限性和不完善。

第一，约束范围有局限性。核不扩散机制所包含的法律、协议、规约等，约束对象都是缔约国，对于非缔约国没有约束力，主权国家可以选择加入，也可以退出，如朝鲜加入后又退出。这就使得在全球范围内建立起涵盖所有主权国家的普遍的理想机制十分困难。该机制对一些非国家行为体，则没有监督约束力。

第二，机制的一些法律条款存在漏洞。《不扩散核武器条约》作为核不扩散机制的基石，本身存在着一些漏洞，比如，退约条件模糊不清。该条约第十条第一款规定：“每个缔约国如果断定与本条约主题有关的非常事件已危及国家的最高利益，为行使其国家主权，应有权退出本条约。”很明显，条约赋予了缔约国单方面退约的权利和自由，但没有界定“非常事件”“国家的最高利益”等关键概念。这就使得不同的国家有不同的理解，为退出条约提供了法律依据和借口。

第三，相关执行机构职能有限。国际原子能机构作为机制中最重要的监督保障执行机构，其职能的发挥受多种因素制约。核查行动能否顺利开展取决于当事国的态度，如当事国合作，则可以顺利进行；如当事国不合作，则核查无法进行，如朝鲜将核查人员驱除出境，拆除所有核查监测设备。国际原子能机构在运行中，受西方的影响较大，很难保证核查的公正性。只能对缔约国进行核查，对非缔约国和非国家行为体无能为力。

---

① 周晓玲．国际核安全法律制度评析［J］．西安政治学院学报，2010（4）：71—76.

二、保障监督机制

保障监督机制是为了落实核不扩散机制的需要而建立的一套机制，在核危机防范、化解中发挥重要作用。

（一）保障监督机制的内涵

保障监督机制是为防止核能转用于核武器，以一系列双边或多边的保障监督协定为核心，包含一整套技术和组织措施的体系集合。保障监督机制隶属于核不扩散机制，它的初始目的是阻止核扩散，在实践中，保障监督机制主要是核查不扩散（或和平使用核能）承诺的履行情况。

核查用来保障军控条约、协定、国际决议得到有效执行的过程。它除了获取必要的信息与证据外，还包括启动核查的步骤与事后的数据分析、判断。其主要功能有：证实条约被遵守，威慑违约行为，澄清误警。1991—2003 年，国际原子能机构对伊拉克实施了 1300 余次核查。核查采取空前严格的措施，不仅动用了空中侦察手段，对任何可疑地点和设施进行突击核查，还对伊科学家进行单独盘查。核查过程中，国际原子能机构监督和销毁了包括与核武器计划相关的 1900 个单项目及 600 吨敏感合金在内的核设施，并对剩余的 1.8 吨低浓缩铀及大量贫铀进行了封存。①

（二）保障监督机制的作用

1. 提供契约环境，加强信任度

实质上，建立保障监督机制的根本意义在于：为国家间合作走出核安全困境，提供契约环境，加强信任度。对于不扩散（或和平使用核能）承诺的履行情况，国家间若要进行相互核查，牵涉到国家主权及军事安全，这是很困难的。核查监督机制则在国际体系层面上建立了一个相互信任的契约环境。在机制的监督下，无核国家可以和平利用核能，不用担心引起邻国特别是敌对国的猜疑，因而不会导致核军备竞赛。作为参与机制的报

① 沈庭云，万学锋，孙丽艳．伊拉克核危机控制历程研究［J］．防化学报，2013.6：20—22.

酬，有核国家在机制监督下为无核国家提供核援助。有核国家的核项目受到机制的监督，某种程度上也表明了该国对核军控与裁军及防扩散的积极态度。这是保障监督机制建立的初衷。对于核不扩散来说，这样的监督核查机制是绝对不可缺少的。因为对于国际安全合作而言，最大的障碍是来自契约环境问题，即国家之间的信任度问题。

保障监督机制则从这两个方面加强了核不扩散合作的实现。集体以契约的方式约定不将核能用于发展核武器，如果背叛机制，机制将施加惩罚：中止核援助，或直接上报安理会，由安理会判决直至实施制裁。参与保障监督机制，还意味着将本国的核活动置于国际社会的核查和监督之下，降低了信息交流的成本，合作中的相互信任度就可以大大增加。

正如国际原子能机构负责保障监督的前副总干事皮埃尔所说："国际原子能机构保障监督体系一直运用各种技术措施，向国际社会保证：《不扩散核武器条约》或类似协定的无核武器缔约国在遵守其不扩散核武器的承诺。这些承诺——以及由国际原子能机构独立核查这些承诺——的真正实质是，证明这些国家的核活动仅用于和平目的，从而增强国家之间、地区之间及整个世界的信任。"①

2. 及时发现核扩散企图，减少核扩散发生

保障监督机制，作为核查是否遵守不扩散（或和平使用核能）承诺的机制，是国际核不扩散机制不可分割的一个重要组成部分。

保障监督机制不能直接阻止核扩散，但是保障监督机制可以通过增大发现核扩散企图的可能性，来减少核扩散的发生。换句话说，保障监督机制就是通过增加受保障监督的核材料如被移用就有被查出来的危险，来阻止这些材料被转用于制造核武器或其他核爆炸装置，从而遏制核扩散。正如国际原子能机构前总干事汉斯·布利克斯所说，保障监督机制"并不是一支制止违禁行为的警察部队，而是一种目的在于使人们相信核武器计划仅用于和平目的，不然就敲起警钟的制度"。② 保障监督机制有助于在邻国之间产生一种信任感。这种信任感对阻止核扩散具有重要意义。汉斯·布

① 皮尔·戈尔德施密特．IAEA 保障体系迈入二十一世纪．国际原子能机构通报，1999. 41（4）：S—1.

② 联合国裁军年鉴．1985. 10（35）：172.

利克斯指出：“保障监督制度中这种信任的继续对于核技术的转让以及不扩散机制的维持和发展是至关重要的。”[①] 此外，国际原子能机构的保障监督机制被赋予消除研制核武器潜力的权利。这大大增加了防止核扩散的力度。没有这样的保障监督机制，没有这样的核查措施，国际核不扩散机制将成为一个空架子。

事实上，现有的核不扩散方面的正式核查任务均由国际原子能机构承担。理论上，保障监督措施同样可以由核供应国家本身而非国际原子能机构这样的国际组织加以实施和管理。在只有一两个核供应国家的时代此种做法尚有实际意义，但是随着具有核供应能力和意图的国家的急剧增多，它已经完全失去了可操作性。例如，很可能出现这样的情况：某个国家输入了德国制造的核反应堆，以及由美国浓缩并在比利时被制成燃料棒的加拿大铀。《不扩散核武器条约》要求这些供应者中的每一个都保证，它的出口将受到保障监督的约束。但是假如所有供应国都选择双边保障监督措施，此进口国就必须同时应付四套保障监督，分别向四组检查人员提供所需的资料及报告，而每个供应国也都必须为实行自己的保障监督措施花费人力和财力。其结果是，这可能被进口国视作不堪承受的负担，被供应国视作不必要的重复劳动。除了这种实际困难以外，由核供应国负责实施的保障监督措施还有着政治乃至感情上的障碍。接受国很可能认为这是强权政治的体现，是一种难以忍受的贸易条件。因此，由国际原子能机构负责实施的保障监督机制对防止核扩散来说，具有重要的政治和经济意义。目前，就核不扩散而言，无论普遍的机制，还是区域或多边、双边机制，无论是出口控制，还是无核区制度，都以实施保障监督措施为确保义务实施的手段。通过一系列法律规范和有关国家的自愿承诺，保障监督机制逐步渗入不扩散机制的各个环节，几乎覆盖世界上所有的国家。因此，保障监督机制是核不扩散机制得以存在和发展的保证，在整个核不扩散机制内，保障监督机制处于支柱的地位。没有保障监督机制，整个核不扩散机制就会坍塌。

---

① See Hans Blix. Nuclear Non-Proliferation and Safeguards：New Challenges. Disarmament，1992. 15（2）：40.

（三）保障监督机制的建立

为了保障监督机制行之有效，需要建立与之相适应的机构、手段和制度。

一是建立国际原子能机构。1956 年 10 月 23 日，联大通过了《国际原子能机构规约》，它规定了原子能机构两大目标："谋求加速和扩大原子对世界和平、健康及繁荣的贡献；确保由其本身、或经其请求、或在其监督或管制下提供之援助不致用以推进任何军事目的。"《规约》制定后，在核能和平利用和核不扩散方面发挥了积极作用，但在 1991 年对伊拉克、1992 年对朝鲜进行特别视察后，发现《规约》存在很多不足。1993 年，IAEA 提出并实施了"93 +2"计划①，1997 年 5 月，IAEA 就保障监督的《附加议定书》达成协议，规定了三类加强监督措施：广泛获取信息，增加实地视察，最佳使用现有保障监督体系。如缔约国扩大申报和国际原子能机构视察员在已获准进入的场所进行环境取样；IAEA 视察员有权进入核设施所在场址的任何地点、任何已退役的核设施或设施外场所、任何存有核材料的其他场所，进行不通知的和临时的例行视察和质疑视察；采用先进技术，改善行政管理，以提高保障监督效率。前几年，对朝鲜、伊朗核问题的处理都是按照该协议进行的。

二是针对核禁试的技术监督保障。当《部分禁止核试验条约》签订后，核试验转入地下。在 1996 年 9 月通过的《全面禁止核试验条约》中明确指出：对一切违约的核爆炸进行监测和核查由国际监测系统（IMS）负责。国际监测系统是目前监测地下核试验的有效手段。该系统采用地震、放射性核素、次声、水声四种监测技术，由 321 个台站和 16 个实验室以及通信网络组成，由国际数据中心技术秘书处提供支持，监测能力覆盖全球，可以监测 1kt 以上的地下核爆炸。地震监测站包括 50 个主要和 120 个辅助地震监测站，主站网络提供实时数据，辅助站根据要求提供数据，地震数据用于区分地震事件和地下核爆炸。11 个水声站，监测水下核爆炸信号。60 个次声台站，用来检测自然和人为活动所产生的非常低频率的声

① 赵恒．核不扩散机制：历史与理论．北京：世界知识出版社，2009：94.

波，数据用来定位。80 个放射性核素台站用于采集空气中的放射性粒子，为核爆炸提供确凿证据。16 个放射性核素实验室用于对放射性核素台站采集的样品进行分析。

三是各国落实核材料出口管制的政策法规。为了有效地保障核不扩散相关条约、规约得到落实，各个国家制定了与本国国情相适应的政策法规，有效地遏制了核扩散。如中国确立的核出口三原则，即仅用于和平目的；接受国际原子能机构的保障监督；未经中方同意不得转让给第三方。1987 年，中国政府颁布了《核材料管理条例》，1997 年 5 月，中国政府颁布《关于严格执行中国核出口政策有关问题的通知》，1997 年 9 月，颁布《核出口管制条例》，1998 年颁布《核两用品及相关技术出口管理条例》。2002 年颁布《核进出口及对外核合作保障监督管理规定》，2003 年发表《中国的防扩散政策和措施》白皮书。中国核出口的原则与范围实现了与国际基本接轨。

三、平衡制约机制

平衡是一种稳定的状态，平衡遭到破坏就可能导致危机，因此，建立平衡制约机制对于预防核危机十分重要。

（一）平衡制约的内涵

平衡是指对立的各方面在数量上相等。平衡制约机制最初来源于政治领域，指的是立法、行政、司法三权分离，其主要目的是使每个部门都在别的部门发挥一定的作用，有能力延缓甚至阻止其他部门的行动，从而使他们互相制约，形成权力的各种平衡。在古希腊时期，亚里士多德就提出混合政体的概念，他认为国家有议事权、行政权和司法权，但目的是为了平衡社会各阶层的利益，而不是国家各部门的分权和制衡。英国近代资产阶级思想家洛克最先将分权思想作为国家政治体制的组织原则，为确立英国三权分立为原则的君主立宪政体奠定了理论基础。18 世纪七八十年代美国人杰弗逊、潘恩、汉密尔顿等人将分权制不断完善，并最终在美国宪法中确立，生成了一种“保障我们自由的一种简单而巧妙的体制”，经过美国的实验并且获得巨大成功，成为西方民主的典范。

平衡制约机制是相互制衡的双方或多方由于受对方核力量的牵制而不能对对方或第三者倾其全力、为所欲为的国际关系机制。平衡制约机制从平衡原理上分为核打击平衡制约和核防御平衡制约。核打击平衡制约是指双方的核力量形成相对的平衡，核力量不平衡就会导致核危机，如一方拥有核武器而另一方面没有核武器，或者一方的核力量比另一方强，这两种情况都可能导致核武器威胁使用危机。核防御平衡制约机制，是指核打击力量与核防御力量之间形成的相对平衡。这种平衡是矛与盾之间的平衡，如果矛太利，盾必须加固，如果盾太坚固了，这种平衡也会受到影响。

核平衡制约机制遵循“平衡—不平衡—平衡”这样螺旋发展的过程。在核武器未出现以前，各国在核武器领域是处于平衡状态的，由于美国研制成功核武器，一枝独秀，没有国家与之抗衡，核武器领域出现一种不平衡状态，这种不平衡导致其他国家感觉到核武器的威胁，特别是互为敌对的国家，在这种情况下，苏联研制出了核武器，打破了核武器不平衡的局面，但这只是相对的平衡，美苏之间还存在绝对的不平衡，在很长一段时间，美国在数量和质量上优于苏联。苏联为了达到这种平衡，与美国展开了核军备竞赛。在中国没有核武器之前，中国多次受到美国的核恐吓，造成多次危机。所以，毛泽东同志在1958年6月的军委扩大会议上讲，“原子弹就是这么大的东西，没有那个东西，人家就说你不算数”。1988年10月24日，邓小平同志在视察北京正负电子对撞机工程时说，“如果六十年代以来中国没有原子弹、氢弹，没有发射卫星，中国就不能叫做有重要影响的大国，就没有现在这样的国际地位。”①

（二）平衡制约机制的作用

平衡制约机制在预防核危机、核军备控制方面发挥重要作用。

一是预防核危机。核平衡是双方或多方的核力量处于平衡状态，在这种状态下，双方都会对对方造成威胁，一旦发生核战争，双方都可能遭受同样的打击和毁灭，没有一方敢轻举妄动。但是如果一方过于强大，另一方就会受到威胁，弱小的一方就会采取措施弥补这种差距，达到这种平

① 邓小平．邓小平选（第三卷）．北京：人民出版社，1993：279.

衡，在追求平衡的过程中，有可能爆发核危机。

古巴导弹危机就是在美苏核力量失衡的背景下产生的。20 世纪 60 年代初，美国在欧洲部署有核武器，可以对苏联造成威胁。赫鲁晓夫说，“我们知道部署在土耳其和意大利的美国导弹正在瞄准我们，我们重要的工业中心直接受到装有原子弹的飞机和带有核弹头的导弹的威胁。作为苏联部长会议主席，我发现自己处于一个困难境地，即不得不制定出既能回答美国威胁又能避免战争的行动方针来。”① 而苏联的核武器还不足以对美国本土造成威胁，苏联部署在本土的洲际导弹还攻不到美国境内的目标。赫鲁晓夫在访问保加利亚时，就产生了在古巴部署导弹的想法，“我知道美国人可能会干掉我们的一部分导弹设施，但不可能是全部。只要 1/4 甚至是 1/10 的导弹生存下来——甚至是只剩下一两枚大家伙——我们仍然可以击中纽约，使之所剩无几。”“除了保卫古巴外，我们的导弹还将使西方所说的“力量均势”取得平衡。美国人已经用军事基地包围了我们的国家，并用核武器威胁我们，现在他们将尝到敌人的导弹瞄准自己是什么滋味了。我们只不过是想以其人之道，还治其人之身。”②

美军鲍尔和李梅等空军将领认为：当时美苏可发射的核武器之比大约为 5000：300，苏联核力量打击北美目标的能力非常值得怀疑，但不能排除它有这种能力。苏联第一次打击至多能摧毁美国 400—500 件核武器。但把导弹部署在古巴，苏联人则可以摧毁美国 4/5 的核武器，尽管仍会有 500 件核武器完好无损，但力量对比会发生变化。③ 英国学者劳伦斯 · 弗里德曼认为，赫鲁晓夫把中程导弹运到古巴，目的是迅速解决苏联远程运载工具不足的问题，把中程导弹变成洲际弹道导弹的“代用品”。④ 我国学者杨存堂认为，苏联在古巴部署导弹有双重目的，一方面防止美国入侵古巴，另一方面同美国达到军事上的战略平衡。

南亚核危机的爆发也是核力量失衡的结果。在印度和巴基斯坦都没有

---

① 舒涵，蘑菇云．恐怖中的和平．北京：中国档案出版社，2000：156.

② 同上．

③ ［美］约翰 · 纽豪斯．核时代的战争与和平．北京：军事科学院外国军事研究部译．军事科学出版社，1989：310.

④ 郑伟．国际危机管理与信息沟通．北京：中央编译出版社，2009.7：144.

拥有核武器之前，两国的军事力量处于一种平衡状态，一旦其中一个国家拥有核武器，这种平衡就被打破。因此，当印度发展核武器时，巴基斯坦不得不发展核武器，否则就可能受到核威慑。

二是有效地推动了美俄核裁军。美俄拥有世界上最多的核武器，他们拥有的核武器足可以将地球毁灭好几次。自20世纪70年代以来，美国和苏联（俄罗斯）通过谈判，先后签订了多个核裁军协议，《美苏第一阶段限制战略武器条约》（SALT1），《美苏第二阶段限制战略武器条约》（SALT2），《美苏两国消除中程和中短程导弹条约》，简称中导条约（INF），《第一阶段削减战略武器条约》（START Ⅰ），《进一步削减和限制进攻性战略武器条约》即《第二阶段削减战略武器条约》（START Ⅱ）。2002年5月24日，美俄签署了《莫斯科条约》，条约规定双方将各自实战部署的战略核弹头削减到1700～2200枚。2010年4月8日，美国与俄罗斯在捷克首都布拉格签署了《美俄关于进一步削减和限制进攻性战略武器的条约》（新START条约，简称新条约），根据新条约，美俄双方各自部署的核弹头应削减至1550枚以下，战略武器运载工具应削减至800件以下。新条约还规定了操作性更强的核查措施，以确保美俄核裁军接受有力的监督。

（三）平衡制约机制的建立

一是完善核军控条约。目前，美俄签署了核军控条约，对战略核武器进行了限制，但与其他国家的核武器相比，美俄的核武器规模还处于较高的水平。有核国家的核力量还处于一种不平衡状态。核军控条约还存在很大的完善空间。首先，进一步削减美俄战略核弹头数量以及战略武器运载工具数量，使二者保持在较低的水平。其次，逐步销毁战术核武器。发达国家利用技术上的优势，大力发展战术核武器，未来的战术核武器聚焦单一的核武器效应，探测比较困难。这有可能造成新一轮核军备竞赛，引发新的核危机。

二是保持核防御力量平衡。核力量的平衡除了进攻能力，还包括防御能力的平衡，这是一个系统的平衡。如果一方擅自加强核防御能力，过去的平衡就会受到破坏，势必引起另一方面加强核进攻能力，这就可能造成新一轮军备竞赛，甚至引发核危机。

美苏两国在1972年5月26日签订了《美苏关于限制反弹道导弹系统条约》（简称〈美苏反导条约〉），条约的主要内容是，每一方可以部署两个反弹道导弹防御系统，只能分别保卫首都和一个洲际弹道导弹发射场，可以部署不超过100部反弹道导弹发射架和100枚反导弹拦截以及相关雷达系统；不研制、试验、部署陆、海、空基和陆地机动反弹道导弹系统及其部分，不研制、试验、部署能从每部发射架上同时发射一枚以上的反弹道导弹拦截弹的发射架。它的意义在于，确保了核恐怖平衡的相对战略稳定，防止一方形成攻防兼备的核战略力量，从而轻易实施先发制人的核攻击。这个被视为战略平衡的基石被美国总统布什毁掉，2002年6月13日，美国完成了退出条约工作，批准了导弹防御计划。2009年9月，美国提出导弹防御系统的欧洲分阶段性方案，共分4个阶段，从2011年开始实施，预计在2018年完成部署。美国国防部表示，这是一个防御系统，针对欧洲大西洋之外的中短程导弹，不是针对俄罗斯。俄罗斯认为，美国在靠近俄边境地区部署反导系统，毫无疑问对俄罗斯国家安全构成威胁。俄外交部防御扩散和军控问题司司长乌里扬诺夫强调，伊朗的导弹射程不超过2000千米，并未对欧洲的北约成员国造成威胁，不足以作为部署欧洲反导系统的理由。俄罗斯担心欧洲导弹防御系统在战时能够在一定程度上削弱俄核武库，为美国备战赢得时间。俄战略火箭部队司令卡拉卡耶夫称，俄将采取换装、研制新型导弹系统在内的多种手段应对。俄外部则表示，俄或将考虑退出新的削减战略武器条约。

由于北约东扩和部署欧洲导弹防御系统，俄罗斯不光针对北约演习，而且还恢复了苏联时期的战略轰炸机巡航任务，打压北约势头。俄罗斯派出图—160、图—160M2轰炸机在北极巡航，其中刚升级完毕的图—160载弹量高达40吨，可发射搭载核弹头的远程巡航导弹，足以对美国造成巨大威胁。用普京的话说，千百次抗议都不如轰炸机扇动翅膀一下。

三是建立制约关系。核危机实际就是行为主体企图、实力等的比拼和较量。双方在核危机过程中，如果没有各种力量和综合因素的制衡，都不可能得到有效的控制和解决。发展有核国家间的平衡制约机制，制衡作用，其基本思路之一是着眼矛盾的同一性，与可能对手之间建立相互依赖关系，即在某一方面或多个方面的共同利益需求而导致的在一定程度上的依存关系。也就是某种程度上的谁也离不开谁，如果离开了，相互依赖的国家的生存利益和发展利益就会受到不同程度的损害。而且有时，这种损害对双方（多方）或一方来讲，甚至是致命的，从而达到相互制约的目的。另一条思路是着眼矛盾的斗争性，利用我与可能对手之间，以及可能对手与其他国家之间的矛盾冲突，达到相互制约的目的。发展多边安全关系，保持国际战略力量平衡，牵制可能对手；利用可能对手与其盟国或其他合作性国家之间的矛盾，分化与削弱其联盟与合作力量，孤立可能对手，使之不敢轻举妄动；借助可能对手的敌对国家的力量，牵制可能对手等，都是可以选择的举措。冷战时期著名的“中美苏战略大三角关系”，就是一个典型的相互制衡关系。

四、军事互信机制

军事互信机制是国际危机控制中普遍适用的一种机制，不是核危机控制的专门机制，但在核危机控制中发挥重要的作用。

（一）军事互信机制的内涵

信任作为一种道德规范古已有之，《论语》载：“子以四教：文，行，忠，信”。政治心理学家拉森在比较了理性选择论、内部结构论以及社会心理学等三种信任与不信任的解释模型后认为，信任具有可预测性、可信性和良好的意图。可预测性相当于预期信任，可信性是指信任主体相信客体会信守诺言，这种承诺可能来自客体本人的表达，也可能来自制度明确或默认的对客体的行为规范。对信任客体良好意图的确定带有较强的主观情绪色彩。①

信任是合作的前提，人与人之间、组织与组织之间、国家与国家之间都离不开信任。构建军事信任是比较复杂和困难的。朝鲜战争结束后，朝鲜与美国也没有建立军事互信机制。这主要取决于以下几个因素：一是历史恩怨。在历史上，如果一个国家长期侵略、占领另一个国家，而侵略者又不愿意承认历史，不愿意向受害国道歉，那么被侵略、占领的国家很难

① 史晓东．两岸军事安全互信机制研究．北京：九洲出版社，2014：86.

信任另一个国家。二是意识形态。不同的国家有不同的意识形态，不同的意识形态有重叠相交部分，但更多是表现出相互排斥、对立，如果国家之间相互尊重，彼此包容，就可以相安无事，但如果一个国家想把意识形态强加给另一个国家，就会引起另一个国家的反感和不信任。三是军事安全的特殊性。每个国家为了谋求自己的安全，而不断地加强军事力量建设，然而当每个国家都致力于谋求这种安全时，国家与国家之间就陷入“安全困境”，就会出现信任危机。

军事互信是国际行为体（主要是国家，也包括国家集团、国际组织等非国家行为体）之间为了减少在战略意图、军事能力和军事行动等方面的猜疑和误解，防止因意外事件或误判引发军事冲突或战争，以相互认可的方式在军事领域所采取的各种努力，以及由此形成的相互信任关系。[①]《军语》定义，国家、国家集团或政治集团之间为避免相互猜疑、敌视而在军事领域建立信任措施的活动。包括沟通与理解，设置军事限制，对协议遵守情况进行监督和检查等。

建立军事信任最早可追溯到第一次世界大战爆发前的1913年。1955年5月，苏联向西方提出建立国际控制机构监测裁军情况，成为现代建立信任机制的开始。1975年，建立信任机制作为一个国际关系术语正式出现在欧洲安全和合作会议的《赫尔辛基最后文件》。

军事互信是通过各种军事活动的通报与限制，对敏感军事信息的交流与公开等重要内容作出制度化安排逐步建立起来的，在实践中表现为各种涉及军事关系的协议、协定和声明。如《中俄两国首脑关于不将本国战略核武器瞄准对方的联合声明》。

（二）军事互信的作用

首先，军事互信可以缓解核军备竞赛。核军备竞赛，源于所处的国际安全困境。核军备决策，主要基于决策者的威胁感。为了消除威胁感，抑制军备竞赛，可以采取两类措施：一是增进双方的沟通，使双方的决策者了解对方的意图，从而避免产生误解。二是增进双方核计划的透明度。核

---

① 侯小河．军事互信论．北京：国防大学出版社，2013：24.

计划公开透明，履行核查条约。

其次，军事互信可以避免战略误判，防止冲突升级。在核危机管理理论和实践中，建立军事互信机制是被认为控制危机、防止战争爆发的重要途径之一。

增进了解、化解猜疑。国际行为体之间通过建立军事互信可以改变彼此的安全观念和对威胁的判断，形成新的互动模式，改善关系。通过机制化安排，获得对方军事活动、能力与意图的信息，了解到彼此防止冲突、减少敌对的意愿，明确相互的共同利益所在。通过机制化军事交流与合作，增进相互了解，强化对彼此的积极印象，逐步形成趋向于合作的互动模式，有利于总体关系的发展，进而削除潜在的紧张局势，促进整个地区的和平与稳定。通过军事互信机制减少或控制可能引发危机的诱因，达到防患于未然的作用。如 2018 年，美国推迟美韩联合军演，缩小演习规模，减少演习人数，变更演习地点等。

和平解决核纷争。一旦出现纷争后，在互信机制框架内，通过对话、沟通、协调和谈判等和平方式，解决纷争。2018 年 6 月 12 日，特朗普总统和金正恩委员长实现了历史性的会晤。两位领导人意识到，相互信任是促进朝鲜半岛无核的关键，并签署了《朝鲜民主主义人民共和国国务委员会委员长金正恩和美利坚合众国总统唐纳德·特朗普的新加坡会谈联合声明》。

防止核危机升级。核危机具有很强的政治性、对抗性，容易导致核危机升级。危机利益攸关方错误估计形势，是危机升级的主要原因。在时间紧迫和形势恶化的情况下，信息联络渠道不通甚至关闭，极易造成误判。有效的军事互信机制可以弥补沟通渠道不足、不畅的问题，使双方更加冷静客观地认清形势，缓和紧张氛围，避免主观臆断，采取冒险的行为。

避免核战争爆发。核危机爆发或意外核事件发生后，利用军事互信机制，有关各方可以及时交流信息，验证事件的真实性，对危机或意外事件作出正确的判断，从而避免核战争爆发。20 世纪六七十年代，美国战略预警系统曾数次发生误报，最严重的时候，预警苏联核导弹来袭，美国最高当局下达了核反击的预先号令，“民兵”导弹进入发射准备程序，载着核武器的 B－52 战略轰炸机升空。后来，美军通过预警查证系统以及美苏热线，验证了这些虚警。

最后，军事互信可以营造安全环境。军事信任在促进国际合作中发挥很大的作用。和平地利用核能，加强国际间核领域合作，而不至于将改变核用途。

随着国际政治经济相互依存的加强，相互敌对的国家和地区把建立安全互信机制作为解决“安全困境”的优先选择。这种机制在危机发生前提供双边或多边信息沟通的平台和规范，减少危机出现的概率，在危机处理过程中通过及时有效的信息沟通，减少危机误判的概率，并在危机解决后通过总结经验教训得以完善和提高。

（三）军事互信机制的建立

建立核危机控制中的军事互信，应采取如下措施。

一是调整国家安全战略或政策，不能互为敌视。2002 年，美国在其《国家安全战略》中 10 次提到“流氓国家”，并把朝鲜、伊朗列为“流氓国家”①。2008 年《国防战略报告》中仍然将朝鲜和伊朗视为“威胁国际秩序的流氓国家”，强硬指责伊朗的铀浓缩活动对世界而言是“严重的挑战”。这种咄咄逼人的国家安全战略，无疑是对朝鲜、伊朗等国下的挑战书，使朝鲜、伊朗等国对美国的不信任，感到越发的不安全，为了提高自身的安全，他们不得不发展核武器在内的武器装备，提高应对美国武装干涉的能力。同时，认为中国和俄罗斯等大国将对美国形成挑战。相反，《2010 年中国的国防》白皮书庄严宣示：“中国坚持互信、互利、平等、协作的新安全观，把中国人民的根本利益与世界人民的共同利益联系起来，把中国的安全与世界的和平联系起来。”这样的宣示有利化解国际社会对中国快速发展的疑虑。

二是建立友好互信条约。1962 年发生的古巴导弹危机把美国推到核战争的边缘，使美苏感到建立危机管控机制避免核战争的必要。在反思教训的基础上，两国先后签署了《美苏热线协定》（1963 年 6 月）、《美苏关于减少爆发核战争危险的措施的协定》（1971 年 9 月）、《美苏关于防止核战争协定》（1973 年 6 月），等等。1987 年签订《美苏关于建立减少核危机

① The National Security Strategy of the United States of Amereica, The White House, Washington, September 2002.

中心的协定》，1988 年签订《美苏关于通知洲际弹道导弹和潜射导弹的发射的协定》，1989 年签订《美苏关于相互事先通知重大战略演习的协定》和《美苏关于防止危险的军事行动的协定》等。《美苏关于减少爆发核战争危险的措施的协定》规定，一旦发生具有导致核战争危险的偶然事件，导弹预警系统发现不明目标，预警系统或有关通信设施出现干扰信号并可能导致核战争时，应立即相互通告；如果一方准备向本国国土以外朝向对方方向试射导弹，应先通知对方。2000 年 6 月，俄美双方签署了《美俄关于建立预警和导弹发射信息通报联合中心的谅解备忘录》，旨在加强两国间的战略稳定，减少双方因误区、虚警而误射弹道导弹的危机。

在南亚地区。1971 年，印度与巴基斯坦建立军事行动总指挥官热线电话。1985 年，两国同意互不攻击对方的核设施，1988 年 2 月，双方正式签署《互不攻击核设施协议》，并于 1991 年生效。每年 1 月，双方互相提交核设施的最新清单。

1991 年 12 月 31 日，朝鲜北南双方签订了《朝鲜半岛无核化共同宣言》。2018 年，签订《板门店宣言》。

《中华人民共和国和俄罗斯联邦睦邻友好合作条约》（2001 年 7 月 16 日）承诺，互不首先使用核武器和互不将战略核导弹瞄准对方。

三是减少邻国间的军事力量部署。军事力量的存在本身就是一种威胁。朝鲜发展核武器的原因之一，就是寻求安全保障。1997 年，中、俄、哈、吉、塔 5 国元首在莫斯科签署了关于在边境地区相互裁减军事力量的协定，协定规定，双方边境地区的军事力量裁减到与睦邻相适应的最低水平，使其只具有防御性；互不使用武力或以武力相威胁，不谋求单方面军事优势；双方部署在边境地区的军事力量互不进攻；裁减和限制部署在边界两侧各 100 千米纵深的陆军、空军、防空军航空兵、边防部队的人员和主要种类的武器数量。这样，五国边境地区已经完全没有过去几十年间紧张的“战备状态”，避免了核危机的发生。

四是减少针对性军事演习。军事演习具有很强的针对性，在军事演习中会设置假想的对手和演习的内容，这必然引起邻国的不安和不满，可能引发严重的军事对峙，甚至发出使用核武器相威胁的信号。美韩联合军演主要针对朝鲜，引起了朝鲜的紧张与不安。朝鲜曾扬言要用核武器袭击美国本土。

为了减少军事演习带来的误解误判，引起邻国的不安。1975 年 8 月 1 日通过了《欧洲安全与合作会议最后文件》（又称《赫尔辛基最后文件》），该文件第一次针对演习建立了信任机制。（1）至少提前 21 天通报在欧洲举行的重大军事演习。（2）通报的地理范围包括所有与会国的欧洲领土及其相接的海、空域。苏联在与其他成员国共有边境 250 千米以内地区举行的 2.5 万人以上的军事演习，应提前通知与会国，并邀请观察员观看演习。（3）通报内容包括演习名称、目的、参加演习的国家、演习项目、参演部队数量、演习地区和演习时间。1986 年 9 月，欧安会通过《斯德哥尔摩文件》，将地面部队演习人数从 2.5 万人下调到 1.3 万人、300 辆以上坦克、超过 3000 人的两栖登陆和伞降演习，时间从 21 天提前到 42 天。

第三节　核危机控制机制的运行

通过核危机控制实践来看，核危机控制机制在控制核危机中发挥了很好的作用，在核危机发展的不同阶段，根据核危机呈现出不同的态势、性质和特点，核危机控制机制的运行有区别地采取不同的运行方式。

一、运行方式

核危机事件的时间尽管有长有短，但一般来说，其发生不是偶然的，有自己的运动规律，整个过程也不是转瞬即逝的，而是由潜在、爆发、持续、化解四个发展阶段组成的一个嬗变过程。当然，就某一次具体的核危机事件而言，既可能经过四个发展阶段，也可能只经过一两个阶段就告结束。核危机各阶段是紧密联系的，后一阶段是前一阶段发展的结果；对前一阶段危机如何控制，则必然决定着后一阶段危机发展的前途。因此，及时、准确地预测核危机，针对不同的核危机阶段，采取不同的机制进行核危机控制，是避免发生以及一旦发生后能够有效化解核危机非常重要的方面。

核危机潜在阶段，主要运用核不扩散机制消解核危机的积聚和恶化。

核危机看似突然发生，实际上一般都有一个酝酿、潜在的发展阶段。这种状态下的核危机，还没有直接构成对对方的严重威胁，一般不存在即将爆发核战争的迹象。此时，处于核危机局势中的各方总体上仍处于和平状态之中，核危机也将持续很长时间。国家和政治集团的利益需求是发展变化的，其攫取或维护利益的方式也会因之有所不同，再加上国际形势的发展，潜在的核危机也会随之演变，既有可能逐步化解、消失，但更有可能不断加重，使局势逐渐趋于恶化，转变为现实的核危机。朝鲜核危机、印巴核危机，朝鲜一方，印巴双方都有发展核武器的企图、意愿，拥有发展核武器的物质条件和基础，各方实际上都在隐蔽各自企图，“能而示之不能，用而示之不用”，秘密地进行发展，这种秘而不宣、心照不宣的态势让双方都感受到了潜在核危机的客观存在，但由于形势尚不明朗，或尚未掌握对方发展核武器的确凿证据，不能或不便作出针对性的反应，都试图运用核不扩散机制来牵制、限制对方，发现和揭露对方发展核武器的企图，削弱其发展核武器的能力基础，使己方在政治上、道义上、舆论上占据主动和制高点，从而依靠国际社会和平力量来消除潜在的核危机。

核危机爆发阶段，主要运用军事互信机制建立危机双方对各自安全方面的互信。当潜在核危机局势中双方的利益矛盾没有得到解决并有所发展时，就有可能爆发现实核危机。此时，一方或双方开展了意在威胁对方的军事行动，包括向对方边界调动兵力，增强与对方相邻边境的兵力部署，举行针对对方的军事演习，在边境线上展开频繁的军事侦察活动，有的甚至以部分兵力直接占领了对方的某个地域要点，或夺取了潜在核危机时获取的某种利益；政治上开始公开谴责或攻击对方，揭露对方的企图，争取国内外舆论和民众对己方的支持；外交上通常断绝往来，关闭使馆，召回使馆工作人员；经济上交往减少，某些经济合同可能被终止，需要或有能力时还对对方实行经济封锁等。总之，一方或双方已感受到了军事威胁和政治、经济等方面的压力，感受到了核战争爆发的危险。因而，双方在形势危急的情况下，开始紧张地进行核危机控制工作，包括：成立核危机决策机构，展开分析研究核危机的性质、现状及其发展，提出解决核危机的对策建议和方案等工作。与此同时，在军事、政治、经济、外交等方面作出一定的反应。这些反应，特别在军事上的强烈反应，将促使核危机螺旋式升级，致使局势不断走向恶化。核危机爆发阶段明显不同于核危机潜在阶段，它由地下转向地上，由秘密变成公开，具有标志性的核危机事件，或是核爆炸试验，如朝鲜6次进行核爆炸试验、印巴相继进行核爆炸试验，或是核力量部署，如苏联在古巴部署中程核导弹，这些核事件被公开宣布或是侦察发现后，对当事国和国际社会都造成了严重的安全威胁。利益各方为解决核危机，启动军事互信机制，通过交流对话，积极沟通，彼此给予对方安全承诺，消除对方对自己安全方面的担忧，在双方互信互利的基础上化解核危机态势。

核危机持续阶段，主要运用平衡制约机制，阻遏已近失衡的危机态势重回理性平衡。核危机爆发后，矛盾斗争仍然在继续发展，双方处于激烈的矛盾对抗中。当双方都作出强烈的军事反应，做好了一切战争准备时，标志着核危机进入高潮阶段。此时，双方都已对对方形成强大的军事压力，并处于严重的军事对峙状态，任何一方越雷池一步作出刺激对方的行动，就可能引起战争；双方军事摩擦与冲突加剧，一方已夺取了对方的一些据点或某些利益，而另一方正准备发动大规模军事反击；外交上正作最后的努力，迫使对方作出让步，以实现其利益目标；或双方在不损失根本利益或不违背基本目标的前提下，紧急谋求相互间的妥协。当双方都不肯作出让步和妥协时，处于战略主动地位的一方就可能发出最后通牒，核战争便如同箭在弦上，一触即发。处于核危机高潮阶段的对抗双方，实际上已站到了战争的门槛上，此时是迈向战争还是转向和平往往只有一步之差，其中关键取决于对抗双方的核危机政策。双方用核战争政策来处理危机，危机多半要走向战争；而双方或一方力求用和平政策来处理危机，并根据核危机发展状况，在不违背根本利益原则的情况下作出适当让步，往往是核危机走向和平的关键。核危机从爆发阶段恶化至高潮阶段，正是由于双方在根本利益方面的矛盾不可调和，此时，核危机控制方面业已形成的制度、协议、规范，已不足以影响处于极度愤怒和情绪化的各方，通过平衡制约机制，提醒核危机决策者，一旦走向核战争会引起的毁灭性后果。如古巴导弹危机就是一个最好的例证。当然，第三方斡旋调停机制也在这个阶段积极地发挥作用。

核危机化解阶段，主要运用安全互信机制和核不扩散机制来巩固强化业已缓和的核危机态势。核危机经过核战争危险边缘之后开始缓和并逐步消失即核危机化解阶段。这是当对抗双方或一方在紧急时刻，认为使用武力得不偿失，并可能带来严重后果时，在关键时刻转向妥协或作出某些让步，使危机化险为夷。此时，双方已达成一定的协议，军事又基本恢复到核危机爆发前的状态。当核危机转向妥协或和平时，危机局势就会很快缓和下来，表现为双方撤出对峙的兵力，解除军事和经济封锁，一方让出已夺得的另一方的利益等。双方即便达成了和解协议，核危机已经化解或消融，但其矛盾并不一定能够彻底解决。

需要指出的是，如果在核危机持续阶段，当对抗双方或一方确认除用武力外再也找不到其他方式来打开这个核危机这个“死锁”时，便会转向核战争。当转向核战争时，双方将展开一系列武力交锋，其规模、强度、时间因对抗双方的利益目标、作战能力、危机性质、国际形势等不同而有所不同。这是核战争，不属核危机研究范畴。此外，核危机化解阶段的过程往往是曲折的，斗争是复杂的。双方虽已达成妥协，但可能就协议中涉及的某些具体问题进行反复的讨价还价。当双方各执己见，难以达成一致意见，并拒绝国际社会的调停时，核危机还可能反复，甚至走到核战争的边缘。此时又是新一轮的核危机，周而复始，如朝鲜核危机的数次反复。此时，核危机控制机制又新一轮启动并发挥作用。

二、运行要求

（一）建立科学高效的核危机控制机构

控制核危机，应致力于从根本上防止核危机的形成或爆发，或将核危机制止于萌芽状态。为达成这一目标，必须对核危机进行及时、准确的预测、预警；当核危机爆发时，要及时正确决策和处置，掌握核危机控制的主动权。对核危机的预测、预警和处置是一件集长期性、复杂性、艰巨性于一体的工作，为此，必须成立专门的核危机控制机构负责此项工作。平时，核危机控制机构就要全面掌握情况，认真分析现有和未来可能出现的各种核危机，制订好应对核危机的应急计划；对已有的核危机进行监控，对其影响大小及其可能性进行排序，做到重点关注；分析当前的核危机现实及其性质，研究核危机可能的发展趋势。危机一旦爆发，核危机控制机构必须快速反应，及时作出正确决策。此外，还必须根据核危机局势的发展情况，及时修正决策，调整决策方案。甚至重新决策，以保证实现对核危机的有效控制。因此，建立科学高效的核危机控制机构是核危机控制机制顺畅运行，有效控制核危机的基础。

（二）保持危机各方不间断的沟通和信息传递

核危机过程中，双方对抗激烈，相互之间的猜疑、不信任和敌意增加，对方采取某一微不足道的军事行动，都可能被看作是对自己的威胁；对方一次外交活动或领导人谈话，也可能被当作是向自己挑衅的行为，促使双方迅速走向战争边缘。因此，要注重平时之间的信任建设，彼此保持不间断的交流和沟通，加强人员交流与接触，向对方传递明确的信息，努力消除疑窦，避免危机期间对方的误解和误判。因此，持续的沟通交流和准确的信息传递是保证核控制机制有效运行的前提。

（三）充分利用各种政治外交手段

充分利用各种政治外交手段，寻求国际舆论的广泛支持，目的在于为有效控制和正确应对核危机创造良好的环境氛围。同时，积极开展政治外交活动还有利于搞清核危机发生的根本原因，双方的利益需求，矛盾的症结所在，解决核危机的途径和方法等。为此，及时向联合国安理会通报核危机情况，争取在联合国框架内解决核危机；国家首脑、政府要员应直接进行“热线”对话，或及时出访与核危机相关的国家和地区；公开发表政治声明，使国际社会明确核危机发生的真实原因和复杂背景。因此，充分利用各种政治外交手段是核危机控制机制有效运行的政治要求。

（四）恰当运用军事力量进行控制与协调

核危机控制过程中，应根据需要，采取威慑与实战结合的办法，恰当运用军事力量，为核危机的和平解决创造有利条件。运用威慑与实战相结合的办法，促成军事危机和平解决，既是一种有效手段，也是一门斗争艺术。运用得好，事半功倍，否则，事倍功半，甚至弄巧成拙。要恰当把握好动用军事力量的规模，促使危机走向和平而不是战争；要巧妙运用军事的手段，强调服从政治、外交斗争需要，一切以政治、外交斗争需要为前提，以妥善解决核危机需要为目标；要严格限制使用军事力量的强度，为给政治、外交手段处理军事危机留有余地，对使用军事力量和手段的强度要有所限制，尤其要避免强压，防止出现物极必反的结果。因此，恰当运用军事力量是确保核危机控制机制有效运行是不可或缺的军事要求。

第五章 核危机控制决策

核危机控制决策是核危机控制活动的重要内容，直接关系到核危机控制的成败，决策者必须根据复杂的国际、国内形势及自身的综合实力，做出快速、准确的决策。

第一节 核危机控制决策的内涵

一、核危机控制决策的概念及作用

（一）概念

决策一词最早出现在我国先秦时期，《韩非子·孤愤》中提到“智者决策于愚人，贤士程于不肖”。现代意义上的“决策”来源于西方管理学，“决策是指社会组织的管理决策，即社会组织为实现一定目标，制定若干行动方案并加以优化选择的行为过程。”[①] 决策就是在一定的时间内，根据获得的信息确定决策目标，对决策环境进行评估，制定决策方案并选择最佳决策方案的过程。

危机决策是决策者在有限的时间、资源条件约束下，确定应对危机的具体行动方案的过程[②]。危机决策是核危机控制的核心内容，是在核危机

① 王佃利，曹现强．公共决策导论．北京：中国人民大学出版社，2003：2.

② 李效东．朝鲜半岛危机管理研究．北京：军事科学出版社，2010.5：141.

状态下就可能的应对方案做出选择和决定的行为。[①]

核危机控制决策是指核危机决策者为实现核危机控制目标，制定若干行动方案并加以优化选择的过程。其目的是综合运用各种资源，使核危机向决策者所希望的方向发展，为利益攸关方带来最大的利益。核危机控制决策的基本要素包括决策目标、决策组织体系、决策方案。

（二）作用

一是核危机控制效果取决于是否正确的决策。俗话说，“一着不慎，全盘皆输”。这说明了决策的重要性。核危机给地区稳定和世界和平造成巨大冲击，对核危机当事国和行为体的安全造成直接威胁。核危机控制必须在有限的时间内，做出正确的决策，才能控制核危机的局势，避免或减轻核危机带来的损失。

二是核危机决策是采取危机控制手段的基本依据。核危机控制决策的重要环节就是制定行动方案，方案的实现需要相应的手段来配合。如果行动方案是以政治外交为主，控制手段将以政治和外交手段为主，如果行动方案以制裁为主，控制手段将以经济手段为主，如果行动方案以军事行动以主，控制手段将以军事手段为主。因此，核危机控制决策决定了采取相应的控制手段。

二、核危机控制决策的模型

核危机控制决策是一个复杂的过程，在国际危机管理中决策模型有四种：理性选择模型、组织行为模型、官僚政治模型、心理认知模型。[②]

（一）理性选择模型

理性选择模型，又被称为“古典模式”，是大多数战略家和地缘政治分析家习惯采用的一种分析模式，他们从经济学中的“理性人假设”出发，把国家比作是充满理性的个人，认为代表国家意志的决策者或决策机

① 程晓勇．国际核危机及其管理．北京：世界知识出版社，2015. 12：93.

② 徐辉．国际危机管理与案例解析．北京：国防大学出版社，2011. 11：28.

构总是从固有的信念体系出发，根据成本/效益原则，以国家利益最大化或损失最小化为目的，理性地计算和评估每一种选择可能付出的代价和获得的利益，在各种方案中做出谨慎的、目的明确的政策选择。其决策过程一般分为五步：第一步是确定目标，第二步是提出方案，第三步是优选评估方案，第四步是确定方案，第五步是实施反馈与调整。古巴导弹危机中，肯尼迪政府的决策近似于理性选择模型。

在核危机控制实践中，人们发现理论选择模型也存在局限性。一方面，有许多核危机事件无法从理性模型中得出令人满意的条案；另一方面，国家并非是一个拥有充分信息、具有统一意志和目标单一的理性行为体。

（二）组织行为模型

该模型以组织理论为基础。决策的主体是政府内的相关组织，效果取决于各组织的功能、政策偏好和标准作业程序。决策者的作用主要是领导和协调各相关部门的工作并对他们的请求或汇报做出审批。由于政策的实施几乎完全靠各个相关政府组织和部门，因此，在某些情况下，即使决策者已经做出决定，也难免出现得不到执行或不能很好执行的情况。在古巴导弹危机中，美国海军执行海上封锁任务，他们完全按照海军作战条令执行海上封锁行动，这意味着一旦苏联船只进入封锁线，便立即登船检查，但海军却未考虑由此可能导致的后果。为了避免这种情况出现，时任国防部长不得不亲自和海军作战部长交涉，及时阻止了海军的危险行动。

（三）官僚政治模型

该模型是在组织行为模型基础上提出的。政府的决策是国家领导人及其在不同的官僚机构中的代表相互竞争和讨价还价的结果。决策的结果并不取决于对问题的理性判断，也不取决于决策的程序，而是取决于参与决策者的权力以及相互之间的妥协。在该模型中，直接参与决策的政府官员居于核心地位，如总统、总统顾问、各部门首长、国会以及官僚机构；那些不担任政府职务但可以影响决策的居于中间地位，如利益集团、学术团体和媒体；广大选民及民意处于最外层。这种相互竞争和讨价还价的过程，可能形成“利益联盟”或“权力中心”。

在古巴导弹危机决策过程中，形成了不同的派别：一是主张突袭古巴；二是主张直接与卡斯特罗谈判；三是主张对古巴进行封锁；四是主张由肯尼迪向赫鲁晓夫发出最后通牒；五是将封锁与通牒结合起来。面对严重的分歧，肯尼迪要求各部门重新开会，整合不同方案。最后形成三个主流方案，“封锁＋谈判”、突袭古巴、“封锁＋最后通牒”，最终肯尼迪选择了最后一个方案。从整个决策程序来看，决策方案是各部门之间讨价还价、相互妥协的结果。

（四）心理认知模型

心理认知模型，决策结果取决于决策者的信仰、意象、偏好等心理认知因素。主要包括决策者的个人经历、个性，决策者的价值观念和政策偏好，决策者对对手的意象如何，决策者在危机时刻对环境的认识能力，决策者在危机中的动机。与前三种模型的区别在于，前三种决策分析模型都以“理性人”假设为基础，关注的焦点是权力和利益。

三、核危机控制决策的特点

核危机控制决策是危机决策的一种特殊形式，具有如下特点：

（一）具有极强的对抗性

核危机控制决策是危机各方外交、经济、军事实力和舆论影响进行智慧、意志与实力较量的过程，对抗双方一般都会坚持各自立场，不轻易妥协、后退和让步，试图在心理和意志上战胜对方。决策的对抗更多地体现在决策者心理素质和意志的对抗。

古巴导弹危机中，肯尼迪总统在发表电话演说后，回忆道：“那天晚上我们就寝时，心里满怀害怕。”国防部长麦克纳马拉在回顾古巴导弹危机决策时曾有过这样的描述：“由古巴岛上发现苏联导弹发射架引发的古巴导弹危机是我生命中最紧张、最令人恐惧和最危险的经历……每天晚上我都睡在五角大楼的帆布床上，以便能够对事态的发展立即做出反应”。赫鲁晓夫在回忆录中承认，当时自己的心情确实很紧张，但又不得不故作镇静，以免引起恐慌。

在台海核危机中，毛泽东面对帝国主义的核讹诈，一开始就指出，“原子弹是美国反动派用来吓人的一只纸老虎”。1958 年 8 月 23 日，我军炮击金门，美国曾举起“核大棒”，扬言对我进行核打击。在台湾部署核武器、派出具有核打击能力的战斗机，并制定了打击目标。毛泽东对外国来访者说：“美国的原子讹诈，吓不倒中国人民。我国有六亿人口，有九百六十万平方公里的土地。美国那点原子弹，消灭不了中国人，即使美国的原子弹威力再大，投到中国来，把地球打穿了，把地球炸毁了，对于太阳系来说，还算是一件大事情，但对于整个宇宙说来，也算不了什么。”① 9 月 8 日，毛泽东在最高国务会议上说：“美国侵略者的这一套，只能去征服那些时刻准备向美国原子弹、氢弹投降的机会主义者”。表明了中国人民的斗争决心和大无畏态度。从而迫使美国态度由硬变软，借口会招致苏联的报复，转而放弃使用核武器。

（二）需要快速地做出决断

核危机爆发的突然性，对于决策者来说，难以有足够的时间去听取各方的意见建议，对于其他机构而言，没有足够的时间收集、分析相关的信息。这就要求决策者必须具有敏捷、快速、果断的能力与素质。如果决策时间过长，就会丧失最佳决策时机，从而影响控制效果。对于扩散型核危机，如果不及时决策，就可能导致核武器、核设施和核材料的扩散。对于部署型核危机，如果不及时决策，就可能导致核武器的部署既成事实，面临核武器威胁的态势；对于使用型核危机，如果不及时决策，就可能导致战争升级或核武器的使用。

提高及时性就应简化繁琐的程序，因为正常的程序需要很多的环节，参与的人也很多。这一点充分体现在古巴导弹危机中。在古巴导弹危机决策中，肯尼迪总统掌握全部决策权。肯尼迪召集了其信任的人士以及国务院、国防部、中央情报局等负责人组成了一个国家安全委员会作为临时决策机构，简称执委会。执委会没有要求任何国会议员参加，因为肯尼迪认为，“国会在这个关头既无法牵制他也帮不了他什么大忙”。直到 10 月 22

① 毛泽东，邓小平，江泽民关于军队建设论述选编．北京：解放军出版社，1997：102.

日晚上5点，肯尼迪总统决定发表电视讲话宣布决定的两小时前，才会见了一批国会领导人。

（三）具有很大的风险

核危机决策的效果一方面取决于方案的可行性，但最重要的是取决于对另一方对方案的反应和可能采取的措施，从这个意义上讲，核危机控制效果主要取决于当事方，因此，决策后果具有较大的风险。

一是很可能导致核危机升级。在核危机控制决策中，如果只考虑自身的利益，而不尊重对方，采用强制或者军事行动，就会造成制裁和反制裁、武力威慑和反武力威慑的局势。在伊朗核危机中，以美国为首的多国军队在海湾地区演习，对伊朗进行威慑。针对美国的攻势，伊朗反而采取了针锋相对的强硬措施予以回击。伊朗不仅没有停止核计划，反而在核道路上越走越远。2013年，伊朗宣布利用“混合澄清”法开发出从铀矿中提取浓缩铀所需要的“铀黄饼”技术。

二是可能引发战争。在核危机中，局势发展到了战争一触即发的程度，核武器的保险装置已被打开，核武器的发射平台处于随时待命状态，以防不测，并且都向对方发出已经有所准备的信号。

1962年10月22日19时，肯尼迪在电话中发表了他一生中最重要的一次演说，他讲道：“同胞们，这是一个艰难而危险的时刻，对此不应有任何侥幸。……没有谁能够准确无误地预测形势将如何发展，或者要付出怎样的代价或伤亡。”在此次危机中，两军紧张对峙，战争箭在弦上，一触即发。当美国宣布其“隔离”措施后，一直在关注苏联的反应。当苏联两艘船“加加林”号和“科夫莱斯”号距离封锁线几海里时，白宫气氛一下子凝固了。当中情局局长约翰·麦科恩报告，几艘俄国船只都在海里停住不动时，房间里的人们情绪才活跃了。不久，当海军报告，有20艘靠近封锁线的俄国船只已经动也不动地停在海里，有的已掉头走了时，在场所有人才如释重负。

第二节　核危机控制决策组织体系

决策组织体系是核危机决策的组织架构和人员组成，由决策者、国家安全委员会、情报机构及智囊机构等要素构成。

一、决策者

决策者是核危机控制决策的主体，是决策方案的谋划者、制定者和最终决定者。决策者，是核危机决策系统的核心，在核危机决策中处于决定和支配地位，一切决策活动都要围绕决策者的思想和意图来进行。决策者的地位与作用集中体现在两个方面：一方面，决策者具有无与伦比的权力。决策者往往掌握国家最高权力，可以在法律赋予的职权范围内根据情势调动一切必要的国家和社会资源，对涉及国家安全危机的重大问题拥有最终决定权。另一方面，决策者对决策后果负有不可推卸的终极责任。正是决策者这种决策权力的两重性，决定了决策者在核危机决策中时刻面临两难的选择：既要在时间有限、信息有限、资源有限的环境中做出影响国家安全危机的重大决策，以影响和调控危机态势的发展变化，又要尽可能降低决策责任和决策风险，防止局势失控带来更大的危机和更高风险。

一般而言，国家元首或政府首脑，既是国家最高行政长官，也是武装力量的最高统帅，因而也是核危机控制的最高决策人。美国、俄罗斯等总统制国家，最高决策通常是总统，其决策权力高度集中。英国、德国、日本等议会制国家，实行政府首脑负责制，元首只是一种国家象征，政府首脑代表国家行使国家权力，如英国首相、德国总理、日本首相等。

国家法律赋予了决策者对核危机拥有强大的管理权力和政治地位。西方学者认为："无论其内容和目标是什么，决策者的权威性活动都代表国家行为，因而国家行为实际上就是那些以国家的名义行事的人"。[1] 一般而

---

① 赵子聿，贤峰礼．国家安全危机决策．北京：时事出版社，2006. 12：200.

言，决策者的作用与核危机的紧急程度有关。核危机越紧迫，决策者的影响就越大，国会的影响则越小；反之，若外交决策涉及的问题跨度越长，国会对外交决策的影响就越大。

决策者的教育背景、宗教信仰、经历、意志品质、身心健康状况等因素在核危机和核危机控制中起着十分重要的作用，有的决策者可能是核危机的始作俑者，有的决策者是核危机的控制者。

苏联领导人赫鲁晓夫在执政期间，先后爆发了第二次、第三次柏林危机和古巴导弹危机等重大危机事件。研究表明，赫鲁晓夫是一个个性特征非常突出的人，喜欢意气用事、心血来潮、急功近利、容易感情冲动、不安分守己，喜欢冒险，如他与尼克松进行“厨房辨论”，在联合国用鞋跟敲桌子等。根据赫鲁晓夫回忆，1962 年 5 月，赫鲁晓夫在保加利亚滨海城市瓦尔纳休假时，突发奇想，产生了将导弹运进古巴的念头。回国后，赫鲁晓夫立即同领导集团进行讨论，会后赫鲁晓夫任命阿列克谢耶夫为新的驻古巴大使，派阿列克谢耶夫与比留佐夫元帅等去哈瓦那同古巴领导人菲德尔·卡斯特罗等商谈，6 月古巴国防部长劳尔·卡斯特罗到莫斯科，同苏联国防部长马林诺夫斯基草拟了在古巴部署导弹的秘密协定。从 1962 年 7 月下旬开始，苏联向古巴运送军事人员和物资 80 多艘船只，经过伪装先后从不同港口古巴航行 100 多次①。后来，爆发了震惊世界的古巴导弹危机。

艾哈迈德·内贾德出生在贫苦家庭，在动荡的社会、清苦的生活中度过了并不幸福的童年生活，产生了朦胧的反抗意识和强烈的政治意识，形成了好斗的性格。2005 年，艾哈迈德·内贾德当选总统后，伊朗在核问题上的态度渐趋强硬，8 月，英、法、德提出解决伊朗核问题的一揽子方案，遭到伊朗的拒绝。后来，俄罗斯提出在俄境内建立浓缩铀联合企业的计划，又遭到伊朗的否定，继续进行其铀浓缩活动。9 月 17 日，内贾德在联大会议上专门讲到伊朗核问题，并提出了有关伊朗和平利用核计划的方案。在谈到核武器问题时，内贾德愤怒地指责美国说：“现今自己使用核武器、自己生产、库存和继续试验新式核武器的国家曾用贫铀弹轰炸了几

① 郑伟．国际危机管理与信息沟通．北京：中央编译出版社，2009.7：38.

万名也许是几十万名伊拉克人、科威特人，甚至是自己的士兵。但这个国家不追究自己的过错，而且违背 NPT 条约中的明确规定，对他国家采取武力行动，企图禁止其他国家获得和平利用核能的技术”。[①] 在 2013 年，温和派哈桑·鲁哈尼当选总统后，伊朗核危机才出现转机，签署了伊核协议。

二、国家安全委员会

国家安全委员会或类似机构是当代世界各国进行国家安全决策和国家治理的主要制度形式和制度平台，是各国国家安全制度最核心的组成部分和最核心机构。国家安全委员会在核危机安全决策中具有举足轻重的地位和作用，对核危机控制负有重大责任和义务。

大多数国家的国家安全委员会是在冷战之后建立起来的，或在冷战后强化作用，其主要原因：一是主权国家面临的国家安全威胁和国家安全事务的增长，主要体现为从传统的国防向综合安全和非传统安全的拓展；二是主权国家面临的安全威胁的多元化、复杂化和国家安全行为主体的国家安全治理的统筹协调压力和专业化、职能化需求。世界主要国家都设立了类似机构，其具体职能不尽相同，但基本职能类似，包括确定国家安全利益及面临的现实与长远威胁，制定相关政策，统一协调组织全局性国家安全事务，辅助决策者对现实和潜在的国家安全问题特别是重大现实危机进行有效管理。最高安全机构的法定成员大多是国家安全相关领域的领导人。

（一）美国国家安全委员会

根据 1947 年的《国家安全法》设立。美国是最早建立国家安全委员会的国家，建立的主要原因：一是内部协调统筹军事力量、情报部门、外交部门的驱动。二是外部面临安全威胁变化和安全事务空前增长的驱动。在美国三权分立的政治结构中，国家安全委员会是总统行政权的衍生。作

---

① 杨道鑫．巅峰博弈——马哈姆德·艾哈迈德·内贾德传．北京：时事出版社，2013.1：100.

为一个服务于总统的决策咨询和政策协调机构，国家安全委员会影响力的发挥主要取决于总统的倚重程度及国家安全事务助理的能力。[①] 美国国家安全委员会的法定职责是向总统提出有关国家安全的内政、外交和军事政策的综合意见，以便能够使这些军事机构和政府各部门在国家安全事务方面更加协调。在紧急事态处理中，国家安全委员会协助总统在不确定的时期保持领导层的影响力，权衡各种决策方案的利弊。国家安全事务助理是国家安全委员会的日常负责人和组织者，在国家安全委员会中发挥核心作用。在古巴导弹危机中，为了应对紧急情况，肯尼迪没有召开国家安全委员会，而是颁布了“国家安全行动备忘录”第196号，建立了国家安全委员会执行会行使国家安全委员会的职能[②]。

根据2009年2月13日奥巴马批准的第一号总统行政指令，美国国家安全委员会的构成为：法定成员总统、副总统、国务卿、国防部长和能源部长。非法定常规成员为财政部长、总检察长、白宫幕僚长、国土安全部部长、国家安全事务助理与驻联合国大使；法定情报顾问为国家情报总监、法定军事顾问为参谋长联席会议主席；总统顾问受邀参加每一次会议，总统助理兼任国家安全事务助理副手作为秘书参加每一次会议。

按照需要，总统邀请各部的委员长和高级官员参加。如涉及反恐问题时，负责国土安全与反恐的总统助理可受邀出席；涉及经济问题时，商务部长、美国贸易顾问等人参加。

自美国国家安全委员会成立以来，其运作程序经历了较大的变化。艾森豪威尔时期，国家安全委员会是一个庞杂的行政官僚系统，决策效率低下。肯尼迪和约翰逊时期，国家安全委员会机构简化，通过非正式机制与重要幕僚商讨。尼克松时期，国家安全委员会成为独立的政策制定机构，设置了一系列地区和事务性的下属机构。福特、卡特和里根时期，为了避免尼克松时期的秘密外交，精简了国家安全委员会的机构和人员，仅保留国家安全委员会的协调功能。老布什时期，国家安全委员会的职能才得以恢复，建立了相对稳定的运作程度，称为斯考克罗夫特设计的等级模型。

---

① 张骥．世界主要国家国家安全委员会．北京：时事出版社，2014.9：30.

② 赵学功．十月风云：古巴导弹危机研究．天津：天津人民出版社，2009.2：199—200.

斯考克罗夫特模型的议事程序是，美国在国家安全委员会底层设置一系列跨部门决策委员会。每个委员会针对一个特定重要问题或一个特定地区，提交相关报告，监督、协调与执行相关的日常政策。副部长级别的委员会要更高一级，即各部的副部长审核跨部门决策委员会的报告，提出建议和方案，也会处理有关政策协调与执行的事宜。部长级会议则是各部部长参与的高级会议，审议副部长委员会的报告，作出决定，提交给总统（参见图1）。[①] 由于每个总统的性格、风格和偏好不同，该模式在实际运作过程中有所不同。老布什是该模式的良好动作典型，但由于小布什政府缺乏对总体目标的一致认识，以及小布什爱好冒险的执政风格，小布什不喜欢这种循规蹈矩、按部就班的模式。奥巴马时期，沿袭了斯考克罗夫特模式。

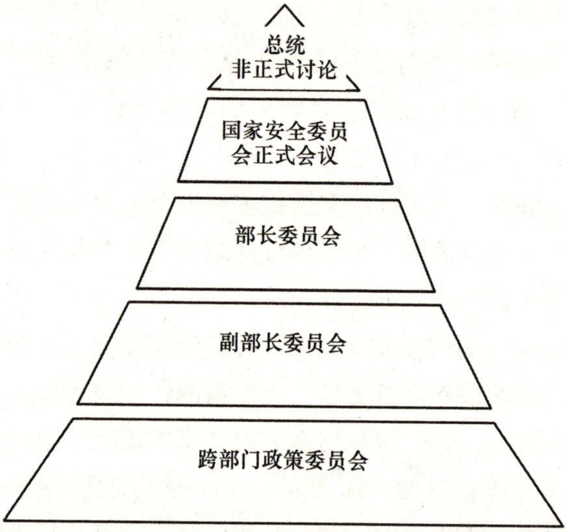

图1　奥巴马政府的国家安全委员会议事结构

（基于斯考克罗夫特模型的设置）

① 张骥．世界主要国家国家安全委员会．北京：时事出版社，2014.9：48.

（二）俄罗斯联邦安全会议

俄罗斯联邦安全会议前身是苏联安全会议，1991 年底，苏联解体后，俄罗斯联邦成立了“俄罗斯联邦安全会议”。其主要法律依据有：《俄罗斯联邦宪法》《俄罗斯联邦安全法》《俄罗斯联邦安全会议条例》《俄罗斯联邦安全会议机关条例》等。俄罗斯联邦安全会议是一个咨询和协调机构。《俄罗斯联邦安全法》和《俄罗斯联邦安全会议条例》明确规定：“联邦安全会议是在安全领域为俄罗斯联邦总统的决定做准备工作的宪法性咨询机构”，联邦安全会议的决定经联邦安全会议主席也就是总统批准后才能生效。

联邦安全会议所承担的任务和职能主要有四大方面：一是为总统实现其所承担的国家安全保障职能提案和提供建议；二是协调联邦权力机构和联邦主体权力机构对相关国家安全战略、政策和决定的执行工作，监督其实施情况；三是组织安全领域的评估和科学研究工作，并形成解决方案；四是组织开展与其他国家的安全合作。

联邦安全会议由联邦安全会议主席、联邦安全会议常委和普通委员组成。联邦安全会议主席由联邦总统担任，常委一般包括总理、总统办公厅主任、内务部长、国防部长、联邦安全局长、对外情报局长、外交部长、联邦安全会议秘书、联邦会议主席、国家杜马主席等人，普通成员主要包括总统驻联邦区全权代表以及其他与国家安全相关的部门官员。

俄罗斯国家安全委员会运行程序分为制度性决策和非制度性决策。危机时期，事件的突发性、时间的紧迫性和问题的重要性，使国家安全保障体系的环节十分简化，决策层的人数大大减少。此外决策者个人主观因素的作用上升，无法按照制度化的程序进行决策，而是根据危机特性和决策者个人判断选择参与决策的人选和机构。

在制度性决策中，联邦安全会议常委是核心决策圈，情报分析和方案酝酿都在这一圈子，情报分析和方案酝酿都在这一圈子里完成，总统可能会征询总统助理的意见，也可能跳过总统助理直接决策。在非制度性危机决策中，总统可能绕过联邦安全会议常委，将其他机构和人选吸收进决策圈。无论是制度性的还是非制度性的危机决策，最后决策者都是总统（参见图 2）。

联邦会议也在危机决策中起一定作用，主要表现在联邦委员会有权批准俄总统关于实行战时状态和紧急状态的命令。虽然联邦委员会在危机决策的过程中影响不大，但是它对关系国家安全的重大决策拥有确认和批准的权力。

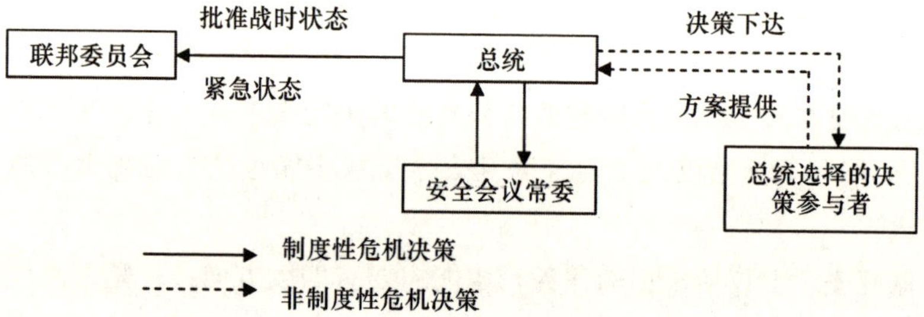

图2　俄罗斯危机决策模式

（三）中国国家安全委员会

中国国家国家安全委员会全称是“中国共产党中央国家安全委员会”，是中国共产党中央委员会下属机构，十八届三中全会决定成立，2014 年 1 月 24 日正式成立。是国家层面的国家安全和危机处理常设机构。作为中共中央国家安全的决策和议事协调机构，向中央政治局、中央政治局常务委员会负责，统筹协调涉及国家安全的重大事项和重要工作。设主席、2 名副主席、常务委员和委员若干。国家安全委员会成员单位包括外交部、公安部、国防部、安全部、商务部等军地部门。是适应总体国家安全观，构建包括核安全在内的国家安全体系的需要而设立的。

（四）英国国家安全委员会

2010 年 5 月 12 日，卡梅伦政府就职后的第一项举措，即宣布建立英国国家安全委员会。国家安全委员会负责审查涉及英国国家安全的各方面，包括协调应对英国所面临的危险，最高水准地整合外交、国防、内政、能源和国际发展各部的工作，协调其他政府部门。

国家安全委员会由首相担任主席，副首相为副主席，常任成员包括财政大臣、外交与联邦事务部大臣、内政大臣、国防大臣、国际发展大臣、能源与气候变化大臣、政府政策内阁部长。其他内阁成员，国防参谋机构的负责人、情报部门以及其他高级官员按要求出席会议。国家安全顾问是国家安全委员会的秘书，将出席国家安全委员会的所有会议。

国家安全委员会下设：负责恐怖主义、灾害、恢复力和意外事件的委员会，核委员会，新兴力量委员会。秘书处是国家安全委员会的常设秘书机构。

英国国家安全委员会每周召开会议。涉及恐怖、危害、恢复和意外事件的会议由内阁大臣出席；涉及情报问题的会议，出席成员严格限制为首相、副首相、财政大臣、外交和联邦事务大臣、内政大臣、国防大臣。成立安全委员会后，运作程序（参见图3）[①]。

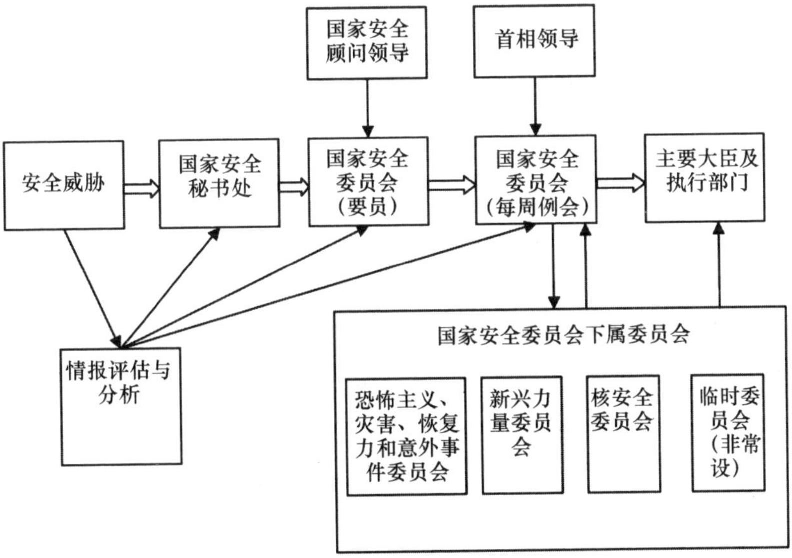

图3　英国国家安全委员会建立后危机处理图

（五）法国国防与国家安全委员会

2008年，法国成立国防与国家安全委员会，是国家最高层级统筹国家安全、进行咨询和决策的机构。其职能涵盖战略规划、军事规划、核威慑

① 张骥．世界主要国家国家安全委员会．北京：时事出版社，2014.9：148.

政策、对外军事行动、情报、国内安全规划、反恐、重大危机的预防和管理、经济能源安全。

国防与国家安全委员会由总统任主席，成员包括总理、外交部长、内政部长、国防部长、经济部长和预算部长。如有需要，其他部长也可能参加。如涉及反恐议题时司法部长出席。

国防与国家安全咨询委员会，该咨询委员会由总统任命的独立专家组成，也可以号召高级国家公职人员参加。委员会向总统和总理提交独立的意见和评估。

（六）德国联邦安全委员会

联邦安全委员会是德国政府内部的一个内阁委员会，联邦总理担任联邦安全委员会主席，其他成员一般包括总理府主任、外交部长、国防部长、内政部长、财政部长、经济与科技部长、司法部长、经济合作与发展部长。主要任务是授权德国军备出口贸易、协调德国各部门的安全政策、讨论或决定德国战略方向，是德国安全决策的最高机构。

（七）日本国家安全保障会议

2013 年，日本对原有的国家安全保障体制进行了彻底改革，筹建了“国家安全保障会议”，被外界称为“国家安全会议”。成立“4 +9 + 紧急”的系统格局，“4 大臣会议”由首相、内阁官房长官、外务大臣和防卫大臣组成，负责制定国家安全保障战略的策划及基本方针的确定；“9 大臣会议”为原有的“安全保障会议”，作为新机制延续的机能维持，由首相、总务大臣、外务大臣、财务大臣、经济产业大臣、国土交通大臣、防卫大臣、内阁官房长官、国家公安委员会委员长组成，对国防基本方针、防卫大纲、武力攻击等国防相关事项进行审议。“紧急事态大臣会议”由首相、官房长官及首相指定的国务大臣组成，旨在强化对重大的紧急事态，以及需要高级别政治判断的事项进行迅速应对，参与人员因事态不同而调整。日本“国家安全保障会议”是在借鉴美国国家安全委员会的基础上产生的，但它的职能不是决策咨询，而是一个决策机构。其主要职能是：国家安全保障相关的外交、防卫政策制定；中长期的国家安全保障战略、基本方向的制定；安全保障机制的机能维持；国防的基本方针、防卫大纲、武力攻击及其他国防相关重要事项应对的审议；紧急事态的应对强化危机管理；重大紧急事态及需高级别政治判断的事项审议。

（八）韩国国家安全保障会议

韩国国家安全保障会议是韩国总统制定国家安全保障政策时的主要咨询机构，始建于1963年。韩国国家安全保障会议经历了曲折的变化。2013年朴槿惠上台后，根据《政府组织法》重组了国家安保的核心调整机构。同年3月23日，根据第24427号总统令设立青瓦台国家安保室，将其作为“防止政策混乱，加强危机管理，构建外交、安保、统一政策的控制塔”。设立以国家安保室和外交安保室为核心的国家安全保障体系。但在国家安全体系中，国家安全保障会议仅发挥咨询作用，其象征意义大于实际作用。

三、情报机构及相关机构

（一）情报机构

情报机构是指一个国家设置的专门负责搜集别国情报并为本国提供所需情报的机构，主要负责搜集和分析情报，为决策者提供建议。包括情报管理与协调机构、部门机构。情报管理与协调机构是国家的最高情报系统，也是国家最高层次的情报领导和管理系统，负责制定国家情报政策、起草相关法律，统领国家情报事务，对相关部门进行指导和管理，在情报决策、处理和分析等方面最具权威性。部门机构主要负责具体的情报业务。

美国国家情报总监办公室（国家情报局）① 是总的协调机构，国家情报总监取代中央情报局，统领全美17个情报机构。2004年12月17日，美国总统签署情报机构改革方案，对情报机构进行50多年来最大规模改组，主要是设立国家情报局和国家反恐情报中心，其主要目的在于从国家层面对隶属于国防部、国务院、财政部、国土安全部、能源部和司法部等不同部门的情报机构进行统一领导和管理，消除情报机构之间的壁垒，加

① 赵渊，寿长华．顶级情报机构揭秘．北京：化学工业出版社，2013.1.

强彼此合作，减低情报内耗，提高情报保障的及时性和可靠性。

美国拥有世界上最庞大的情报情报机构：中央情报局、国防情报局、国家侦察局、国家地理情报局、反情报驻外活动局等，美国的军种情报机构包括陆军情报局、海军情报局、空军情报局、海军陆战队情报部和海岸警卫队情报局。其中，国家侦察局从事间谍卫星侦察，在冷战时期，制作卫星侦察的高面质影像，支持美国的国家安全，目前，其卫星仍持续监视俄罗斯的各个战略导弹基地，并密切注意核生化武器及导弹的扩散。

俄罗斯情报系统是在继承苏联情报体制的基础上整合完善的，主要由国家安全会议和情报安全机构组成。国家安全会议是俄最高情报协调机构，其主要职责是分析战略情报，对各领域的情报工作进行评价和指导。情报安全机构包括政府对外情报局、联邦国家安全局和军队系统的总参谋部情报局、各军兵种独立情报部门。

英国情报管理与协调的主要机构是部长级情报机构委员会、常务次官情报机构委员会。部长级情报机构委员会的主要任务是审核有关情报机构的政策。该委员会由首相担任，成员包括副首相、内政大臣、国防大臣、外交与联邦事务大臣。其中首相对情报和安全事务负有总责，内政大臣负责保安局、外交与联邦事务大臣负责秘密情报局和政府通讯总部，国防大臣负责国防情报参谋部。① 联合情报委员会是英国情报管理与协调体制中确定情报搜集任务、进行情报评估的主导机构，是英国内阁办公室的组成部分，负责为首相和高级官员提供有关国家安全、国防和对外事务等方面的近期和远期跨部门评估，对情报需求优先次序进行确定，比如恐怖主义、大规模杀伤性武器扩散等，定期对各情报是否满足情报需求进行审查。英国情报机构由秘密情报局、国家安全局、政府通信总部、国防情报局、空军情报局、海军情报局等组成，由英国联合情报委员会统一管理。

法国国家情报委员会，设置在在国防和国家安全委员会下，统筹协调涉及到国家安全的国防、国内安全、外交、经济的政策与手段，整合情报部门，提升情报为国家服务的水平。由总统任主席，成员包括总理、外交部长、内政部长、国防部长、经济部长和预算部长，其他部长根据具体议

① 王谦．英国情报组织揭秘．北京：时事出版社，2016.4：140.

题出席。

（二）国家原子能机构

国家原子能机构是一个国家专门负责和平利用原子能的跨部门专业性机构。其主要职能是：研究和拟定和平利用原子能事业的政策和法规；负责研究制定我国和平利用原子能事业的发展规划、计划和行业标准；负责和平利用核能重大科研项目的组织论证、立项审批、负责监督、协调重大核能科研项目的执行；实施核材料管制、核出口审查和管理；负责核领域政府间及国际组织间交流与合作，代表政府参加国际原子能机构及其活动；牵头组织国家核事故协调委员会，负责制定国家核事故应急计划并组织实施。国家原子能机构在核不扩散中发挥着监督管理作用。

（三）其他机构

还有其他机构为国家安全委员会提供相关信息情报和决策建议。国防部门是以国防力量为主体的国家安全部门机构，主要负责统一领导国防事务，通过军事防卫、军事威胁、军事合作、军事支援和战争等方式保障国家安全，是国家安全部门机构中最重要的机构，在国家安全方面拥有较大发言权。外交部门是国家对外政策制定的重要参与者，也是国家对外活动的主要协调者和实践者。环境部门组织环境保护的执行机构，主要负责部署核辐射监测力量，预测核危害后果，收集、汇总、发布核辐射监测信息。

四、智囊机构

智囊机构是决策者在决策过程所倚重的高级幕僚、幕僚机构及重要学术咨询机构的总称，是核危机决策机制中不可或缺的重要组成部分，也是科学决策的重要保证。

（一）智囊机构分类

根据不同的决策参与程度，智囊机构分为核心智囊、重要智囊和一般智囊。

核心智囊。通常指那些与决策者有特殊关系，并得到高度信任和倚重的高级专家型幕僚。核心智囊人员通过影响决策者、决策机构，或直接进入决策机构，发挥决策咨询作用。历任美国总统都有自己的核心智囊，核心智囊一般由密友、亲信担任，也包括领域专家，如基辛格、布热津斯基、赖斯等，他们在创新和制定安全政策的过程中都起到了重要作用，有时他们对决策的实际影响力常常在内阁甚至国家安全委员会成员之上。

重要智囊。重要智囊机构是指决策者或决策机构所倚重的、就国家安全相关领域和问题深入研究的政策和学术咨询机构，可分为官方、半官方或官方认可的三种类型。重要智囊直接或间接影响决策者或决策机构。美国的重要智囊机构最为发达，如美国国家安全委员中的高级研究小组、危机处理小组、核查小组、副部长委员会、防务计划审议委员会、情报委员会，以及有不同背景的布鲁金斯学会、国际战略研究中心、兰德公司、传统基金会、美国企业研究所、大西洋理事会、美国外交政策全国委员会、亨利·史汀生中心、防务分析研究所等，对美国国家安全决策都有着重要的影响。俄罗斯的重要智囊有俄罗斯战略研究所、科学院系统的国家安全智囊库、世界经济与国际关系研究所、美国与加拿大研究所、国家安全与战略研究所、莫斯科卡内基中心等。[①] 一旦发生国家安全危机，这些机构可以将自己的意见或建议直接或间接转化为决策效能。

一般智囊。指那些以经常性学术为主兼有小部分咨询功能或职能的学术机构，主要就长期而重大的安全政策和安全问题进行跟踪研究，对可能发生的重大危机进行方向性预测。一般智囊机构的研究往往是独立研究，没有明显的官方背景，很少有官方正式赋予的咨询功能和职能，对决策的影响是间接性的，世界各国大专院校中从事安全研究和教学的机构通常属于这一类。美国的武器控制协会、核武器控制研究所、华盛顿防务分析研究所、蒙特雷国际研究学院防扩散研究中心等研究机构一直在跟踪和研究国际防核扩散问题。

（二）智囊机构对决策的影响

智囊机构作为精英的聚焦地和安全战略思想的发源地，以不同的途径

① 赵子聿，贤峰礼．国家安全危机决策．北京：时事出版社，2006.12：204.

和方式影响核危机决策。这种影响主要体现在以下几个方面：

一是直接参与决策方案的确定。核心智囊进入决策圈是提高核危机决策的有效途径，不仅可以为决策提供丰富思想，促进决策科学化、更加融会贯通，也可以使决策中的官僚机构之间产生互补效能，从而给决策带来新的动力。美国在这方面相对比较灵活，有的学者直接进入决策圈，有的被任命为某一方面的重要官员，还有一些政府高官退休后到智囊机构工作，或成立新的智囊机构，从而实现了政府机构与智囊群体之间的良性互动。如基辛格、赖斯等人。

二是提供核危机决策间接咨询。为决策者和决策机构提供决策建议是智囊机构实现自身价值的重要体现。为了达到这个目标，智囊机构要紧密跟踪核危机发展动态，保持对一些重大问题的跟踪研究，形成具有系统性的理论研究成果。准确把握国家的外交政策、安全战略，决策者的决心意图，提出有针对性的对策措施。

三是通过大众媒体影响决策进程。作为国家安全智囊体系，特别是核心智囊和一些重要智囊机构的知名专家，由于其独特的学识和专业地位，其立场和观点容易被各方所接受，在决策者和其他高层领导人、议会、在野党派之间发挥疏导作用，也可以引导舆论为决策的顺利实施起到推动作用，进而缩小矛盾和分歧，减小决策阻力和决策对立，促进政府与民众最大程度的共识。通过影响大众媒体影响决策是众多智囊机构通常选择的基本方式和途径。无论在西方国家还是在世界其他国家和地区，智囊机构与大众传媒的相互借助已是一股不可逆转的潮流。智囊机构或智囊人物力图通过大众传媒宣传自己的观点与立场，而大众传媒则希望借助智囊库的智力资源提高社会影响力。

第三节　核危机控制决策程序

决策程序主要包括确定控制目标、提出控制预案、评估控制预案、选择控制预案、结果反馈与调整。

一、确定控制目标

确定目标是核危机控制决策的核心，没有目标的决策是盲目决策，目标不准确的决策是危险的，任何目标上的缺失都会直接导致决策方案的风险和一切后续行动的偏离。

首先要判断对手的战略企图。因为只有判断对手的战略企图，才能准确地确定控制目标。但判断战略企图也是非常困难的，对手为了防止泄露自己的真实目的，会采取一系列防范措施，如采取战略佯动、释放错误信息等。在古巴导弹危机中，国家安全委员会执委会对苏联的战略企图至少有5种看法。第一种看法是冷战策略，第二种看法是一个转移注意力的圈套，第三种看法是为了保卫古巴，第四种看法是讨价还价的交易，第五种看法是为了显示导弹实力。肯尼迪认为，第三、第五种看法，可能是苏联方面的动机，但第一种看法所指出的可能性，或许最切合实际的。由于对苏联动机的分析各持己见，无法很有把握地肯定其中一种意见，因此在讨论对策或可能采取的行动时，依然是见解纷呈，莫衷一是。

其次确定合理的目标。目标的大小决定了可选择的方案，目标太大，不容易实现；目标太小，达不到目的。在古巴导弹危机中，美国没有要求苏联从古巴撤军，没有取消苏联在古巴的影响力，而是只要求苏联从古巴撤出导弹。如果要求苏联从古巴撤军，核危机就得不到有效的解决。

二、提出控制预案

预案是实现控制目标的设想，也是解决核危机的方法和措施。提出预案是核危机控制决策的重点和难点，没有多样的、高质量的系列预案，决策者就很难做出正确的决策。提出控制预案是决策机构、智囊机构等的重要工作。

预案主要包括制裁方案、援助方案、军事行动方案等。制裁方案的主要目的是对受控行为体在经济、技术、人才等方面进行限制，阻止、切断发展核武器所需的材料、技术、人才和资金等，使其放弃核武器发展计划。援助方案的主要目的是通过经济、技术上的援助，使受控行为体主动放弃核武器和核武器计划，转变核设施功能。军事行动方案主要目的是通过使用威胁或使用武力，迫使受控体放弃核武器计划、核武器部署、核武器使用。

控制预案必须满足如下要求：一是紧紧围绕控制目标。目标就是方向，如果不围绕目标，预案就会偏离方向，提出的预案就可能毫无价值。因此，提出预案时，必须按照决策目标导向配置各种方法措施。二是预案力求多样。核危机的发展有多种情况，要求有多个应对预案；解决同一种情况也可用不同的方法措施，也会形成多个预案。决策机构提出多个预案，决策者才有选择的余地和空间。在古巴导弹危机中，美国至少提出了7种预案。三是预案完整清晰。

三、评估控制预案

预案评估是控制决策的重要环节。预案评估可采用定量与定性评估相结合的方法。预案评估通常由决策机构或智囊机构承担。预案评估主要包括以下几个方面：

评估预案的目的性。核危机控制的目标是达到总体国家安全战略，因此着眼国家安全战略、国防战略和军事战略对预案进行评估。此外，还应着眼决策者的意图去评估。

评估预案的效益性。效益性是评估预案的基本指标，对每一个预案评估，要预测其利益、风险和代价，以及规避风险和降低代价的可能性。所谓好的效益就是投入、风险最小化，收益最大化，当然这是一种理想的状态。任何方案都可能具有两面性，制裁方案在限制对方的同时，也会损坏本国企业的利益；实施军事行动方案，在达到军事目标的同时，可能会导致危机升级，甚至爆发大规模战争，最后适得其反。

评估预案的可行性。可行性是指方案能否便于操作。对于军事行动方案来说，军事力量是否够用，部署是否合理，处置方法是否管用。对于制裁方案来说，制裁项目是否合理，配套措施是否跟上。

在古巴导弹危机中，最后形成带两种倾向的方案，而后对这两种方案进行了评估。“空袭古巴”方案，其优势是可以显示美国的决心，而且会使赫鲁晓夫恢复理智。其不足是，一是通过“外科手术式”袭击解决问题有困难，需要500架次的空中打击[①]；二是空袭之后，需要更大规模的陆上进攻，在进攻中可能会有25000名美国人和相应数量的古巴人伤亡；三是苏联报复，很可能对北大西洋公约组织的心脏地区采取军事行动。

“封锁古巴”方案，其优势：一是有利于掌握主动权。封锁是条介于无所作为和战争之间的中间道路，同时使美国在以后的行动上处于既可战又可和的有利地位。二是把球踢到赫鲁晓夫一边，让苏联明白：只要你不越线，就不会发生战争，并给苏联足够的时间。三是即使无法迫使苏联撤出导弹，至少也可能阻止苏联进一步扩大其导弹数量。四是具有地利优势，可以充分利用美国常规力量方面的优势，掌握升级的主动权，降低核大战的风险。可能的不足是：导弹威胁依然存在，导致封锁对封锁，导致擦枪走火，美国陷入政治被动。

四、选择控制方案

选择控制方案是核危机控制决策十分重要的环节，在众多预案中选择一个实施方案，将直接影响核危机控制的效果。

选择控制方案通常由决策者进行“拍板”。对决策者来说，必须有全局意识、长远意识以及风险意识。所谓全局意识就是必须站在国家安全战略的高度，有效地维护本国的安全利益。所谓长远意识就是决策者头脑清醒，不为当前形势所迷惑，要着眼长远目标和长远利益，将核危机控制作为阶段性目标，而不是最终目标。所谓风险意识，就是要看到核危机处理带来的风险，如果处理得好，就会提升自身的威望和民众的支持，相反，可能会使民众对决策者执政能力产生怀疑，甚至导致执政者下台。

在古巴导弹危机中，对于七种方案，肯尼迪一时也拿不定主意。后经进一步讨论，美国国家安全委员会执委会成员倾向于空袭和封锁两种方案，以参联会主席泰勒上将为代表的倾向于第一种意见，要求对古巴展开全面空袭，摧毁苏联所部署的导弹。以国防部长麦克纳马拉为代表的倾向于第二种方案，要求采取谨慎的军事行动，主要以封锁手段阻止苏联把新

① 徐辉．国际危机管理理论与案例解析．北京：国防大学出版社，2011.11：75.

的导弹运进古巴，并压迫苏联撤回已部署在古巴的导弹。10 月 19 日，肯尼迪离开华盛顿前去克利夫兰和芝加哥做竞选旅行时，终于下定决心，要用海军封锁古巴。而促使肯尼迪下定决心的是，他认为封锁是很有力的一招棋，不大可能引起一场大战。20 日，肯尼迪回到华盛顿，对实施封锁方案进行更进一步讨论时，有人提出一种观点：苏联可能会使用核武器来对付美国，美国也可以使用核武器，这个观点使肯尼迪意识到了古巴导弹危机可能导致世界核大战的严重后果，也更加坚定了他采取封锁的信心。最后肯尼迪权衡利弊，选择了封锁方案。

五、结果反馈与调整

方案不是一成不变的，在方案实施过程中，随着情况的变化，需要对方案进行不断调整，形成“决策—实施—反馈—调整—再实施—再反馈”的闭合链路。方案调整通常两种类型：

一是调整决策目标。随着核危机发展变化，可能会出现意想不到的新情况、新问题，从而直接影响决策目标的实现，在这种情况下，需要对目标进行调整。当决策方案实施顺利时，原来确定的目标可能过于保守或较低时，如果继续坚持原来的目标，可能会失去效益最大化的机会，因而需要完善或调高决策目标。当决策方案实施不顺利时，继续维持原来的目标，可能会增大实施的风险，因而需要降低决策目标。

二是调整方案内容。在决策方案实施过程中，情况会不断变化，方案中的部分内容可能部分不适应当前形势的需要，必须进行适时调整。在朝鲜核危机中，美国对朝鲜的应对方案经历了经济援助、部分制裁到全面制裁的过程。

核危机控制决策是核危机控制中重要而困难的一个环节，决策质量直接决定核危机控制效果，这要求决策者和决策机构全面分析情况、科学提出决策方案、及时监督方案实施效果。

第六章 核危机控制手段

在核危机控制过程中，采取什么样的手段应对危机，不仅对危机的发展走向和结果会产生重大影响，而且涉及危机当事各方的切身利益，甚至可能会影响地区稳定与世界和平。

第一节　核危机控制手段的内涵

一、核危机控制手段的概念

手段是指为达到某种目的而采取的方法和措施。核危机控制手段，是指核危机各方为避免核危机升级或恶化而最终化解核危机而采取的方法和措施。

根据手段的性质，核危机控制手段可分为外交手段、政治手段、经济手段和军事手段等。具体内容见本章第二节。

根据手段的软硬程度，核危机控制手段分为和平手段、强制手段和军事手段。和平手段，是指主要采取政治、外交的方式化解核危机，这是国际社会普通采用的一种方式，而且也贯穿在核危机控制的全过程中。强制手段，是使当事方利益受到损失，迫使核危机当事方屈服所采取的措施。强制手段是在利用和平手段不能化解核危机的情况下采取的措施，主要包括贸易制裁、金融制裁和交通制裁等。军事手段，是运用军事力量采取军事行动迫使核危机当事方屈服，从而达到化解核危机的措施。在前两种手段不能解决核危机时，可能会采取军事手段。俄罗斯总统曾说，“抗议一千次一万次，也不如战略轰炸机的机翼扇一次”。采取军事手段更多的是一种威胁，比如军事演习、军事封锁、有限的军事打击。

在核危机控制中，控制目标、控制原则和控制手段是紧密相联的。控制目标决定核危机控制的方向，没有正确的目标就不可确定正确的控制原则，不可能选择正确的手段。控制目标的实现则需要相应的手段来实现，没有一定的手段，核危机控制目标、原则将会成为一纸空文，同时也会失信于国际社会，甚至失去国际威望。控制原则直接决定所采取的控制手段，比如确立以和平的原则解决核危机，运用的主要手段是政治外交方手段，如以强制方式解决核危机，运用的主要手段是经济制裁、军事干预等手段。而控制手段必须与控制原则相一致，否则，在核危机控制中就会偏离决策者的意图，不但达不成控制目标，还可能使核危机升级。比如，在古巴导弹危机中，如果空袭古巴，后果是不堪设想的。

二、核危机控制手段的作用

核危机控制手段是化解核危机的有力推手，实现核危机控制的近期目标的直接原因。核危机控制手段主要有以下几个作用。

首先，营造核危机控制的国际环境。充分利用政治、外交等方式，可为有效控制和正确应对核危机营造良好的环境氛围。一是通过舆论宣传，从政治上、精神上巩固加强己方，分化瓦解敌方，争取中间力量，为控制核危机营造“有利于我，不利于敌”的舆论环境。可通过广播、网络和电视台，宣传己方价值观，以此动摇对方现政权的舆论基础。还可通过丑化对方的国内国际形象，给对方施加舆论压力，为己方控制核危机创造有理、有利的局面。二是通过首脑外交或谈判可以使消极的危机氛围转化为积极的常规环境，从而促使危机涉及的相关各方尽快达成一致意见。三是第三方干预可以起到一种积极的催化作用，使争执方坐到一起，提供谈判场所，为谈判营造一种能让当事方自由交换意见的环境。

其次，建立核危机控制的解决平台。促使核危机当事国与利益攸关方进行沟通，达到相互了解、互信的目的，从而化解危机。对话沟通能够降低国家间在各领域的交易成本。无论是涉及一般的事务性问题，或是双方正在争执的敏感问题，对话沟通都为参与方提供了一个开放的平台，双方可以就某个领域的问题进行系列谈话和讨论，从而有利于双方沟通信息和增信释疑。对话沟通能够帮助一方认识关于其他行为体的行为意图，使得双方的期望趋同，从而增加政策透明度和可预测性。对话沟通有利于预防和处理危机，从而有利于促进各当事国的安全和稳定。

最后，推进核危机解决。综合采取经济、军事等手段，从多个维度推进核危机的最终解决。一是通过经济制裁向经济实力较弱的当事方施以压力，使其在经济方面遭受无法承受的代价，最终促使其妥协，从而达到解决核危机的目的。二是采取核管制、军事威慑和军事封锁等手段，阻止核武器及核材料的扩散，斩断核扩散网络，最终实现核危机的解决。三是采用军事打击手段直接清除有关当事方的核设施，摧毁其核武器能力的发展基础，破坏其核计划，消除核危机源头，推进核危机解决。

第二节　核危机控制的主要手段

核危机控制手段主要分为外交手段、政治手段、经济手段和军事手段等四大类。

一、外交手段

外交手段是指核危机当事各方在核危机发展过程中通过外交对核危机进行控制的方式。外交手段是核危机控制中常用的一种手段，是国际社会普遍认可和接受的一种方式。外交手段不仅运用于核危机爆发阶段，而且基本上贯穿于核危机控制的整个过程。外交手段主要包括首脑外交、政府外交、民间外交、第三方干预等手段。

（一）首脑外交

首脑外交是指所有国家及国家集团的政治首脑们为解决双边、多边关系与重大国际事务而以正式身份公开、直接参与的个人外交。首脑外交作为现代外交的一个方面在解决核危机、缓和国际冲突中发挥了不可忽视的作用。

首脑外交作为国家对外关系实践的一种形式历史久远，并不是20世纪特有的现象。但是，现代意义上的“首脑外交”却是20世纪的产物。第二次世界大战后期，英、美、苏三国首脑丘吉尔、罗斯福、斯大林举行多次“巨头会晤”，讨论战争和战后政治安排问题，开创了当代首脑外交的先例。1953年春，英国前首相丘吉尔在英国下院发表的对外政策演说中首次使用“首脑”一词。1955年，东西方政府首脑日内瓦会议召开之际，西方新闻媒体开始采用“首脑外交”一词，但是当时所报道的“首脑外交”仅限于指东西方大国间的密谈。

首脑外交通常具有“地位特殊、效果直接、关系重大、迅速及时和举世瞩目”等特点。自第二次世界大战以来，首脑外交不断发展，日臻成熟，对于发展国家间的正常关系，建立信任与合作，处理国际冲突和危机，裁减军备和军备控制，以及促进全球经济发展等方面，都发挥着独特的作用。主要有以下几个方面：

首先，首脑之间彼此熟识，面对面地交谈，有助于阐明各自的国家利益、外交政策，从而可以减少误解和避免作出错误估计。

其次，首脑间建立良好的私人关系，可以促进正式的国家关系，增强国家间的相互谅解，促进双边和多边事务的发展；对于关系敌对的国家，其领导人之间保持某种联系则有助于澄清各自国家的立场，增加相互信任，消除分歧，扩大共识。

第三，首脑将外交政策的决策和执行相结合，避开传统外交渠道的耽搁和曲折，更加迅速、有效地就共同关心的国内、国际事务进行磋商，取得相互谅解，并迅速和直接地作出决定。

第四，首脑们以国家最高领导人的身份直接参与外交实践，尤其是在参与处理国际冲突和危机时，往往能够获得超出传统外交途径所能取得的、更为广泛的影响和积极的效果。

首脑外交在处理重大国际危机或缓和地区紧张局势时，更能凸显出不同于其他传统外交方式的优越性。其中“古巴导弹危机”的处理和解决便是这方面的典型案例。美苏两国首脑沉着冷静，彼此妥协，最终使危机缓缓落下了帷幕。虽然危机中由于双方处于极端敌对的状态，加之时间异常紧迫，两国首脑未能安排举行直接会晤，也无可能实现互访，但是两国首脑果断决策、频繁通信（从危机爆发到平息的13天，美苏双方首脑之间直接通信8次，在紧张关头，美方高级官员与苏联驻美大使直接沟通3次）、在电视或广播上公开发表声明、建立秘密外交渠道的作法，为解决危机提供了不可多得的机会，成为和平解决危机的关键。而这些恰恰体现了国际关系中“首脑外交”的显著优点。

古巴导弹危机的解决使美苏两国从核战争边缘撤了回来，使人类避免了一场浩劫，但更重要的是，两国通过首脑外交解决危机的作法为国家之间面临激烈冲突、遭遇重大危机时，提供了一种有益的、行之有效的处理危机的手段与模式。危机过后，为增强信息沟通，避免不必要的冲突，美苏两国签订协议，建立了“热线”。这为首脑从事外交事务提供了一条新的途径，也进一步增强了首脑外交在危机处理中的作用。随着通讯手段的发展，热线电话已经成为世界各国处理紧急事务的桥梁。与此同时，随着国际格局多极化与世界经济全球化的发展，首脑外交已经为当今大多数国家的政治首脑所接受，而且成为国家交往中一种频繁使用的外交形式。不仅如此，首脑外交从形式到内容都在发生着变化，并日益呈现出公开化、制度化、全球化等新的特点。如今，多边首脑会晤的形式日趋普遍，国家元首和政府首脑之间的互访也更加频繁；经济、社会发展问题逐步成为首脑外交中关注的焦点。

首脑外交在预防、控制核危机中所起的作用并没有减弱，反而还在进一步增强。核安全峰会就是一个典型的案例。面对核材料和核技术被滥用的危险，2009年4月5日，美国总统奥巴马在布拉格演说中，承诺由美国主办一个核安全峰会，该峰会的主旨就是凝聚国际社会共识，加强各国在核安全领域的合作。核安全峰会于2010年4月13日首次召开，47个国家的领导人或代表以及联合国、国际原子能机构和欧盟等国际和地区负责人参加该会议，此后每2年召开一次。

首脑外交就具体的外交活动方式而言，主要包括双边或多边的、正式或非正式的会商与谈判；还可以包括国事访问、友好访问，首脑之间的通信、电报、电话及热线联络，首脑的私人代表、特使在正式外交渠道之外的特殊使命，以及首脑公开的对外政策声明、讲话等。

朝鲜核危机，金正恩与习主席会谈三次，与韩国总统会晤，与美国总统会晤，这些首脑外交为朝核问题的解决发挥了不可替代的作用。

（二）政府外交

政府外交是是解决核危机的主要方式之一，可以使消极的危机氛围转化为积极的常规环境，从而促使危机涉及的相关各方尽快达成一致意见。政府外交成功，就可以避免运用军事手段，从而降低解决核危机的成本和代价。政府外交几乎贯穿核危机的整个过程，其主要形式是外交谈判。一旦核危机发生，危机相关各方的决策者首先想到的就是进行谈判。由于受到各种错综复杂的国际环境和国内政治因素的制约，谈判的当事国总是尽可能选择对自己有利的时机进行谈判，并尽量控制谈判的程序和内容，力争占据对自己有利的谈判地位和营造对自己有利的谈判氛围，从而为本国谋取更多的利益。

几乎任何危机控制手段的最后阶段也都要回到谈判这个重要的环节上。核危机的和平解决通常要签订协议，协议的具体内容就是经过谈判来确定的；即使核危机是通过以军事手段为主的方式来解决，而一旦军事行动结束，危机的相关方最终还是要坐到谈判桌前来商谈具体的相关事宜。

根据核危机卷入的国家的多少，政府外交可能表现为双边外交或多边外交。其中多边外交中往往包含若干个双边外交。朝核危机就曾试图采取多边谈判这一手段来解决。

谈判是政府外交的一个重要环节，是一个斗智斗勇的过程，谈判的谋略与技巧运用得是否正确，不仅对核危机能否成功化解起到关键作用，而且也涉及危机各相关方的利益能否得到维护和实现。在具体的外交实践中，谈判往往需要多个回合，进行多重博弈。采用谈判的手段是基于危机相关各方处理危机的意愿都比较强烈，并且不愿意外来力量介入。通过谈判，它们能加强对彼此所持立场的了解，并在相互沟通中妥协让步，达成共识来约束彼此之间的恶意互动行为，最终促使核危机降级。①

（三）民间外交

民间外交是指在复杂多元的国际社会中，由不具有国家外交正式资格

① 王金辉．试论国际危机管理模式［J］．学习与探索，2009（1）：86.

的法人组织或自然人为本国国家利益、本国官方外交目标或补充官方外交行为不足或为维护世界和平和人类共同利益而主动进行的对外交往或交涉活动。20 世纪 80 年代以来，尤其是冷战结束之后，世界体系发生了深刻的变化，从事国际事务的政治行为主体也发生了历史性的变化，呈现出多元化的趋势，非官方的跨国行为体和非国家行为体在外交中的作用和影响日益增强，特别是民间外交呈现出强劲发展的状态。

民间外交以非政府组织或个人为外交行为主体，因而具有广泛的参与性、高度的稳定性、较低的风险性以及途径的多样性、方法的灵活性等特点。这些特点决定了民间外交在当今的国际事务和国际关系中发挥着越来越重要的作用，主要表现在以下几点：

第一，破解官方外交面临的难题。在经济全球化不断发展的当代世界，国家利益的多元化使各国相互依赖越来越深，国家关系进入了既互相借重又互相制衡、既互相合作又互相竞争的新时期，呈现出即使亲密的伙伴之间也有利益冲突、传统的对手之间也存在利益合作的局面。尤其在国家利益发生激烈冲突的时候，出于稳定国际关系大局的考虑，各个国家大多采取官方外交“斗而不破”的策略，转而借助于民间外交的渠道，利用民间的力量来做一些官方不能做或不便于做的事情，说一些官方不能说或不便于说的话语，既实现了战略目标，又掩盖了政府的作用，巧妙地破解了官方外交面临的难题。

第二，避免外交决策出现重大失误。在现实生活中，主权国家作为最重要的行为体，其外交活动主要通过决策者的决策表现出来。而决策者由于各种因素，包括决策者的认知与个性因素、有限理性因素、决策任务的特性以及信息传递的不对称性等，都会造成决策者产生错误的知觉并进一步做出错误的外交决策，进一步引发矛盾对抗升级，甚至造成双方无法克服的“安全困境”。在这种情况下，民间外交可以充当政府私人代表的角色，投石问路，开诚布公地阐述各自政府的政策意向，交流各自的立场观点，共同审视解决问题和矛盾的各种方案，试探各自政策的可行性和对彼此政策的可接受程度，并将情况迅速反馈到最高决策层，避免政府外交决策出现失误。

第三，有利于各国扩大信任和加强合作。民间外交能够在国家之间开展多层次、多形式的合作与交流渠道，使各国的工商界、文化界以及民间其他阶层开展平等的对话，加强彼此的互相了解，增进友谊，弥补由于意识形态和社会制度不同所造成的理解鸿沟，扩大信任，加强合作。

第四，有利于国家树立良好的国际形象。良好的国家形象是在现时代的国际社会中一个国家所应该具有的良好精神面貌与政治声誉，其本质是国际社会对一国国际行为普遍的评价。要树立良好的国家形象既依靠国家积极承担国际责任和义务，也依靠官方通过公共外交有意识地塑造，更要依靠民间外交“润物细无声”、脚踏实地的不懈努力。在某种程度上，民间外交在塑造国家形象上常能收到出人意料的效果。

在朝核危机中，民间外交发挥了一定作用。1994 年，美国前总统吉米·卡特在朝核危机中成功地进行了斡旋。在美国与朝鲜官方联系中断的时期，卡特以非官方的身份与朝鲜方面接触，及时将美朝双方各自的立场传递给双方，为官方沟通渠道的再次建立做了铺垫，体现出个人调解和斡旋在核危机中的作用。

不过，民间外交的作用相对有限，必须依托其国家的背景和个人威望、能力以及与当事国的关系来发挥作用，否则难以胜任。卡特的成功主要还是借助美国强大的国家实力，同时再结合其在任总统时赢得的威望和本人的外交才能。

（四）第三方干预

第三方干预，作为危机化解的一种主要方法，通常是在冲突双方不愿意协商或是谈判陷入僵局之后，为使冲突双方取得某种形式的进展或者在必要的时间范围内获得进展时而采用的冲突化解方法。

第三方是指两个冲突当事方之外的，并与任何一方均无利害关联，只是试图调解、化解核危机的组织（或个人）。第三方进行有效的核危机控制，必须具备以下条件：公正性，第三方必须是中立的、不偏不倚，不能使用双重标准；可接受性，危机当事方有接受第三方介入的意愿，能够认可和尊重第三方的干预；具备一定的沟通能力和技巧，以及成功化解危机的经历。

核危机干预的第三方主要包括国际组织和主权国家。国际组织是国家关系体系中重要的行为主体。对于严重威胁国际社会和地区安全的核危机，联合国、欧盟等国际组织常常会以第三方的身份参与调解，并且在核危机的解决中起着越来越重要的作用。在历次国际核危机中，以联合国为代表的国际组织始终呼吁核危机各方保持克制，政治解决核危机，为和平解决制造国际舆论压力。在伊朗核危机的解决进程中，活跃着欧盟积极斡旋的身影。其次，主权国家是当今国际舞台上最活跃的主角，特别是大国和强国，是国际关系现存体制的受益者和游戏规则的制定者，在面临核危机这样的重大危机时，出于维护自身利益和体现大国责任的考虑，往往积极地投身于核危机的调解之中。此外，核危机事发区域周边的国家也会出于维护地区安全的责任和对自身安全利益的考虑参与到核危机的管理中，在核危机的解决过程中发挥积极主动的作用，努力促成核危机的和平解决。① 国家的作用要视国家的实力、干预的意愿和被危机各方接受的程度而定，这三项因素都很重要，共同决定管理效果。如果一个国家的实力强大，干预的欲望强烈且又能被危机各方广为接受，则该国常常能成功化解危机；而实力弱小、干预欲望不强，被危机各方接受的可能性就小，该国在解决国际危机中的作用就要大打折扣。

在伊朗核危机中，中国积极参与，扮演了极为重要的牵线人和协调人的角色，发挥着第三方的重要作用。1991 年底苏联解体，其境内的少数加盟共和国都保留有核武器，主要集中在俄罗斯、乌克兰、哈萨克斯坦和白俄罗斯四国，世界突然增加了三个核国家。国际社会特别是美国对独联体境内的这些核武器的安全和最终命运是忧心忡忡。美国的干预最终促使乌克兰、哈萨克斯坦和白俄罗斯三国放弃了其境内的核武器，成功化解了核危机。② 由于国际社会的积极介入，南亚核危机才多次化险为夷，危而不破，来自于国际社会的第三方干预在南亚核危机的解决过程中，起到了关键作用。

第三方干预的主要形式包括斡旋、调停、仲裁等。斡旋是指通过中立的、得到争端各方信任的机构或组织改进沟通渠道，澄清问题，收集事实，促进各方和解。调解不仅谋求澄清问题和促进各方的沟通，而且还谋求提出可能的解决办法。仲裁是指冲突各方同意第三方就它们的争端提出有约束力的解决办法。这样的方式并不是一种流行的方式，因为国家通常

---

① 程晓勇．论国际核危机的第三方管理［J］．云南社会科学，2012（5）：64.

② 陈先才．国际核危机管理模式之比较分析［J］．国际论坛，2007（9）：48.

不愿意由第三方决定它们至关重要的国家利益。在核危机化解第三方干预中，究竟选择何种具体方法，取决于冲突所处的不同阶段及其特定情境，只有用得其所，才能充分发挥其效力。

二、政治手段

政治手段是指核危机当事各方在核危机发展过程中运用国内外政治资源，为核危机朝着对己方有利方向发展所采取的各种措施。政治手段是核危机控制中必不可少的手段。使用政治手段的主要目的是，一方面从心理上给对方造成压力，另一方面宣传和维持自己的正义形象，而贬斥对方的不正义性。充分利用各种政治手段，可为有效控制和正确应对核危机创造良好的环境氛围。同时，积极开展政治活动还有利于搞清核危机发生的根本原因、双方的利益需求、矛盾的症结所在、解决核危机的途径和方法等。

（一）舆论宣传

舆论宣传是以人的思想意识为目标，通过物质技术手段或各种信息媒介，从政治上、精神上巩固加强己方，分化瓦解敌方，争取中间力量，为夺取胜利营造“有利于我，不利于敌”的主动态势，是斗争各方在政治、精神领域的对抗活动。其任务主要是面向国内外公众，通过媒体传播和宣传造势，把己方的政治主张和精神意志有效地传播出去，营造有利的舆论环境。

抢占先机至关重要。根据心理学的注意理论、首因效应、晕轮效应、投射效应等，“人们首次接受的信息，往往对其后来关于事物的认知和行为具有较大的影响力，产生先入为主、不易改变的持久性作用”。该手段就是要始终把握舆论斗争的先机，正确分析和科学预测舆情的发展变化，对危机各阶段的重要行动、民众关注的重大事件和可能被敌利用的敏感问题，“坚持先敌而动，先发制人，快速反应，夺取和保持舆论主导权”。

在核危机控制中，为了先声夺人，先入为主，还可做到以下几点：一是及时向联合国安理会通报核危机情况，表明本国政府对核危机的看法和处理危机的原则立场，赢得联合国的同情和支持，并争取在联合国框架内解决危机，为赢得国际社会的同情和支持创造有利条件。二是率先公开发表政治声明，向国际社会表明己方对核危机的看法和处理危机的原则立场。要通过声明，揭露对方的企图，使国际社会明确危机发生的真正原因和复杂背景，以赢得政治上的主动；从维护国家利益出发，表明在重大原则问题上决不让步、与敌斗争到底的决心和信心；向对方晓以利害，指出其铤而走险、执迷不悟的巨大危险。同时，还要着眼大局，态度真诚，向对方传达和平解决核危机的愿望和诚意。总之，声明要简明扼要，切中要害，软硬兼施，留有余地。①

对掌控危机的首脑和关键人物严厉贬斥或丑化，对敌违反公理和人道的典型事件深刻揭露剖析，削弱敌统治指挥权威和军心士气。“抨击要害”是“重点突破”的前提和条件。历史告诉我们，危机中的敌对双方，特别是居于强势的一方，往往会利用舆论力量制造许多假舆论以欺骗误导对方和公众。

在伊朗核危机中，美伊双方互相借媒体丑化对方的国际形象。布什政府随着伊核计划的推进，对伊朗的界定不断升级，先是“邪恶轴心”，后是“暴政前哨”和“支持恐怖主义的国家”。小布什在离任之际出台的2008年《国防战略报告》中仍将伊朗视为“威胁国际秩序的流氓国家”，强硬指责伊朗的铀浓缩活动对世界而言是“严重的挑战”。奥巴马总统在当选后首次会见记者时要求伊朗停止对恐怖组织的支持。这说明奥巴马政府对伊朗的界定仍然是“支持恐怖主义的国家”。② 伊朗总统内贾德称美国是“大撒旦”，说美国的中东政策居心叵测。

在朝鲜核危机中，美国也多次对外宣称朝鲜是“邪恶轴心”，是个“无赖国家”。2013年4月4日，黑客当天攻击了朝鲜官方发布朝鲜国家媒体新闻和宣传内容的网站“民族团结网”及其在“推特”和图片分享网站Flickr上的账户，上传了丑化朝鲜领导人金正恩的照片。2017年9月在联大会议上，美国总统称金正恩为“火箭人”。朝鲜外相李勇浩称，特朗普是把手指放在“核按钮”上，“狂妄自大、自以为是的精神错乱者”。

---

① 徐昕，程晓东．军事危机控制行动与方法问题研究［J］．国防，2007（9）：27.

② 单维艳．美国和伊朗核问题［D］．华东师范大学，2009：28.

实施恐吓。2016 年 3 月 22 日，朝鲜网站“民族团结网”出现了打击青瓦台的视频，3 月 26 日，朝鲜发布一段 4 分钟的宣传视频，题为“最后的机会”，内容显示的是潜射核导弹摧毁华盛顿的情景，视频最后的画面是美国国旗在烈焰中燃烧。4 月 6 日，朝鲜外宣网站“朝鲜今日”在官网上传题为“如果不回应最后通牒”的视频，在这段视频中，朝军用远程火炮等重武器“袭击”韩国总统府青瓦台、首尔政府办公大楼、驻韩美军、国家情报院等。在短短半个月内，朝鲜一再威胁要打击首尔和华盛顿，这种集中造势主要是对 2016 年 3 月初开始的韩美军事演习的回应。

（二）政治渗透

政治渗透，即通过新闻媒体、人际交往、组织传播等方式，将己方的意识形态，政治理念和文化价值等，以隐蔽的方式逐步扩散到对方国家内部，或将对方国家情报秘密窃取出来，从而影响政治稳定，动摇政治基础，并为最终实现对该国政治的全面控制创造条件。政治渗透包括以下几个方面：

一是意识形态渗透。以往意识形态领域斗争主要通过广播、电视、书刊等大众传播媒介，方式就是宣传对抗。而网络在全球的普及以及在传媒系统中的重要性不断提升，使其成为意识形态渗透的不断上升的对抗阵地。

二是文化传统渗透。文化是维系民族团结和社会稳定的重要基础。冷战后，美国学者亨廷顿提出了“文明冲突论”，提出“在新的世界，文化认同是一个国家结盟或对抗的主要因素”。“文明冲突论”本身“就是亨廷顿为美国构建的一种意识形态策略，是一种国策性的意识形态文本”，其实质是为其进行文化渗透张目。

三是价值理念渗透。价值理念是一个国家、一个民族在发展历程中形成的相对稳定的一种对社会的基本看法。现代社会，各种媒体加快了各民族的思想文化交流，促进了不同民族间的价值观的碰撞交织，促进了人类社会的发展。伊朗核危机中，美国通过资助广播、电视、网络等媒体语言波斯化，向伊朗人民灌输美式民主价值观，企图以此动摇伊朗现政府的舆论基础。2003 年 7 月美国参议院通过一项“伊朗民主法案”，决定加强资助对伊朗的无线电和电视广播，“使伊朗人民能够和平地改变他们的政府”。2003年，美国启动“美国之音”波斯语电视新闻节目，通过卫星从华盛顿直接向伊朗24小时不断播放，企图扩大伊朗国内反动派人士同执政者之间的裂痕。2006年“赖斯又要求美国国会追加7500万美元的‘倒伊费’，其中5500万美元分配给波斯语电台和网站建设。”在美国的宣传下，内贾德总统2006年11月访问位于德黑兰的阿米尔卡比尔大学时，有大学生高喊“打倒独裁!”甚至有些大学生公开焚烧其画像。①

四是势力渗透。（1）拉拢、培养亲己方政治势力。在应对伊朗核危机、伊拉克核危机和利比亚核危机过程中，美国都曾在这些国家内部培养了一部分亲美势力；（2）支持反政府主义组织，通过代理人战争破坏对方政局稳定，以颠覆对方现政权。代理人战争借用了法律中的代理人概念，是指一国为实现特定地缘政治目标，借助代理人来展开的战争。在代理人战争中，代理人直接参战并承担战争责任，被代理人即战争的实际发动者躲在幕后操控战争进程。（3）直接政治干预。“颜色革命”中，美国打着民主的旗号，对中亚国家进行政治渗透，并在大选中推波助澜，建立亲美政权，还为反对派提供情报、技术、法律和人力上的支持等等。

美国在处理伊朗核危机过程中就使用过这一手段。为了配合特种部队和情报人员在伊朗执行秘密活动，美军招募了一批伊朗反对派人士为其服务，由其完成美军难以实现的任务。活动在伊拉克境内的“人民圣战者组织”就曾被美军利用过，而该组织曾在萨达姆支持下开展活动，以推翻当时的伊朗政府为宗旨，当时美国还一度将其界定为恐怖组织。2004年8月，美国将该组织从恐怖组织名单中删除，并将其收归旗下使用。

三、经济手段

经济手段是指在核危机发展过程中经济实力较强的当事方对经济实力较弱的当事方所采取的经济制裁或经济援助的方式。通过向经济实力较弱的当事方施以压力或恩惠，最终促使其妥协，从而达到解决核危机的目的。经济手段是核危机控制中的一种辅助手段，但有时也会成为影响核危

① 闫文虎．美国应对伊朗核危机的战略与措施．国际资料信息，2008（6）：3.

机控制目标的主要手段。使用经济手段的时机一般来说，不是在核危机爆发之初，而在政治和外手段达不成目标时，才辅之以经济手段。

（一）经济制裁

经济制裁指由主权国家或国际组织发起的出于寻求制裁国政治行为变化而进行的贸易、金融等限制性行为。主权国家或政府间国际组织是经济制裁的主体。虽然某些跨国公司、非政府组织参与到经济制裁中，但是他们只是国家行为体实施制裁的工具。经济制裁的客体是主权国家。

经济制裁是通过降低全社会的总体经济福利的方式来寻求达到政治目的。经济福利的降低是达到经济制裁目的的前提，无论制裁最终是否成功，经济制裁都造成制裁目标国总体经济福利一定程度的损失。首先，直接增加经济成本。经济制裁改变了市场自发调节的供求关系，经贸关系面临重新调整。这种调整需要付出时间和经济成本。成本增加的程度往往取决于制裁双方的市场力量。进口方面，目标国必须进行替代生产或寻找新供应商。替代生产需要一定周期，且替代产品比市场自然配置所产生的成本更高。金融方面，目标国转账交易业务为规避制裁限制，需要付出时间和转账成本的代价。美国对伊朗进行金融制裁，伊朗决定弃用美元作为结算方式，转向欧元、人民币等货币结算，这增加了汇兑的成本。其次，间接影响经济运行。经济制裁不仅直接影响目标国贸易，同时也对宏观经济造成冲击。经济制裁造成资金外流，引发资本短缺。经济制裁更会打击市场信心，影响投资者对经济体未来预期。部分经济制裁的间接损失影响周期更长，作用范围更大，其造成的损失甚至超过直接损失。

经济制裁可以是全面经济制裁，也可以是定向经济制裁。全面制裁阻止与目标国所有商品和产品的来往，制裁对象具有非选择性，涉及目标国所有群体甚至包括平民。定向经济制裁，只针对目标国确定的制裁对象进行限制，这一类经济制裁往往开列一个目标名单，以确保制裁的精确性。

制裁的主要内容包括：（1）贸易制裁。发起国对目标国进出口的商品进行限制。具体措施包括：颁发针对目标国的限制性进口执照，从严管理、限制对目标国的技术进口和转让，对目标国进行全面禁运，限制、取消或暂停目标国贸易投资协定或大型工程，把目标国人员、机构列入黑名单，停止劳务贸易，拒绝目标国劳务人员入境。（2）金融制裁。措施包括：冻结、没收目标国公私资产，控制或禁止与目标国进行国际支付、转移支付或资金流动，拒绝为目标国提供资金或进行融资、担保。减少或取消经济援助。（3）交通制裁。措施包括：禁止到某一地区旅行，对某一航线禁止飞行或对一国航空公司禁止飞行，对个人实施禁止出境。

朝鲜核问题相关经济制裁始于2006年。联合国和美国是对朝经济制裁的主要行为体。欧盟、韩国、日本也参与了相关制裁。联合国对朝制裁是基于朝鲜核计划以及弹道导弹计划。美方制裁除核计划、导弹试射还包括朝鲜人权问题。但各方经济制裁的核心议题还是核武器问题。从经济制裁的效果来看，国际经济制裁导致朝鲜外汇紧缺，加深了朝鲜的能源危机和粮食危机。

伊朗核问题经济制裁主要行为体包括联合国、美国和欧盟。2002年，伊核问题爆发以后，美国出台了10条行政命令，30项联邦公告，对伊朗实行更加全面的制裁。联合国安理会2006年通过1737号决议开始对伊朗进行制裁。欧盟也在联合国制裁伊朗决议通过后采取相应的制裁措施。美国对伊朗制裁完全超越联合国的制裁范围，以石油贸易和金融为核心，试图全面抑制伊朗经济。对伊朗制裁，给伊朗造成严重的打击，自从2012年以来，因制裁伊朗已造成超过1000亿美元的资产。①

经济制裁的优点是非暴力性，效果较为显著，缺点是由于它需要的时间较长，施压方可能缺乏足够的耐心与毅力。近几十年来，美国曾对伊朗实施经济制裁、策划国际社会孤立伊朗和将伊朗排斥在世界贸易组织之外等种种措施。但这些战略都没能真正推动美国实现对伊政策的核心目标。这对美国的耐心和毅力是一种考验。

（二）经济援助

经济援助是指在国际社会当中，一个行为体向另一个行为体提供资金、物资、人员、技术和信息等经济资源的转让，以帮助受援方实现经济、社会发展以及自然环境的改善，或达到援助方自身特定目的的行为。经济援助的具体形式主要有资金援助、技术援助、粮食援助、能源援助和

---

① 张贵洪．联合国与际法治．北京：时事出版社，2016.10：137.

债务减免等类型。

经济援助主要用于以下领域：

一是为核武器转移、销毁提供资金与技术，避免非核国家拥有核武器。苏联解体后，乌克兰、哈萨克斯坦和白俄罗斯三国都部署有核武器，为了销毁和撤出三个国家中的核武器，美国为三国提供了资金与技术援助。

二是为核设施去武器功能化提供资金与技术。根据 1994 年 10 月达成的《美朝核框架协议》，美国将牵头建立朝鲜半岛能源开发组织，尽可能早地向朝鲜提供 40 亿美元的援助，帮助建造总装机容量为 2000 兆瓦的两座轻水反应堆发电厂，以解决朝鲜的电力短缺问题。另外，美国还将在轻水反应堆建成之前每年向朝鲜提供 50 万吨重油。在美国的推动下，1995 年 3 月 9 日，朝鲜半岛能源开发组织（KEDO）成立，行政费用主要由美韩两国提供。至 2003 年底 KEDO 中止，在落实《美朝核框架协议》进程中，美国政府共通过 KEDO 向朝鲜提供了价值 4 亿多美元的能源援助。这些经费被主要用来建造 2 座轻水反应堆、提供 50 万吨重油和支付 KEDO 的行政费用。在 KEDO 对朝援助项目中，美国提供了 3/4 的重油援助，是仅次于韩国和日本的第三大出资国。

三是为核危机当事国提供人道主义援助，主要包括粮食、能源等。在 1996 年到 2002 年期间，美国共向朝鲜援助了 190 多万吨、价值 6 亿多美元左右的食品。这些食品的种类主要包括大米、玉米、小麦和肉类等。美国对朝鲜的食品援助主要通过联合国世界食品援助项目负责在朝鲜进行分配的。尽管美国政府一直声称对朝鲜的食品援助仅仅是美国对朝鲜的人道主义援助，与安全事务无关，但是实际上，这些食品援助的动因虽然也有人道主义的契机因素，更多地是出于双方交易的需要。美国一直都在借朝鲜发生食品短缺的机会，利用食品作为武器，鼓励朝鲜参加各种对话，在各种安全事务上同美国及国际社会进行合作。稳定朝鲜半岛局势和防止朝鲜发展核武器才是美国对朝鲜食品援助的主要目的。

四、军事手段

军事手段是指在核危机发展过程中当事各方采取军事措施对核危机加

以控制的方式，是控制核危机的重要手段。这是核危机控制过程中最具影响和破坏性的手段。实践表明，核危机控制单纯依靠外交与政治手段有时是软弱的，需要军事力量的支持。但武力是把双刃剑，既可能促使危机尽快结束，也可能使局势进一步恶化。军事手段是一种暴力方式，一般是在其他手段达不成目标时，或矛盾激化到不可调节时才考虑使用。使用军事手段时必须慎之而慎，使用军事手段可能会解决核危机，但也可能带来其他附加影响，如地区冲突、难民等。军事手段主要包括军事威慑、军事封锁和军事打击等方式。

（一）军事威慑

威慑的基本含义是以实力、特别是以武力为后盾，对另一方面施加压力，阻止对方采取某些敌对行动，进而求得不战或以较低的代价达成政治目的。在国际关系中，军事威慑经常与核危机相伴随，它不仅是国际关系的一种现象，同时也是核危机发生时诉诸管理的一个重要手段。军事威慑的目的“就是让对手相信，它为采取某种行动而付出的代价或所冒的风险会大于其收益”。[①] 也就是说，一方采取有效方式给对方施加影响，使对方相信自己将对其采取惩罚性措施，迫使对方放弃某种对自己不利的行为。在核危机较量中，军事威慑若能发挥作用，需要威慑主体客观、正确地评估自己的对手，特别是要让对手能正确了解自己的威胁和意图，否则威慑难以奏效。

实施军事威慑必须具备三个要素：有相应的军事实力、有使用力量的决心和艺术、使被威慑者相信。实力是威慑的物质基础，只有具备实实在在的实战能力和做好实战准备，才能收到威慑的效果。为应对朝鲜的核武器，美国在关岛增派兵力和武器，在韩国部署“萨德”系统。美国加紧针对伊朗的军事部署，并不时作出威慑之举。首先，美国力图构筑一个环海湾地区的导弹防御网，以防备来自伊朗的导弹威胁。2010 年 1 月 22 日，美军中央司令部司令彼得雷乌斯在华盛顿公开表示，伊朗已被海湾地区“另外一边的国家”视为非常严重的威胁，美军将在海湾四国（卡塔尔、

---

① Alexander L. George and Richard Smoke，Deterrence in American Foreign Policy，Theory and Practice［M］. New York，Columbia University Press，1974：11.

阿联酋、巴林和科威特）部署导弹防御系统。

有了威慑的力量，如不同时具备使用力量的决心和艺术，仍不足以产生使人畏惧的威力，实力和使用力量的决心与艺术的有机结合，是达成有效威慑的基本要求。

此外，还必须采取积极有效的信息传递措施，使被威慑的一方确信己方的实力和使用力量的决心与艺术，待其心理压力达到一定程度时，才能获得相应的威慑效果。信息传递形式主要包括演习、试验、阅兵和宣传等。在伊朗核危机中，2006 年 10 月 29 日，美国、英国、法国、意大利、澳大利亚和巴林六国海军在巴林附近的国际水域举行联合演习。在朝鲜核危机中，美韩加大军事演习，对朝持续施压。自 1953 年朝鲜半岛停战以来，韩美两国军队每年都要举行大规模联合军演，包括春季的“关键决断”“秃鹫”联合军演和夏季的“乙支自由卫士”演习。通过阅兵显示政权稳定，展示先进武器装备和自身力量，对对手形成一定威慑。

军事威慑要达到的目的是迫使对方接受所有条件，他们必然会综合分析利弊得失，如果威慑目标定得太高，超出了其可能容忍的程度，威慑必然会失效，会促使其选择武力对抗，最终还是会导致战争。因而，必须从维护和平与稳定的国家利益出发，根据预定的方案、对方的立场以及全局斗争形势，适时调整对敌策略，选择、确定合理可行的“平衡点”，实施有理、有利、有节的军事威慑，赢得最佳战略效益。

（二）军事封锁

军事封锁是指一国或数国以武力割断某一国的对外联系的措施。在核危机控制中，军事封锁主要达到以下几个目的：一是阻断核武器相关的材料和设备进入核危机当事国；二是阻止核危机当事国运输、部署核武器；三是阻止邻近的核危机当事难民涌入。军事封锁根据空间分为陆上封锁、海上封锁和空中封锁。

陆上封锁，是以军事或行政手段断绝边境地区同境内外各种联系的行动，阻止核危机当事国与外界的核交往。陆上封锁一般发生在核危机当事国与控制国在陆地接壤。陆上封锁的对象主要包括：核武器、核材料、核设备；从事核武器相关的人员进出核危机当事国；私下进行核活动的组织和人员；因核危机伺机入境的难民。

海上封锁，是指核危机控制方控制特定海区或海上通道，隔绝核危机当事国核武器、核材料以及相关武器力量进出的军事行动。海上封锁主要包括障碍封锁、兵力封锁等两种形式。在古巴导弹危机中，美国主要采用了兵力封锁的形式。为阻止苏军向古巴运输进攻性武器，美军共动用240艘作战舰船，8艘航空母舰和386架作战飞机，封锁了尤卡坦海峡、佛罗里达海峡和向风海峡等进入古巴的所有通道。海上封锁线长达5000海里，形成了2个半径约500海里的包围圈。最终达到了威慑封锁的目的，迫使苏联做出让步。

空中封锁，是指在空中建立“禁飞区”或“空中保护区”，阻止核武器及相关武器进入。近年来，空中封锁受到了军事强国的普遍重视，成为经常使用的一种军事斗争手段。近几年，美、英、法等为达成其战略目的，在伊拉克南部和北部建立了“禁飞区”和“空中保护区”，禁止伊拉克的飞机和地面军事力量进入该地区，成功地进行了立体封锁。北约空军在波黑地区塞尔维亚族军事力量控制区上空建立的“禁飞区”。空中封锁不以消灭敌方有生力量为主要目标，军事斗争强度较低，附带伤亡少，对社会造成的战争创伤小。

军事封锁作为一种军事行动，国际社会存有两种观点，一种认为“可以用平时封锁解决政治性质的以及法律性质的国际争端”；另一种则认为，“平时封锁是一种超法律的行为。”《联合国宪章》规定，在国家关系上“使用威胁或武力”为非法。因此，美国在古巴导弹危机的海上封锁中，避免使用“封锁”而冠以“海上隔离”的名义达到其封锁目的。

（三）军事打击

军事打击，是指运用兵力和火力，打击核危机当事国的重要人物、核设施，以达到快速化解核危机的目的。在核危机控制中，军事打击的针对性强，规模小，避免危机升级，以较小的军事行动达到战略目的。军事打击的形式主要包括斩首行动和定点清除。

斩首行动，即在核危机中，出其不意地直取对方首领人物或首脑机关。“斩首行动”的概念最早是在第一次世界大战后期，由英国军事理论家约翰·富勒提出。富勒认为，应当对敌方的指挥系统进行“瘫痪攻击”式的重点打击，这也是“斩首行动”的最初意旨。其主要意图有：一是瘫痪敌政府的军事指挥能力，使领导层“耳聋”“目瞎”，变为“哑巴”；二是恐吓敌领导人，迫使其早日就范；三是削弱敌政府的政治控制能力，为推翻敌政府创造条件；四是争取从肉体上消灭敌军首领人物。从实际运用“斩首战术”来看，“斩首行动”还可在敌领导层内部制造混乱，使敌政权“群龙无首”，加速敌政府垮台，以达成速战速决的目的。

在朝核危机中，美韩一再显示了对朝鲜斩首的意图。2016 年上半年，美韩在朝鲜半岛举行迄今最大规模的名为“关键决断”和“鹞鹰”的联合军演，其中就包括“斩首”内容。而韩国更是组建了对朝斩首部队。《朝鲜日报》2017 年 1 月 5 日报道，韩国国防部向代总统文在寅做了《2017 年度工作计划报告》。报告中提到，将在 2017 年创立能在紧急情况下消灭朝鲜战争指挥部的特殊任务旅，比原计划提前了两年。自韩军高层提出成立斩首行动部队计划后，在驻韩美军大力帮助下，韩军快速增强了用于斩首行动的设备、兵力。2017 年 7 月，在国防科学研究所安兴试验场进行定向红外对抗系统（DIRCM）试验取得成功，意味着韩军特种部队拥有了实施斩首行动等作战时使用的核心装备。2017 年 12 月 1 日下午，韩国国防部高调宣布，在朝鲜导弹威胁日益加剧的情况下，韩军于当天下午举行对朝斩首行动特殊任务旅部队成立仪式。这使得韩国军方在年初即公开透露的对朝斩首部队如期成立。韩国军方宣称，由于朝鲜核导使用权限在于最高领袖，因此面对敌军核导威胁，铲除敌军指挥部或为最根本之策。韩国媒体引用军方人士的话，直言不讳地表示，该斩首行动特种旅将在军情告急时，直捣平壤消灭握有核按钮的劳动党委员长金正恩及朝军首脑机关。

定点清除，是指使用精确制导武器或特种力量清除当事国的核设施。定点清除的目标是当事国的核设施，如核反应堆、铀浓缩工厂、核废料再加工厂等，清除这些设施后，可以摧毁当事国核发展核武器的物质基础。定点清除使用的兵力火力规模较小，避免事态扩大，从危机变成冲突，达到见好就收的目的。定点清除在兵力运用上主要采取精确制导武器或特种作战力量。

在伊拉克核危机中，以色列两次空袭伊拉克核设施运用了定点清除的手段。在 1979 年 4 月的“斯芬克斯行动”突袭中，在伊拉克核计划中起核心作用的 Tammuz－1 核反应堆被严重破坏，让伊拉克核计划至少倒退 2 年的时间。在法国援建团的帮助下，核反应堆得到修复。为此，以色列又于1981年6月发起了针对Tammuz－1的“巴比伦行动”。而这一次攻击轰炸完全摧毁了这个反应堆的核心并让整个反应堆的功能严重下降。从伊拉克核危机控制之路可以看出，如果没有以色列对伊拉克核反应堆发动的2次空袭，伊拉克核危机的解决将是未知之数，至少将推迟解决。

第三节　核危机控制手段的运用

核危机控制手段多种多样，不同的手段其运用时机、方式和要求都有所不同。只有在合适的时机，采用合适的方式，合理的运用，才能最大限度地发挥核危机控制手段的作用。

一、运用时机

核危机控制手段的运用时机主要有全程运用、阶段性运用、临机运用等几种情况。

全程运用。指核危机控制手段在核危机潜伏、爆发、持续和化解全过程发挥作用。外交谈判是典型的全程运用的核危机控制手段。外交谈判几乎贯穿核危机的整个过程。一旦核危机发生，危机相关各方的决策者首先想到的就是进行外交谈判。而且，几乎任何危机控制手段的最后阶段也都要回到谈判这个重要的环节上。第三方干预、舆论宣传、政策调整等手段也可能全程运用。

阶段性运用。指核危机控制手段在核危机的某一个阶段或某几个阶段发挥作用。大部分核危机控制手段都是阶段性运用。尤以军事手段为典型。军事手段是一种暴力方式，一般是在其他手段达不成目标时，或矛盾激化到不可调节时才考虑使用。使用军事手段时必须慎之而慎。再如，经济手段一般不是在核危机爆发之初运用，而是在政治和外交手段达不成目标时才辅之以运用。

临机运用。在一些复杂的核危机中，危机发展瞬息万变，留给决策者的决策时间并不是很充裕，这时就要求决策者审时度势，根据危机的具体演变过程和危机的发展程度，随机应变，灵活运用各种核危机控制手段。

二、运用方式

核危机控制手段的运用方式一般有单一运用和组合运用两种方式。

单一运用。即在处理核危机的过程中，单纯采用某一种手段。不过这种情况比较少，仅在简单的核危机中会采用单一运用的方式来控制核危机。例如，在处理伊拉克核危机中，以色列就仅采用了定点清除这一种军事手段。

组合运用。即在处理核危机的过程中，综合采用多种手段。又分为以下两种情况：一是以某种手段为主，其他手段为辅，并且交互使用多种方式来控制危机；二是多种手段并重，互相配合，形成合力。具体的组合运用方式需要决策者根据情况作出灵活反应。在复杂的核危机中，一般都会采用组合运用的方式来控制核危机。在古巴导弹危机、伊朗核危机和朝鲜核危机等这些复杂的核危机中，各当事方都综合运用了外交、政治、经济和军事等多种手段。

三、运用要求

只有合理地运用核危机控制手段，才能充分发挥其作用。在运用核危机控制手段时，应注意以下几点要求。

（一）正确认识对方

危机行为研究表明，怀有敌意的双方易于将对手的一切行为都视为精心筹划和蓄谋已久的政策，或者将具体争端放大为国与国之间争端的一部分，陷入“阴谋论”的怪圈，从而使各种矛盾纠缠不清，对对手发出的善意信号和和平解决危机的机遇视而不见，积重难返，导致非理性行为。为了和平解决危机，危机管理者既要认清对手的根本意图和长远政策目标，又要避免将当前的冲突与历史问题纠缠在一起，并应有意将大的复杂争端分解成易于处理的小问题。当核心价值面临威胁或涉及根本利益时，分解争端将十分困难，但即便如此，也应尽力根据危机本身的性质，正确理解和判断对手在危机时刻的政策目标和危机行为。既要实时查明当前的危机是否是更大阴谋的一部分，又要防止因误判或误解对手意图而陷入“阴谋论”的误区。避免陷入“阴谋论”的一条有效途径，是进行“换位思考”，即假设自己处在对手的环境和立场将如何做出反应，从而正确判断对手的意图及其面临的制约因素，进而获得对对手的正确心理认知，做出适当反应。

（二）严格控制军事手段

军事手段与外交手段密切配合是危机管理的重要原则之一，但军事行动的逻辑必须服从政治需要，最高决策者必须保持对军事行动的严格控制。亚历山大·乔治在《避免战争》一书中，就此提出了六项行为准则：（1）每一方的政府都必须保持对警戒、部署、低水平的机动以及这些行动的时机和方式等军事选择的有效控制；（2）应有意减缓军事行动的速度和节奏，从而为双方提供足够的时间交换外交信号和沟通，使各方有足够的时间对形势进行评估、决策和反应；（3）为了防止战争或危机升级到更高的暴力阶段，在可接受的条件下结束危机，军事行动必须按照总体政策的要求与外交行动密切配合；（4）为了向对手显示自己的决心而实施的部队机动或武力威胁行为，一定与有限的外交目标保持协调一致；（5）实施部队机动或发出军事威胁时，要避免给对手造成大规模战争即将来临的印象，从而防止其发动先发制人的进攻；（6）外交——军事选择应该着眼于向对手发出明确的信号，表明己方有意通过谈判解决问题，而不是要寻求军事解决①。

一是武力使用必须克制。核危机控制活动中，为了达成一定的政治目标，适当施加军事压力是必要的，但是武力的运用不是无限制的，军事压力也不是越大越好。在迫不得已必须施加军事压力的情况下，武力的使用也必须控制在一定的限度，要做到最大程度的克制。因为，使用武力的最终目的，并不是要以武力解决问题，而是要通过适当的施加军事压力，使核危机当事方做出适当的让步，特别是在某个当事方无理取闹，提出不合实际的要求或采取过激行为，以达到漫天要价的目的时，事件相对方采取

① Alexander L. George, ed., Avoiding War, 1991: 25 - 26. .

适当军事行动，施加压力以扭转不利核危机控制的被动形势，使危机控制回归到理性和正确的轨道上来。基于此，把握好武力运用的度是十分必要的。如果对武力使用不加约束，不加限制，就会适得其反。不但不能达到改变对方态度的目的，反而可能使对方产生误判，变本加厉，孤注一掷地将核危机引向不可控制的地步，从而不能实现军事施压的本来目的与愿望。导致危机的升级。

二是武力使用必须适时。在核危机控制中，武力的使用，除了要做到克制、约束、有度之外，还应当注意把握好武力运用的时机。武力的运用，军事压力的实施，必须与政治、外交手段相配合。一方面，要通过各种外交沟通过渠道，与武力使用对象行为体保持接触，使用对方对可能承受的军事压力有一定的心理准备，以防止其误判武力施压的企图，采取狗急跳墙的盲目之举。特别是要通过接触与劝导，掌握对方的心理变化，根据这种变化，在恰当的时机采取恰当的施压力度，才能取得最好的效果。另一方面，采取武力施压，要在政治上取得优势后进行，特别是要首先争取核危机控制相关国际行为主体的广泛认同，在道德和法律上取得优势。这样的条件下，武力的使用才能有政治上的依托，有国际道德和法律的依据，才能出师有名，言之有理，行之有效。

（三）保持选择的灵活性

保持选择的灵活性是危机双方寻求利益交汇点，通过和平手段解决危机的重要条件之一。为此，决策者应交替运用外交、经济和军事手段，尽力采取灵活、局部、对等和逐步升级的反应方式。保持多种选择和给对手留有一定的反应时间，有助于缓解危机压力，使对手有机会做出适当的选择和回应。在第二次朝核危机博弈过程中，中国为维护朝鲜半岛的和平稳定，实现半岛无核化目标，力主通过和平方式解决问题，多次鲜明反对美国采取容易激化矛盾导致局势升级的立场和行为。但是当朝鲜不顾国际社会的再三“提醒”仍然继续进行核试验之后，中国也适度调整了原有立场，在制裁决议表决中投了赞成票。外交部对此事件表态时，绝少出现的“悍然”一词出现在发言人的文稿中。之所以如此，中方就是想针对不同的形势情况，采取不同的手段来达成既有目标。

（四）保持沟通畅通

笼统模糊的言行极易增加对手的猜疑，而具体明确的建议则有利于表明诚意，引发对手的善意回应。危机时期往往是双方相互猜疑、极端不信任的高峰期。对立双方的冲突和敌意越多，对对手的言行和信号做出恶意解释的可能性就越大。为了消除或减少因上述原因带来的误解和误判，一方面要通过多种渠道对所得到的大量信息或对手发出的信号加以印证、核实，做到去粗取精、去伪存真，正确判断和把握对手意图；另一方面要尽可能直接与对手保持联络，特别是与对手保持有权威且不受国内政治干扰的通信联络，向对手传递明确无误的信息。同平时与潜在的危机对手建立可信赖的、官方和非官方的联络渠道，是保持危机时期信息畅通、防止发生误判的重要手段。

（五）寻求国际国内支持

在信息化迅猛发展的后冷战时代，外交的透明化程度日益提高，如何经得住“现场直播”的考验，赢得国际社会和国内公众的支持，越来越成为决策者在危机期间无法回避的重要问题。因此，在采取重大行动之前，应尽量争取国内外舆论、公众的支持和国际社会的理解，抢占“法理和道德制高点”，通过援引适当的国际法条文或普遍接受的国际行为准则，使己方的行为合法化。还可以通过热线联络、派遣特使等方式通报情况，借助传媒和访谈等多种途径，解释、宣传己方行为的意义。海湾危机期间，布什总统几乎每天都与数位外国领导人直接通话，商讨允许美军进驻海湾、组建多国联盟和争取联合国授权使用武力等问题，并因此被其顾问们戏称为“疯狂的拨号员”。贝克国务卿的“穿梭外交”，对于安理会成员国通过678号决议，亦发挥了至关重要的作用。

第七章
核危机控制中的国际组织和大国

核危机不仅严重威胁当事国的安全，也对整个国际社会的安全与稳定提出了严峻挑战。因此，核危机绝不仅仅是当事国的事情，世界大国和地区强国，以及国际组织和地区组织都对核危机投入了非同寻常的关注，这些核危机当事国以外的国家或国际组织也会以各种方式参与核危机控制。

第一节　核危机控制中的国际组织

国际组织是国家关系体系中重要的行为主体，其宗旨之一就是和平解决国际争端。因此，对于严重威胁国际社会和地区安全的核危机，联合国、国际原子能机构常常会以第三方的身份参与国际合作，并且在核危机控制中起着越来越重要的作用。

一、国际组织在核危机控制中的作用

在历次核危机中，以联合国为代表的国际组织始终呼吁核危机各方保持克制，政治解决核危机，为和平解决制造国际舆论压力。

一是防止核危机激化而失去控制。历史经验表明，核危机事态的发展往往不以当事国的意志为转移，当危机中的当事双方直接互动时，双方针锋相对，一旦处理失当，很容易形成敌意与冲突交互升级的恶性循环。国际组织以第三方的身份及时介入，开展合作，在相当程度上能够防止核危机激化而失去控制。

二是促成有关各方联系渠道的接续。当国际核危机当事国直接的外交关系渠道破裂时，核危机的政治解决道路就会中断，政治解决核危机渠道不畅导致压力积累，暴力解决核危机的可能性也会随之增大。国际组织能够促成它们之间联系渠道的接续。此外，国际组织还可以安排核危机当事国谈判的程序等技术性问题，为核危机的政治解决创造条件。

三是搭建信息沟通的平台。核危机控制的一条重要手段就是保持信息沟通，防止信息不畅造成误判。但是，在某些核危机中，由于历史纠葛等原因，当事国之间存在严重的互不信任情绪，或者在面临危急情势，出于自我保护意识而隐藏真实意图。这种对敌人意图的不了解往往导致核危机当事国对敌方意图做出最恶意的猜测，而自己做出最激烈的反应，造成双方敌意的螺旋式上升，最终导致核危机失去控制。在这种情况下，国际组织能够以第三方的身份在核危机当事国之间搭建沟通的平台，使核危机各方有机会了解对方的真实意图和利益诉求。在这个过程中，国际组织的协调沟通可以解开核危机中的“信息暗箱”，有利于搭建信息通畅的多方收益结构。

四是协助核危机各方找到利益的共同点。核危机控制中的国际组织在调停的过程中，通过说服与诱导，使核危机当事各方认识到政治解决核危机符合各方利益，使冲突各方找到解决核危机的共同利益点。再次，国际组织尊重核危机当事各方的利益权益，不妨碍核危机当事各方的选择自由，不以武力干涉、胁迫为手段，以劝服、诱导为基调。核危机解决方案达成与否，主动权掌握在当事各方自己手中，自由选择的意志可以得到充分的尊重。这在核危机剑拔弩张的紧张气氛中可以产生舒缓对立情绪的功效，为核危机各方达成妥协创造条件。

五是可担负解决核危机所需要的“经济成本”和“信誉担保”。当核危机当事各方达成妥协后，弱势的一方往往要求强势一方给予经济补偿或安全承诺，一旦强势一方由于某种原因，无法给予对方所期望的“回报”，就会使和平解决核危机所需付出的“成本”无法落实。在这种情况下，国际组织可以满足弱势一方的要求，从而为和平解决核危机做出关键性的贡献。

二、核危机控制中的主要国际组织

当前，在核危机控制中能够发挥作用的国际组织主要是联合国和国际原子能机构。

（一）联合国

1. 联合国解决核危机的宗旨和原则

联合国是第二次世界大战后建立的成员国最多、代表性最强的国际组织。维护和平是联合国最重要的宗旨和职责。在《联合国宪章》的序言、宗旨和原则中都对此作了明确的表述。

在宪章的序言中做了明确的表述。“我联合国人民共同决心欲免除后世再遭今代人类两度身历惨不堪言之战祸，重申基本人权人格尊严与价值，以及男女与大小各国平等权利之信念，创造适当环境，维持正义，尊重由条约与国际法其他渊源而起之义务，久而弗懈，促成大自由中之社会进步及较善之民生。并未达此目的，力行容恕，彼此以善邻之道，和睦相处，集中力量，以维持国际和平与安全，接受原则，确立方法，以保证非为公共利益，不得使用武力，运用国际机构，以促成全球人民经济及社会之进展”。[①]

在联合国宪章第一章中规定了联合国的宗旨。联合国宗旨共有四项，分别是：“一是维持国际和平与安全；并为此目的，采取有效集体办法，以防止且消除对于和平之威胁，制止侵略行为或其他和平之破坏；并以和平方法且依正义及国际法之原则，调整或解决足以破坏和平之国际争端或情势。二是发展国际间以尊重人民平等权利及自决原则为基础的友好关系；三是促成国际合作，以解决国际间属于经济、社会、文化和人类福利性质之国际问题，增进并激励对于全体人类之人权及基本自由之尊重；四是构成一协调各国行动之中心，以达成上述共同目的。”[②]

关于解决国际争端问题的基本原则具体体现在《联合国宪章》的两款

① 李铁城．联合国的历程［M］．北京：北京语言学院出版社，1993：646.

② 李铁城．联合国的历程［M］．北京：北京语言学院出版社，1993：102.

条文中。第3款规定："各会员国应以和平方式解决其国际争端，避免危及国际和平、安全及正义。"第4款规定："各会员国在其国际关系上不得使用威胁或武力，或以与联合国宗旨不符之任何其他方法，侵害任何会员国或国家之领土完整或政治独立。"这两款条文分别阐述了和平解决国际争端原则和不得使用武力相威胁原则。宪章还要求会员国放弃以战争相威胁的权利，依据宪章规定只有在下述两种情况下使用武力才是合法的：一是单独或集体自卫；二是安理会授权或采取的行动。①

2. 联合国参与核危机控制的主要机构

在核危机控制中，涉及联合国相关机构的主要是联合国大会、安全理事会和秘书处。

（1）联合国大会

联合国大会是联合国主要机构之一，大会由全体会员国组成。联合国大会设有7个主要委员会，其中涉及国际和平与安全领域的主要有第一委员会，又称政治安全委员会，负责处理大会议程中的政治和安全事项，包括会员国的加入、停权、除名、军备管制和其他涉及和平解决争端以及含有政治性质的国际合作事项；根据《联合国宪章》第7条规定，联合国大会有权设立认为必须之辅助机关，联合国大会据此设立了许多特别委员会和附属机构，其中涉及国际和平与安全的主要有：联合国维和行动委员会，裁军委员会，和平利用外空委员会等。

联合国大会在国际和平与安全问题上的职权是非常广泛的。主要包括：第一，审议和建议权。大会可以审议对维持国际和平与安全而进行合作的一般原则，包括裁军和军备控制方面的原则，并可以向会员国或安理会或兼向二者提出这方面的建议；可以讨论会员国、安理会或在一定条件下的非会员国提出的有关和平与安全的任何问题，除安理会正在处理者外并可提出建议；可以提请安理会注意足以危及国际和平与安全的情势；除安理会正在处理者外，可以就和平解决任何其他大会认为足以妨害国际间公共福利或友好关系的情势建议应采取的调整措施。在执行上述职能时，可以不受《联合国宪章》第六章有关争端或情势必须达到"足以危及国际

① 李铁城．联合国的历程［M］．北京：北京语言学院出版社，1993：59.

和平与安全之维持”条款的限制。第二，监督权。负责接受和审议安理会的报告。第三，组织权。负责选举安理会的非常任理事国，同安理会平行彼此独立投票选举高级法院的法官；根据安理会的推荐委派联合国秘书长等。

联合国大会由于拥有对安理会的监督权，对安理会报告的审议权，可以通过非常任理事国的选举等方式影响安理会，是联合国国际和平与安全维持机制中的重要组成部分。尽管在国际惯例中，联合国大会在国际和平与安全问题上的职权是受到一定限制的，其主要限制来自于与安理会在职权上的划分。大会基本上是一个广泛涉及联合国范围内一切事项的审议机关，其决议大多是建议性的，表达了公意和民意，具有重要的政治、道义和舆论价值。而安理会基本上是以一个涉及有关国际和平与安全的行动机关，其决议具有法律约束力，是联合国维持国际和平与安全的权利重心。“大会是一个考虑与建议的机关，而安理会具有实行维持国际和平与安全的权力。①

（2）安全理事会

安理会是联合国的主要机构，占有重要的政治地位。它负有维护国际和平与安全的主要责任，是联合国唯一有权根据《联合国宪章》的规定，可以做出让各会员国都有义务接受并执行决议的机构。根据宪章第五章、第六章、第七章、第八章、第十二章的有关规定，安理会在维护国际和平与安全方面拥有广泛的职权。包括“得以调查任何争端或可能引起国际摩擦或惹起争端之任何情势”（第 34 条），“在任何阶段，得建议适当程序或调整方法”（第 36 条第一款）；安理会有权断定“该项争端或情势之继续存在是否足以危及国际和平与安全之维持”（第 34 条），可以提出必要或合宜之临时办法并“促请当事国遵行”（第 41 条），它还有权“采取必要之空海陆军行动，以维持或恢复国际和平与安全”（第 42 条）。也就是说，在和平解决争端方面，安理会的职权有：可以促请各争端当事国以谈判、调查、调停、和解、仲裁、司法解决、利用区域机构或区域协定、或各当事国自行选择的其他和平方法解决它们的争端；可以调查任何争端或可能

---

① ［美］陈世材．国际组织——联合国体系的研究［M］．北京：中国友谊出版社，1986：81.

引起国际摩擦的任何情势，以断定其继续存在是否足以危及国际和平与安全；对于上述性质的争端或类似的情势，可以在任何阶段建议采取适当的调整程序或方法；任何会员国、在一定条件下的非会员国、大会或秘书长，均得就可能危及国际和平与安全的争端提请安理会注意。

在维持世界和平与制止战争方面，安理会行使的其他排他性职能也是非常重要的，例如，可以断定任何对和平的威胁、破坏和平的行为或侵略行为是否存在；为了防止情势恶化，可以促请有关当事国遵行安理会认为必要或适当的临时性措施；可以建议或决定采取不涉及使用武力的措施（包括经济制裁、停止交通电信或断绝外交关系），并促请会员国执行此等措施；如认为上述措施不足以维持和平与安全，可以采取必要的武力行动（包括会员国的空海陆示威，封锁或其他军事举动），以维护或恢复国际和平与安全。为此，安理会得终止并使用联合国部队。安理会得要求会员国依照商定的特别协议，向其提供为维持国际和平与安全所需要的军队、协助和便利。然而，任何会员国在遭受武力攻击时，在安理会采取必要措施来维持国际和平与安全以前，有权进行单独或集体自卫；但会员国因行使该自卫权采取的措施，不应影响安理会根据《联合国宪章》所具有的维持国际和平与安全的权利和责任。以上规定表明“安理会有权依据宪章作出建议或决定应该采取的强制行动，并促请联合国各会员国加以执行，如果联合国安理会提出维持和平与安全的建议失败，则应决定采取经济制裁、武器禁运或强制措施，如果强制措施无法制止侵略、维持或恢复和平，则安理会有权采取武力措施达到恢复和平的目的。”①

（3）联合国秘书处

联合国秘书处的职责是为联合国其他机构服务，并执行这些机构交给的任务。秘书处设秘书长 1 人、副秘书长若干人、助理秘书长、其他高级官员及相当数量的职员组成。关于联合国秘书长的地位，《联合国宪章》第 99 条中规定：“秘书长得将其所认为可能威胁国际和平与安全之任何事项，提请安全理事会注意。”② 这是秘书长参与集体安全决策机制最重要的

① 门洪华．和平的纬度：联合国集体安全机制研究［M］．上海：上海人民出版社，2002：219.

② 李铁城．联合国五十年［M］．北京：中国书籍出版社，1996：467.

法律依据。根据这项规定，秘书长有权将他认为可能威胁国际和平与安全的任何事件提请安理会注意或讨论，并有权参与安理会的讨论，在安理会上发表自己的意见。

联合国秘书长对国际和平与安全产生的影响是多方面的，概括起来，主要体现为以下几点：第一，向大会提交的联合国工作年度报告是其发挥重要影响的重要手段之一。第二，联合国大会和安理会的决议常常授权秘书长广泛的自由裁量权，以执行决议的规定，行使其解决争端的职能。接到委托后，秘书长或其代表可以进行广泛的斡旋、调查、调停和调解活动。因此，联合国秘书长在维护国际和平与安全方面发挥着独特的作用。第三，他不仅“可以以不同于主权国家的独特地位，发挥主权国家所不能发挥的作用，协调各国的行动，达成维持国际和平与安全的目的，”而且还可以“填补政治真空，为问题的解决提供平衡力量。[1] 最后，提出维持国际和平与安全的新理念，丰富联合国集体安全机制的内涵，补充集体安全机制的形式，其中最突出的莫过于“预防外交”思想[2]和“缔造和平”（peace-building）理念[3]及其实践活动。1953—1961 年担任联合国秘书长的哈马舍尔德将联合国转变为“各国政府的一个能动的工具”，提出了预防外交的概念和悄悄外交的思想，并“帮助填补了《联合国宪章》与传统外交为保卫和平与安全提供的体系中可能出现的任何真空”，[4] 充分表现了联

① 门洪华．和平的纬度：联合国集体安全机制研究［M］．上海：上海人民出版社，2002：265—266.

② 预防外交的概念是联合国前秘书长（1953—1961 年）哈马舍尔德首先提出。在 1960 年提交第十五届联大《关于联合国组织工作年度报告》的序言中，他将预防外交解释为“联合国在冷战争斗范围以外的地区或临近此范围的地区进行干预，以阻止敌对的大国集团争相闯入该地区”。这些是冷战尚未波及的无人地带，正是联合国设法防止冲突或解决冲突的主要领域。.

③ 缔造和平的理念最早见于联合国前秘书长（1991—1996 年）加利 1992 年 6 月 27 日所作的报告《和平纲领：预防性外交，建立和平与维持和平》，他详尽阐述了在预防外交、建立和平、维持和平以及冲突后缔造和平等领域保障和平的系统安排，从而基本建立起联合国维和机制的思想体系。冲突后缔造和平是《和平纲领》中提出的新概念，即“采取行动，查明并支持足以加强与巩固和平的结构，以避免再度爆发冲突”。

④ 汉斯·摩根索．国际纵横策论　争强权，求和平［M］．上海：上海译文出版社，1995：601.

合国秘书长在维护国际和平与安全方面的主动性和创造性。

3. 联合国在核危机控制中的主要途径

作为当今最大的政府间国际组织，联合国自从诞生以来，为维护世界和平与稳定，争取国际争端的和平解决发挥了突出的作用，做出了巨大贡献，其促进争端和平解决的主要途径有以下几个方面：

（1）充分发挥秘书长的作用

联合国秘书长在国际社会中扮演了联合国象征和发言人的主要角色。秘书长应忠实于《宪章》的理想，坚持《宪章》的宗旨和原则，“必须坚信《宪章》所阐述的理想是能够实现的。”① 联合国诞生于第二次世界大战的战火之中，和平解决争端是《宪章》的基础。不使用武力的原则是联合国赖以建立的基础，对各成员国来说，这一原则不仅仅是一个理想，更是高于一切的选择，是我们这个世界正常生存的需要。在历经了两次世界战争和战后无数大小武装冲突之后，联合国必须坚持和平解决争端的严正立场，而秘书长必须是一个崇尚和平的人，坚决反对诉诸武力的侵略行为，即使是制止侵略的武力也要慎用。前秘书长德奎利亚尔曾经说过：“联合国宪章并没有指望会出现一个没有问题的世界。它所提出的仅仅是一种通过国际对话和合作合情合理地处理问题的途径。宪章承认国家间出现争端是人类（社会）难免之事，但它不认为这些争端能够通过战争或通过强加于人的高压手段获得解决。② 而“军事解决办法……代价太高、不管用、而且危险。”③

和平解决国际争端是秘书长的主要职责，风云变幻的国际社会为其履行职责提供了广阔的舞台和巨大的空间。特别是在冷战结束后，在秘书长合作下，安理会在预防外交与和平解决争端领域中的作用有扩大的趋势。当安理会对许多事关和平与安全的地区或一国内部冲突和争端制定出解决方案后，联合国采用多种方式进行调解、调停、斡旋、实况调查、停战监

① 联合国新闻稿 BIO/3053/Rev. 1；SG/2031/Rev. 1，1997. 6. 13.

② 联合国纪事．1986（3）：3.

③ 联合国纪事．1991（4）：3.

督和悄悄的外交。同时，秘书长还可以在没有来自第98条的授权①和根据第99条的程序②的情况下，以秘书长或个人的身份自动采取政治行动。事实证明，秘书长以“悄悄外交”等方式，对许多久悬未决的地区冲突和争端进行卓有成效的调解和斡旋，往往会取得意想不到的结果。根据1991年联合国大会通过的《联合国在维持国际和平与安全方面事实调查宣言》(大会第46/59号决议)，决议宣布，“安全理事会、大会和秘书长可按宪章所规定其在维持国际和平与安全方面的各自责任，派遣事实调查团”；“秘书长应特别注意在早期阶段使用联合国调查能力，以期有助于防止争端和局势”；“秘书长应主动或根据有关国家的请求，考虑就争端或局势派遣调查团”；“在决定委托何人进行事实调查时，安全理事会和大会应优先选择秘书长。秘书长可以指派向他负责的一名特别代表或一个专家组，也可考虑采用安全理事会或大会的一个特设附属机构的方式”。③ 这一决议表明：秘书长同安理会与大会一样都可按宪章规定的各自责任派遣事实调查团；秘书长是安理会和大会调查团的主要执行者和委托人；还应负责编制和征集调查团所需的专家和资源。秘书长被授予了原本在《宪章》中并无明确规定、只有安理会才可拥有的对事实调查的职能。④

（2）推动国际核军控裁军

国际军备控制和裁军一直是国际政治领域中的重要议题，关系着世界的和平与安全。联合国作为当前世界上最具代表性的国际组织，进行了不懈的努力，不断推动军备控制和裁军的进程，特别是在消除和限制核武器及大规模杀伤性武器方面，制定和通过了许多关于军备控制与裁军问题的决议，取得了突出的成就。

联合国裁军和军控机制的基本框架是根据《联合国宪章》以及联合国

---

① 《联合国宪章》第98条规定：秘书长在大会、安全理事会、经济及社会理事会、及托管理事会之一切会议，应以秘书长资格行使职务，并应执行该机关所托付之其他职务。秘书长应向大会提送关于本组织工作之常年报告。

② 《联合国宪章》第99条规定：秘书长得将其所认为可能威胁国际和平及安全之任何事件，提请安全理事会注意。

③ 联合国达格·哈马舍尔德图书馆.1946年以来列载在大会决议中的公约、宣言和其他文书清单，http//www. un org/chinese/center/dhl/resins. htm.

④ 李铁城. 世纪之交的联合国［M］. 北京：人民出版社，2002（287）.

大会随后通过的决议建立起来的。按照《联合国宪章》的规定，大会在“考虑关于维持国际和平及安全之合作之普通原则，包括裁军及军备管制之原则；并得向会员国或安理会或兼向两者提出该项原则之建议”方面负有主要责任；① 安理会“应负责拟定方案，提交联合国会员国，以建立军备管制制度”。② 这是联合国进行裁军和军控活动的法律渊源。

1947 年 2 月 13 日，联合国安理会成立了联合国常规军备委员会，研究裁减常规军备和武装部队的措施以及有效的保证制度。根据常规军备委员会的说明，“大规模毁灭性武器应该定义为包括原子爆炸武器、放射性物质武器、致命化学和生物武器以及任何将来发展的武器其破坏力的性质相当于原子弹或上述其他武器。”③ 其中，核武器的裁减和控制成为联合国裁军谈判的中心。

1978 年，联合国召开了第一届裁军特别联合国大会。这是联合国第一次专门为裁军问题举行大规模、并具有广泛代表性的会议。会议通过的《最后文件》被视为裁军领域的纲领性文件。文件全面阐述了裁军领域的目标、原则和优先事项，强调对于实现全面彻底裁军的目标，“所有核国家，特别是拥有最庞大核武库的国家负有特别责任”。自 1969 年起，联合国连续宣布 20 世纪 70 年代、80 年代、90 年代分别为三个“裁军十年”，吁请各国政府早日制定停止核竞赛和进行核裁军的有效措施，缔结一项在严格有效监督下实现全面彻底裁军的条约。1987 年 2 月，苏美首脑签署《美苏关于销毁中程和中短程导弹条约》，这是自核武器出现以来美苏达成的“第一个真正裁减核军备而且是整个级别核武器的条约”。④

1995 年，在纽约联合国总部召开了《不扩散核武器条约》审议和延期大会，决定该条约无限期有效，同时强调加强对条约的审查制度，决定每五年召开一次审议大会。2000 年 5 月，联合国召开了《不扩散核武器条约》延期第一次审议会，会议通过了《最后文件》，美国、俄罗斯、英国、

---

① Basic Facts About United Nations, New York: Department of Public Information, The United Nations, 1998: 109.

② 李铁城．联合国的历程［M］．北京：北京语言学院出版社，1993：655.

③ 郭隆隆等．联合国新论［M］．上海：上海教育出版社，1995：175.

④ 资中筠．战后美国外交——从杜鲁门到里根［M］．北京：世界知识出版社，1994：903.

法国和中国等五个核国家就全面销毁核武器和减少核战争威胁等问题作出了“明确承诺”。《最后文件》说，审议大会同意进一步削减战术核武器，增加核武器国家在报告其核武库信息方面的透明度，以及减少处于高度戒备状态核弹头的数量。联合国秘书长安南在审议大会结束后发表声明说，《最后文件》“标志着人类在追求一个更加和平的世界的过程中向前迈出了历史的一步。这一更加和平的世界就是一个没有核危险的世界，一个全球关于不扩散核武器和裁军的准则得到加强的世界。”① 1996 年联合国通过了日内瓦裁军谈判会议达成的《全面禁止核试验条约》（The Comprehensive Nuclear-Test-Ban Treaty），目前已有包括中国、美国、俄罗斯、法国、英国在内的 177 个国家签署了该项条约，并有 138 个国家完成了批准程序。该条约的宗旨是促进全面防止核扩散，促进核裁军，增进国际和平与安全。②

（3）经济制裁

有关安理会制裁权力的法源基础规定在宪章第七章，从宪章第 39 条到第 51 条，宪章第七章授予安理会得采取行动维持或恢复国际和平与安全。第 39 条和第 41 条是制裁适用的关键条文。宪章第 41 条概述了安理会响应和平之威胁，和平之破坏和侵略行为的数种制裁，包括经济关系、铁路、海运、航空、邮电、无线电及其他交通工具之局部或全部停止，以及外交关系之断绝。

宪章第 41 条在字面意义上是授予安理会有更广的权力运用非军事的制裁以确保其决议有效执行，但在实践上，宪章第 41 条必须与第 39 条连动，意味着只有在安理会判定存有和平之威胁、和平之破坏和侵略行为之后才可采取制裁。

当安理会发动制裁时，所有联合国会员国有法律的义务去执行安理会的制裁措施。此法律义务来自宪章第 25、103 条以及第 2 条第 5 项，依宪章第 25 条，联合国会员国同意依宪章之规定接受并履行安全理事会之决议，联合国会员国必须遵照和施行联合国的制裁措施。宪章第 103 条亦要求各会员国以宪章义务应居优先。

---

① 联合国第五十六届会议．裁军审议委员会报告，http：//www. un. org/Chinese/ga/56/doc/a56_ 42 . pdf.

② 李铁城．世纪之交的联合国［M］．北京：人民出版社，2002：62.

从2006年到2015年，安理会通过8个针对伊朗核与弹道导弹的决议，参见表1①。特别是1929号决议提及“伊朗敏感的核扩散活动资金来源与伊朗能源部门收益有潜在连结”即可施加制裁，欧盟藉此对伊朗石油和天然气部门进行制裁，并对伊朗石油实施禁运。

表1　联合国安理会对伊朗制裁决议

年份	安理会决议	主要内容
2006	安理会第1696号决议	要求伊朗中止所有核浓缩与加工相关的活动，包括研发活动； 呼吁所有国家阻止移转任何对伊朗核浓缩与加工、弹道导弹相关活动有帮助的零件与技术。
2006	安理会第1737号决议	要求伊朗与国际原子能机构合作； 命令伊朗中止所有核浓缩和加工相关的活动以及重大议案； 命令所有国家阻止转让与核浓缩、加工、重水、核武器发展与国际原子能机构关切事项有关的原料、技术或财政援助。另禁止各国从伊朗进口； 冻结与伊朗敏感性核和导弹活动直接相关的个人所属资金金； 禁止与“敏感性核子扩散活动”技术合作。
2007	安理会第1747号决议	要求各国涉及核研究的特定个人，一旦入境即通知联合国； 禁止伊朗武器进口； 禁止对伊朗政府转让财产或贷款。
2008	安理会第1803号决议	要求各国就入境涉及核研究的个人通知联合国，并防止其入境他国； 对核武器和弹道导弹的原料施加制裁； 对核发展相关的贸易施加金融制裁。
2008	安理会第1835号决议	对上述决议文的制裁名单再确认。
2010	安理会第1929号决议	禁止各国对伊朗铀矿、铀浓缩或加工以及弹道导弹技术投资； 对伊朗革命卫队所属或控制的个人和实体、传统武器、弹道导弹，涉及弹道导弹和核武器的产业发动额外的制裁。

① 张贵洪．联合国与国际法治．北京：时事出版社，2016.10：135—136.

续表

年份	安理会决议	主要内容
2015	安理会第 2224 号决议	延长第 1929 号决议制裁清单至 2016 年。
2015	安理会第 2231 号决议	加强对弹道导弹和传统武器的禁运。弹道导弹制裁将在《联合国行动计划》过渡日解除，传统武器制裁将在《联合全面行动计划》生效五年后解除； 联合国安全理事会在《联合全面行动计划》生效日后的第十年结束对伊朗核问题的审议。

（二）国际原子能机构

自 1957 年 7 月 29 日正式成立以来，国际原子能机构在促进原子能技术在世界范围内的发展与利用、保证核材料与装置的安全以及提供和进行安全保障与核查发挥了巨大作用。

1. 国际原子能机构的主要构成

国际原子能机构（IAEA）对联合国大会而非经社理事会负责，因此在形式上，国际原子能机构不是联合国宪章第 57 条所指的专门机构，但由于它可以向联合国大会、安全理事会、经社理事会及联合国其他机构提交报告，因而实质上也可以说成是联合国的专门机构。不过它在维护国际和平与安全方面具有独立的重要作用。国际原子能机构主要由大会、理事会、秘书处三部分组成。

大会由全体成员国组成，每个成员国有一票表决权。正常情况下每年 9 月在维也纳举行一次会议。除财政问题、修改规约和停止成员国资格等事项需经三分之二的多数决定外，其他问题一律以半数以下的多数表决。大会的任务是选举理事国、批准新成员国、停止成员国资格、审议年度报告、批准预算、批准提交联合国的报告，批准规约的修改和任命总干事长。

理事会是国际原子能机构的决策部门，主要负责审查 IAEA 预算、新成员申请并向大会推荐。理事会职责还包含批准安全协定，任命总干事等等。理事会成员每年改选一次，由大会指定和选举两种方式产生。现在理事会共有 35 个理事成员国，其具体组成：一是指定在原子能技术方面，包括原材料的生产在内最先进的13个成员国为理事国；二是按照地区平衡的原则选举另外22个理事国，这些国家应在原子能技术方面包括原材料的生产在内较为先进。理事会内每一理事国有一票表决权。

秘书处是国际原子能机构的日常工作机构，现有职员2200名，机构工作人员由总干事领导。总干事为机构的行政首长，由理事会任命并经大会核准，任期四年。干事长以下设副干事长5人，每届任期2年，分管不同的业务。第一任总干事为美国人斯特林·科尔。2009年9月，日本的天野之弥成为新一任总干事。

2. 国际原子能机构在核危机控制中的主要作用

国际原子能机构作为核不扩散机制的核心机构，在核危机控制中发挥着重要的作用。具体体现如下：

（1）提供全面、准确的信息服务

根据科斯定理，合作的达成需要三个关键性条件：行为的合法框架、完善的信息与零交易成本。基欧汉指出，世界政治缺乏权威的政府机构（无政府状态），以普遍的不确定性为本质特征，而且交易成本过高。显然，在世界政治中，这些条件都不能满足。恰恰由于这些条件无法满足，国际机制才显得重要。① 按照罗伯特·基欧汉的分析，国际合作之所以不能达成，主要是信息不完善和交易成本过高所导致的。信息不完善，导致不确定性的存在，因为信息正是不确定性的负量度。② 由于国家对“秘密信息”的优先考虑（即缺少透明度），主权国家对自己的伙伴或对手在某一特定时段的价值倾向并不确知。面对这种不确定性，它们自然做出如下反应：既然不能确认对方在将来如何解释协议的条款，它们倾向于不缔结条约。按照市场失灵的理论，国际机制可以向成员国提供可靠的信息和信息交流的渠道，加快信息流通，解决信息不确定性。③ 其方式如下：提高谈判双方的政策透明度；在类似规则下就一系列问题进行多年的磋商，鼓

① Roberd Keohane. After Hegemony: Cooperation and Discord in the World Political Economy [M]. Princeton University Press, 1984: 87.

② [美] 肯尼斯·阿罗. 信息经济学 [M]. 北京：北京经济学院出版社，1989：159.

③ Robert Keohane. After Hegemony: Cooperation and Discord in the World Political Economy [M]. Princeton University Press, 1984: 90-101.

励国家为了未来的声誉而保持诚实；系统地监督主权国家是否遵守承诺等。[①] 而且，国际机制的存在，减少了国际冲突的危险，促使各行为体通过协调行动来寻求减少利益的冲突和危险，从而降低了交易成本。降低交易成本有两方面的含义：对合法者是降低了成本，因为一旦国际机制形成，则合作中的边际成本降低；对违法者则提高了成本，增加了风险。所以，国际机制可以提供更为完善的信息，降低交易成本，使得承诺更为可信并促成互惠合作。[②]

国际原子能机构掌握着世界上最为全面及准确的核材料、核活动及核设施的有关信息，这为解决核危机提供了信息基础。为更好地促进各方数据的沟通及与媒体的相互交流，IAEA 专门设立了对外关系和政策协调办公室、保障信息技术处、新闻处等机构负责相关事宜。例如，IAEA 在危机预警方面建立了一套较为完善的机构与应急预案。IAEA 在纽约和日内瓦设立了两个联络处，在东京和多伦多设立了两个地区保障办公室，并且设立了两个国际实验室和研究中心。机构现拥有 84 个监视系统（共有 302 台照相机）以远程检测模式在 14 个国家包括中国台湾运行，并有 39 个自动辐射监测系统从 7 个国家的设施向 IAEA 总部传输相关数据。另外 IAEA 还开发出一套电子光学封记系统用以强化远程检测能力，并已开始了应用实验。[③]

《国际原子能机构规约》规定了核危机应急预案的基本程序，机构有权对有潜在扩散危险的国家和地区派出视察员进行实地核查。在成员国的配合下，机构视察员可以随时随地在该领土上取得相关资料，并有权接触因工作关系而涉及的任何材料、设备、设施或者人员。之后，视察员须向总干事报告，并由总干事向理事会转交此报告，由理事会敦促违约方立即纠正一切违约行为，否则 IAEA 可以“直接削减或者停止机构或其成员国所提供的帮助，索回向一个或者多个接受国提供的材料与设备，停止任何

① Robert Keohane. After Hegemony: Cooperation and Discord in the World Political Economy [M]. Princeton University Press, 1984: 82—96.

② Robert Keohane and Lisa L. Martin. The Promise of Institutionalist Theory [J]. International Security, Vol. 20, No. 1, Summer 1995: 42.

③ 孙林虎．国际核不扩散体制的危机管理［J］．军备控制与安全，2006（3）.

不履约成员国行使的成员国特权与权利”。同时，根据IAEA与联合国的特殊协议，IAEA须向联合国安理会通报任何涉及国际和平与安全的事件。

（2）对国家形成一定的制约作用

国际组织拥有自己的生命和逻辑，甚至可以重塑或限制创造它们的国家。当国家将组织约束视为战略需要时，它们确实同意相互限制。这样，组织就确定了对国家如何行为的期望，如果国家不这样做将遭受困难或付出代价。实际上，国际组织的作用就是要确立游戏规则来降低不确定性，保证提供相互的而非一方独具的利益。① 国际组织是在无政府国际环境中制度和权力分散状态下的规则，但同时也是国际社会成员认可或达成的规则，代表了某个领域的行为准则。参与国际社会的国家在确立自己的国家利益时，必须将国际组织考虑在内，在制度约束的范围内实现利益最大化。尽管国际组织本身没有多少强制性，但在相互依赖的国际社会中，理性国家要实现自己的利益，却必须依靠国际组织才能达成。是否创建或加入国际组织是国家的选择性行为，但是国家一旦参与了某一国际组织，则必受其限制。

国际原子能机构在防核扩散方面的指导原则是，拥有核武器的国家不要帮助其他国家获取拥有核武器的能力，而没有核武器的国家要放弃获取核武器的意图。该原则内化成机制的规则，成为制约有核与无核国行为的有力保障。

“核契约”规则规定，有核国承担不向无核武器国转让核武器之义务；除非已成功地生产了核武器，否则要承担不生产核武器之义务；还要承担无国际安全保证措施不得输出核材料的义务。“核契约”还确立了所有各方为和平目的发展核能源的“不可剥夺的权力”：所有各方都应给予便利、并有权参加为和平利用核能而进行的最大可能的设备、材料和科技信息的交流。换而言之，拥有核武器的国家要结束它们的“垂直”扩散以换取“水平”扩散的终结。

需要特别指出的是，有核武器国家和无核武器国家所达成的“核契约”中有一个基本契约，即作为不获取核武器的回报，无核武器国家得到

① John G. lkenberry. Institutions, Strategic Restraint and the Persistence of American Postwar Order［J］. International Security, Vol. 23, No. 3, Winter 1998/1999: 43-48.

了有核武器国家的一项明确承诺—向它们提供适于发展核能工业的核技术并戒除核武器发明创造的垂直攀升。在这项明确的承诺后，双方有一个心照不宣的协定：只要占经济和军事主宰地位的有核国家能维持一个有活力和不断扩展的国际经济、以及常规武器方面相对自由的贸易体系，无核国家便不寻求得到核武器。[①]

（3）为缔约国提供安全保障措施

国际合作并不容易达成，因为国家为其自我利益而非公共利益所驱动。但是，国家确实有互补利益，而且某种合作确实对双方有利。随着国际社会相互依赖程度越来越高，国际行为体的交往也越来越频繁，国际组织的需求增加了，[②] 国际机制不断延展，并逐步在世界范围内建立起网络体系，使各问题领域的国际组织形成互联网络。随着国际组织网络体系的扩展，国际社会的制度化、规范化程度也日渐加强，国际行为体的行为也日趋规范化。这样，受到国际组织的影响乃至塑造，国家行为也趋于规范化。在现实生活中，即使最强大的国家也越来越依赖国际组织，如美国这样的国家也不得不遵循国际组织的要求，作出一定程度的妥协。[③]

国际原子能机构的安全保障措施是监督各缔约国执行防扩散政策的重要途径。根据《不扩散核武器条约》要求，由 IAEA 监督核查缔约国执行该条约的情况。条约在 1970 年生效后，IAEA 的安全保障措施在各国开始得到普遍的执行。签约国依据一个安全保障协议模本与 IAEA 签署协议。IAEA 与签约国之间的安全保障协议有多种类型，多数无核武国家与机构签署的协议是根据 INFCIRC/66（1965 ~ 1968）（即 1965 ~ 1968 年 18 国裁军委员会在日内瓦关于不扩散核武器条约谈判中制定的《全面安全保障协议》）决议要求的保障协议。此类保障协议要求缔约的非核武器国家同意其国内的一切用于和平目的的核设施都置于国际原子能机构的安全保障之下。此类保障协议一般都详尽地罗列出应置于安全保障下的核材料、非核

① 王杰．国际机制论［M］．北京：新华出版社，2002：283—284.

② Robert Keohane. After Hegemony：Cooperation and Discord in the World Political Economy［M］. Princeton University Press，1984：224.

③ Robert Keohane. International Institutions：Can Interdependence Work?［J］. Foreign Policy，Spring 1998，pp. 82 –96.

材料（如重水、铬等）、核装置等内容清单，IAEA则通过安全保障措施保证这些材料没有被用于军事目的。

五个核大国与国际原子能机构签署的是《自愿保障协议》。此外还有一些签署国，它们没有或仅有微量的核原料，没有核设施或不计划建造核设施，为了简化核查程序，机构通常与其签有《小数量议定书》。[①] 根据INFCIRC/153（1972）决议的要求，机构安全保障制度一般包括四个步骤：IAEA对各国通报的建设核设施计划进行研究；要求该国对核设施的运行作出详细记录；该国必须定期向机构递交报告；对核设施和核材料进行现场核查，确认没有明显数量的核材料非正常转移，以防止军事目的应用。目前，每年大概有250位IAEA专家在世界各地进行约达2400次安全保障措施的日常实地核查工作。

在后来的实践中，IAEA总结教训和经验，通过INFCIRC/540（1997）决议，即《全面安全保障协议附加议定书》，要求无核国家签署。[②] 该议定书加强了IAEA核查缔约国是否存在未申报的核材料或核活动的功能，扩大了IAEA的保障与核查的范围。目前机构正在成员国中逐步推广“一体化保障”，即全面保障协定保障措施与附加议定书措施的结合。

（4）惩罚违反国际机制的行为

国际组织的关联效应使其能够奖励遵守国际组织的行为，惩罚违反国际组织的行为，从而确立国家的国际组织活动空间。当然，这种惩罚功能是双重意义上的：一方面，国际组织本身有相关的惩罚性规定；另一方面，国际组织的规则不仅被视为降低成本和不确定性的工具，也被视为创立责任的原则。政府宣布自己遵守之，其他国家从道义上也应如此。违背机制规范不仅损害了双方获益的一系列安排，也破坏了违反者的名声，从

① IAEA. Non-Proliferation of nuclear weapons and nuclear security-overview of safeguards requirements for states with limited nuclear material and activities [R]. Vienna Austria, IAEA, June 2006: 101.

② INFCIRC/153（1972）《全面安全保障协议》）和INFCIRC/540（1997）《全面安全保障协议附加议定书》）[S]. http://www. iaea. org/ourwork/sv/safeguards/index_ html/.

而损害了它未来制定协议的能力。[①]

国际原子能机构核保障制度是用来查明国家是否遵守其核不扩散义务的手段，其本质上是条约履行的监督制度，也是一种透明度工具，渗透到核不扩散机制的各个环节，包括出口控制、无核区制度，是核不扩散体系的支柱。核查分为定期核查、临时核查、特别核查三类，其主要目的是为了敦促成员国履行核保障协定。虽然IAEA规约第七条C款没有规定“不遵守”的构成，但是规定了在可疑的情况下IAEA可以采取的行动，包括核查人员向总干事报告，总干事再把报告转给理事会，如果理事会发现违反的情形则可以召集相关国家要求矫正。[②] IAEA也可同时把不遵守情形及相关报告向成员国、安理会和大会报告。

一旦IAEA确认存在不遵守情形，可以采取三种措施：中止技术援助，要求召回机构提供的材料和装备；限制或中止该成员国在规约下的权利；宣布该成员国未遵守核保障制度并提请联合国注意以采取进一步的行动。前两项措施对未遵守保障制度的国家而言威慑力是非常有限的，而在决定是否向联合国安理会报告时，IAEA理事会一般是非常谨慎的，因为国际社会希望尽量把违反核保障制度的问题留在IAEA框架内解决。迄今为止，IAEA理事会只就罗马尼亚、伊拉克、朝鲜和伊朗核问题向安理会报告过四次。

IAEA防核扩散功能与联合国机制往往构成实施核保障制度的前后承接关系。IAEA模式有一套完善的程序和技术控制，整个过程相对来说受大国控制较少，政治色彩较淡，结果也相对公正，再考虑到IAEA的制裁权限，涉嫌违反核保障制度的国家都愿意用IAEA模式解决核保障争议。在IAEA模式未能解决的情况下，则通过IAEA理事会的汇报进入联合国模式。联合国安理会广泛的制裁措施是实施核保障的有力手段。从法理上看，IAEA与联合国安理会在实施核保障制度上的合作，源于它们职能的契合，也是实施国际法的资源稀缺的结果。对IAEA而言，其权利能力与

---

① Robert Keohane. After Hegemony: Cooperation and Discord in the World Political Economy [M]. Princeton University Press, 1984: 126.

② 国际原子能机构规约，http://www.cacda.org.cn/ewebeditor/UploadFile/2005212230/65355585/.

行为能力严格受到其规约的约束，为应对新的日益严峻的核扩散威胁，一个明智的选择是与安理会合作，以安理会为后盾，相互支持。安理会需要IAEA去执行核查任务，IAEA在对相关国家实施制裁措施时更离不开安理会的道义和行动支持。①

1991年，该机构受联合国安理会委托，对伊拉克的核武器生产能力进行调查，还承担对《特拉特洛科条约》的特别视察职能。

（三）其他国际组织

1. 核出口委员会

1970年，《不扩散核武器条约》生效后，一些成员国在维也纳举行非正式会议，旨在对履行条约第三条第二款达成共识，要求缔约国将国际原子能机构的安全保障用于监督其对无核武器国家的出口。该委员会正式名称为“不扩散核武器条约出口控制委员会”。1971年，在瑞士外交官克劳德·桑戈主持下举行第一次会议。此后，该委员会即以他的名字命名，称之为“桑戈委员会”，其职责是交换有关国家核出口及发放核出口许可证的情报。委员会每年就此秘密交流情况，在内部达成谅解，但达成的谅解不具备法律地位。委员会还制定了“触发清单”，确定了适用于国际原子能机构安全保障的向无核武器国家出口的项目。达成谅解和制订触发清单的目的是为了保证核供应国控制主要核项目出口，迫使供应国不愿承担风险而拒绝出口，或者在要求国际原子能机构提供安全保证后提供出口。

委员会总部设在维也纳，每年召开两次会议，现有31个成员国，分别是：澳大利亚、奥地利、巴西、比利时、加拿大、捷克、丹麦、芬兰、法国、德国、希腊、匈牙利、爱尔兰、意大利、日本、卢森堡、荷兰、新西兰、挪威、波兰、葡萄牙、罗马尼亚、俄罗斯、斯洛伐克、南非、西班牙、瑞典、瑞士、英国、美国。

2. 核供应集团

1974年，印度爆炸核装置后，引起英、美、苏等一些核供应国的关切。1975年，加拿大、法国、联邦德国、日本、英国、美国和苏联等七国

① 占祖雪，丁祥高．国际原子能机构与核保障制度［J］．厦门大学学报（哲学社会科学版），2008（4）.

秘密磋商后宣布成立核供应集团（又称伦敦俱乐部）。该组织的主要目标是确保各主要供应国就控制核出口进行协调，以不断改进各自的出口制度，另一目的是使法国加入核出口控制制度。

1976 年，核供应国集团首次通过了关于核材料、核设施和核技术出口控制的指导原则，于 1978 年正式公布。此指导原则比桑戈委员会达成的该款更加严格，其中包括一些双用途项目，更加强调对浓缩铀和后处理技术转让的限制。触发清单上包括 65 项与核有关的双用途技术，其目的是阻止向未接受安全保障的无核国家进行的核活动提供援助。触发清单上的转让项目只有在得到接受国政府明确保证不将其用于核爆炸时才能授权，并在得到国际原子能机构的可靠保证后才可转让。指导原则要求核供应国对转让敏感性强的技术和武器用核材料实行克制。

1992 年，核供应国集团在瑞士卢塞恩举行全会，讨论继续加紧控制核出口。1993 年，成员国修订了与核有关的双用途设备、材料及相关技术转让的指导原则，同时还要求除俄罗斯以外的其他苏联国家作为无核国家加入《不扩散核武器条约》。

1994 年 4 月，核供应集团在马德里举行会议，制定了出口许可清单，并讨论向非《不扩散核武器条约》成员国出口核材料的问题，将伊朗、朝鲜、叙利亚等国列为重点出口管制对象。

该组织没有常设行政机构，现有成员国 45 个，每年召开一次会议，审议“准则”和“清单”执行情况，其指导原则对成员国没有法律约束力。

3. 导弹及其技术控制制度

1987 年 4 月 6 日，在美国的倡导下，美国、加拿大、英国、法国、西德、意大利、日本七国达成一项非正式协议，主要目的是限制导弹和导弹技术出口。该组织现有 28 个成员国，分别是：阿根廷、澳大利亚、奥地利、比利时、巴西、加拿大、丹麦、芬兰、法国、德国、希腊、匈牙利、冰岛、爱尔兰、意大利、日本、卢森堡、荷兰、新西兰、挪威、葡萄牙、俄罗斯、南非、西班牙、瑞典、瑞士、英国、美国。其成员国会议分为全体会议、技术合作会议和特别会议，不定期在某一地区召开。

协议规定，控制转让除有人驾驶飞机之外的其他核武器运载工具，限制转让射程在 300 公里以上，有效载荷 500 公斤以上的导弹及相关技术与设备。对“完整的火箭系统”和“完整的子系统”，除特许外，禁止转让，各类导弹“部件”等则需经成员国发放许可证后方可转让。1993 年 3 月，成员国对《导弹及其技术控制制度》进行了修改。新的协议修改了原来的参数，将禁止范围扩大到可用于一切大规模杀伤性武器的导弹。

第二节 核危机控制中的大国

主权国家是当今国际舞台上最活跃的主角，尤其是世界大国和强国，是国际关系现存体制的受益者和游戏规则的制定者，在面临核危机这样的重大动荡时，出于维护自身利益和体现大国责任的考虑，往往积极地投身于核危机控制之中。此外，核危机事发区域的国家也会出于维护地区安全的责任和对自身安全利益的考虑参与到核危机的控制中，在核危机的解决过程中发挥积极主动的作用，努力促成核危机的和平解决。

一、核危机控制中大国的作用

（一）确定核危机控制方向

在核危机事件中，除了国际组织进行斡旋和调解外，大国也发挥着关键的作用。而大国在核危机中的控制经常以国家利益作为基本准则。“在国际关系中，利益关系是影响国际行为的根本因素，而国家利益则是在国际政治中发挥作用最持久、影响力最大的因素，它是国家对外行为的最基本动因”。[①] 一个国家的对外行为有时是复杂的、多元的，甚至是混乱的，但是有一个基本规律可循，那就是国家利益。“国家利益是一个国家内有利于绝大多数居民的共同生存和进一步发展的诸因素的综合”。[②] 更进一步说，“国家利益是国家各种需求的总和，包括权力政治的需求，制度合作的需求和观念认同的需求。”[③] 依据国家利益才能对国家的对外行为进行更

① 宋新，陈岳．国际政治学概论［M］．北京：中国人民大学出版社，2000：117.

② 宋新宁，陈岳．国际政治学概论［M］．北京：中国人民大学出版社，2000：115.

③ 李少军．国际关系理论与现实［J］．世界经济与政治，2004（2）.

好的解释。

防止核武器扩散和核武器的使用既是核危机控制的目标，也是核危机控制的方向。如朝鲜核问题、伊朗核问题，中国、俄罗斯、美国、欧盟等大国有利益交汇之处，那就是都反对朝鲜、伊朗发展和拥有核武器。在朝鲜核问题上，中国的立场是明确的，中国主张实现朝鲜半岛无核化，中国不赞成朝鲜退出《不扩散核武器条约》、维护核不扩散体制符合国际社会的共同利益。在伊朗核问题上，伊朗是当事国，美国是控制方，欧盟是中间调停的一方，俄罗斯是深深卷入一方。欧盟在伊朗核问题上一直坚持伊朗有权发展民用核计划，同时反对伊朗发展核武器，以免引发地区军备竞赛和武装冲突，使本不平静的中东局势更加动荡，又主张以政治和外交手段解决这一问题。俄罗斯强调，作为伊朗的邻国，俄罗斯比美国更加希望伊朗保持无核化，绝不希望在自己家门口出现一个拥有核武器及其运载手段的国家。伊朗发展核武器既对俄地缘战略安全不利，又会严重冲击国际核不扩散体系，损害世界的和平与安全，这是俄罗斯不希望看到的。

（二）把握核危机控制进程

在核危机中，作为大国在很大程度上决定着危机发展的方向，同时，大国也推动核危机的控制进程。

首先，大国是核危机控制的发起者。核危机影响大国的利益，在防止核武器扩散这个目标的主导下，大国会主动进行核危机控制，防止事态恶化。第一次朝鲜核危机爆发后，美国就是核危机控制的第一发起者，最先采取了强硬的措施逼朝鲜就范。2002 年，第一次伊朗核危机爆发后，为了防止伊朗发展核武器，布什政府向伊朗施加强大政治压力和武力威胁，以期迫使伊朗放弃核发展计划。在美国政府对伊朗进行武力威胁的同时，也利用国际社会的力量对伊朗施压。

其次，大国控制核危机发展的节奏。大国在核危机控制中一般具有军事、经济和外交优势，也具有话语权，把握着核危机发展的快慢、缓急、周期。核危机控制同时受国内外因素的影响，如果国内形势对当前政府不利，或者国内民众对政府不满意，当前政府可能会考虑转移民众的注意力，加速推进核危机问题的解决；相反，如果国内形势比较平静，当前政府可能不急于解决核危机问题。核危机本身关乎利益相关大国时，当事大国也会积极推动或影响核危机控制的节奏，他们利用政治、外交、经济甚至军事手段影响控制核危机的节奏。

（三）影响核危机控制结局

所谓结局，就是指核危机控制的最后结果。对历次核危机案例进行分析可以看出，核危机的结局基本都是世人可以接受的，也符合大国的根本利益。在核危机控制过程中，大国出于各自国家利益和维护国际安全与和平的使命，在不同程度上参与核危机控制，从而影响核危机控制的结局。例如，在南亚核危机中，由于核危机的当事国印度与巴基斯坦的历史积怨与现实矛盾，双方在应对过程中一度陷入困境，但是在美、俄、中的施压促动与积极斡旋下，危机多次化险为夷，危而不破。可以说，大国在核危机控制中起到了关键的作用。伊朗核危机出现后，以英、法、德三国为代表的欧盟反应最为迅速，自 2003 年 10 月起，三国和伊朗进行了多轮会谈并取得积极成果，于 2003 年 12 月签署了《不扩散武器条约》附加议定书。自 2006 年 1 月 16 日起，美国、英国、法国、俄罗斯、中国和德国（即“5 + 1”磋商机制，安理会五大常任理事国和德国）就伊朗核问题举行了多次外长级磋商。六国磋商彰显了国际社会特别是大国对伊朗问题的深度关切。2006 年 6 月，6 国外长在维也纳举行会议并达成共识，提出“六国方案”，该方案成为解决伊朗核问题的基本方案。2015 年 7 月 14 日，伊朗与伊核问题六国达成的全面协议。使这场持续 13 年之久的国际争端最终以政治解决的方式告一段落。

印巴核试验后，安理会五个常任理事国召开外长会议，发表政治声明，宣布不承认印巴“核地位”，敦促印巴恢复和谈，停止核军备竞赛。

二、核危机控制中大国的博弈

在核危机控制中，各大国既有相同的利益，也有各自不同的诉求，既合作又竞争，这种博弈主要表现在以下几个方面。

（一）政治博弈

一是维护大国形象，把握话语权。参与核危机控制的大国，把握核危机控制的话语权，尽可能维护本国利益，在国际上树立大国的形象。在核危机中控制中，如果能有效地发挥作用，不仅会得到国际社会的认可，还会得到国内民众的广泛支持，提高民众的信任度。相反，如果在核危机中不能发挥有效的作用或作用不大，就可能降低国际形象，失去民众的理解和支持。在古巴导弹危机中，美国的胜出使美国总统和政府得到选民的肯定，而苏联尽管很“体面”从古巴撤出，但使苏联丧失颜面，也导致了赫鲁晓夫的下台。

二是获得地缘优势。核危机发生地通常也是地缘政治的一种表现，从地缘上来讲，该地区具有重要的安全、经济价值。利用核危机控制这一机会，大国可以把自己的想法强加给对方，迫使其他国家和被控制者按照自己的意愿行动。也可以扶持或渗透与本国亲近的势力，将该地区纳入自己的势力范围，从而将其他势力从该地区挤出去，打破该地区的力量平衡，按照自己的意愿建立该地区的安全秩序。

如在伊朗核问题上，俄罗斯的利益在不少方面同美国的利益有较大差别，甚至是对立的。因为伊朗紧靠俄罗斯南部边界，接近俄罗斯的战略腹地，俄伊关系状况以及伊的对外关系状况直接牵动俄的地缘战略全局。因此，俄格外警惕美国对伊朗的地缘战略图谋。虽然冷战结束后，俄罗斯和美国不再是争夺世界霸权与激烈对抗的敌手，但实际上双方仍将对方视为对本国安全构成潜在威胁的主要潜在战略对手。因此，美国坚持对俄实施全面的战略挤压。美通过北约东扩和对中亚进行深入渗透，已从东西两面对俄进行战略围堵。唯独在南翼由于伊朗存在反美政权，美在对俄实行战略牵制方面无所作为。美所以在伊朗核问题上大做文章，其目的之一是要以此为突破口，在伊朗实施改朝换代，建立亲美政权，把伊朗纳入美的地缘战略版图，并从南面对俄形成战略钳制。如果美国的战略盘算得逞，那对俄将造成难以估量的战略损害，这是俄罗斯要竭力避免的。俄罗斯对处理伊朗核问题的根本目标是既要防止伊朗拥有核武，又要阻止美国实现其控制伊朗的政治图谋，即阻止美国将伊朗现在的亲俄反美政权演变成疏俄亲美政权。

（二）经济博弈

某些核危机控制大国与核危机当事国有着直接或间接的经济利益，维护本国经济利益也是核危机控制需要考虑的一个因素。在核危机控制中占据主动，可以有效地维护本国经济利益，否则就可能失去经济利益。

如在伊朗核问题中，俄罗斯在伊朗有重大利益。首先，伊朗是俄先进武器的主要买主。仅在2005年11月俄伊签订的一项军火交易合同，俄向伊朗出售的先进防空导弹系统售价即达14亿美元。其次，俄罗斯是伊朗核电站的主要供应者。伊朗从自身长远发展着想，大力开发核能源。由于美国和其他西方国家担心伊朗将民用核技术转化为军用，对伊进行核能封锁，伊只得依靠俄罗斯帮其建设核电站。伊朗布什尔等几个核电站的设备、技术和专家就是由俄罗斯提供的。双方在这方面成交的合同总额达数十亿美元之多。再次，两国有地理邻近之便，经贸关系密切，互为对方重要的贸易与投资伙伴。美国则长期与伊朗交恶，对伊朗进行经济制裁和封锁，与其中断了经贸联系。

（三）军事博弈

军事博弈主要出现在以下几种情况：一是处于核危机中的大国。这种情况下，核危机是由两个或多个国家对抗引发的，如古巴导弹危机中对抗的国家是美国和苏联。二是核危机利益相关大国。利益相关大国指参与核危机控制的大国，但不一定是冲突国家，比如说在朝鲜核危机中的美国、俄罗斯和中国，在伊朗核危机中的美国、俄罗斯、中国和欧盟诸国等。军事博弈的方式主要表现为使用武力或以武力作威胁。使用武力就是直接使用兵力兵器摧毁对方的核设施或相关重要目标，这种方式具有极大的风险，很有可能引发战争。以武力作威胁则是以武力为后盾，向对方释放使用武力的信号，迫使对方屈服或妥协。

古巴导弹危机是一个典型的大国军事博弈的案例。在古巴导弹危机控制中，尽管采取了政治、外交和军事手段，但起主要作用的仍然是军事手段。当时，美国陆军部队10多万、海军陆战队45000余人、战术空军68个中队进入登陆作战准备。海军1个特混舰队、8艘航空母舰和各种作战舰只70多艘承担海上封锁和登陆任务，800余架B－47型轰炸机作好随时出动准备，上百B－52、70架B－58型飞机都已装好弹、90架B－52型战略轰炸机携带着氢弹在大西洋上空待命；100枚“阿特位斯”、50枚“大力神”和12枚“民兵”洲际导弹在发射台上听候指令。战略空军、战略导弹部队和其他军种全部进入战争准备。苏联和古巴方面，42 枚苏联导弹及弹头，以及军事人员已全部到位，2 枚导弹已处于准备状态，2 万苏联部队分布在哈瓦那、古巴中部和东部，在大西洋还有几艘潜艇和军舰。从美苏两家的军事实力对比，可以看出美国在军事实力上明显强于苏联，因此，对抗的结果是苏联撤退了。

三、核危机控制中的主要大国

（一）美国

美国是目前世界上唯一的超级大国，具有强大的经济、军事实力，在全球范围有驻军。美军现役部队人数约 140 万，装备有最先进的陆、海、空、天、网武器装备，将全球划分为 6 个战区，分别是北方战区、南方战区、中部战区、太平洋战区、欧洲战区和非洲战区，并建立相应的联合作战司令部。美国一直将核不扩散作为国家安全战略的重要内容，反对盟国以外的国家研发和拥有核武器，在历次核危机中，利用其强大的政治、经济、外交及军事手段，参与了核危机控制，并发挥重要作用。

一是有区别的反对核扩散。1968 年，国际社会开始签署《不扩散核武器条约》，这期间美国确立了自己的核垄断地位，并借助核武器的威慑力量成为西方盟主，成为影响国际事务的两极之一。反对核扩散也是当前美国的安全战略之一，2015 年美国的《国家安全战略》将防止大规模杀伤性武器的扩散和使用作为美国的 8 大战略安全之一。但是美国在核不扩散问题的政策是亲疏有别。美国自己不受限制地发展核武器，强化自己的核优势；对战略盟国采取默认的方式，美国对以色列的核计划与核开发就没有限制和打压过；对既非盟友又无法打压的大国采取跟踪监控与防范政策，如对中国；对那些与美国敌对或威胁美国重大利益的“麻烦国家”，尽可能地进行遏制打击，不惜任何手段，如对伊拉克、利比亚、朝鲜等国。

二是维护全球战略利益。首先，维护重要的能源基地。比如中东是世界能源的中心产区，又有着极其重要的战略地位，一直是美国全球地缘战略扩张的重点之一。在中东这样重要的战略地区，美国决不希望一个对美国不友好的地区大国来挑战其在这一地区的独家支配地位。其次，维持海外军事基地的安全，目前，伊朗、朝鲜等国拥有较强的军事实力，伊朗的导弹可达美国在中东地区的所有军事目标，朝鲜的导弹可达驻韩、驻日甚至驻关岛的美军基地。核武器及相关技术的扩散，不仅对美军事基地造成威胁，而且还会引起连锁反应，如伊朗、朝鲜等国拥有核武器可能激发其周边国家对核武器的追求，后果不堪设想。核扩散还可能导致恐怖主义组织拥有核武器和核材料。

三是建立亲美势力和政权。美国在全球战略中，一直在输出美国式的思想和文化价值，颠覆反美政府，通过支持和培养亲美人员，建立亲美的政权。伊朗发展核技术始于20世纪50年代，在巴列维王朝时期得到快速发展，其中美国给予伊朗大量技术支持。1957年3月，美国和伊朗签署关于和平利用核能的合作协议，美国承诺帮助伊朗发展核能发电技术。1967年，德黑兰核研究中心成立，美国第一次向伊朗提供了用于研究目的的5000瓦核反应堆。1974年，巴列维国王设立了“伊朗原子能组织”，在美国支持下制定了核能发展计划。对伊朗给予直接技术支持的同时，美国也允许伊朗和其他西方大国开展核技术开发合作。1979年伊斯兰革命推翻了亲美的巴列维王朝，伊朗国内政局发生巨大变化，新上台的霍梅尼政权在对外政策上，对美国持敌对态度。美国与伊朗关系日益恶化，这也成为日后美伊矛盾的源头。2002年9月6日，美情报机构依据两幅侦察卫星照片，证实伊朗正在纳坦兹和阿拉克建造两个秘密的核设施。阿拉克的核设施可能是个重水反应堆，纳坦兹的核设施可能是离心机类的浓缩铀提炼设备。伊朗这些核设施的曝光，使美国意识到伊朗核技术已经取得重大进展，并有制造核武器的可能。

四是改造国际核不扩散机制。美国认为，现存的国际核不扩散体制已不能适应业已变化了的安全威胁，不能满足新的世界安全环境的客观需求。所以美国竭力要将国际核不扩散机制改造为美国建立由其主导的新的世界安全秩序的政策工具之一。伊拉克战争是美国实践其改造这一机制的一次主动出击。美国在伊朗、朝鲜核问题上咄咄逼人的行动是其为推进这一目标而采取的新的战略举措。

（二）俄罗斯

苏联解体后，俄罗斯经历了整整10年经济严重衰退、政治不稳定和社会极度混乱的时期，其综合实力受到很大削弱，但仍不失为一个大国，其强大的核力量、巨大的发展潜力、联合国安理会常任理事国的地位，在核危机控制中作用有限，但也发挥了积极的作用。

一是主张核不扩散，维护地区和平安全与稳定。力倡和谈，不赞成使用武力、武力威胁，或者制裁的方式解决核危机。在朝鲜核问题上，俄罗斯积极支持西方对朝鲜核设施进行国际监督的立场。当时俄罗斯外交部长科济列夫表示，俄罗斯在朝鲜半岛问题上“首要利益是排除在那里出现核武器的可能性，督促朝鲜民主主义人民共和国使其所做的一切符合朝鲜本国人民的利益——把所有核装置置于国际监督之下”。第二次朝鲜核危机之后，俄罗斯采取了积极的建设性方针，积极开展外交协调，参加朝鲜核问题北京六方会谈，主张以和平方式来解决朝鲜核危机，保证朝鲜半岛的无核地位，呼吁各方遵守《不扩散核武器条约》等有关国际条约和协定，保证朝鲜在内的各有关国家安全，寻求朝鲜面临的经济和人道主义问题的解决办法。伊朗紧靠俄南部边界，接近俄罗斯的战略腹地，俄伊关系状况以及伊的对外关系状况直接牵动俄的地缘战略全局。

二是重整俄罗斯大国形象。普京总统以重振俄罗斯大国地位为己任，在国内加紧振兴经济，提升俄罗斯的实力水平，在国外大力扩大俄罗斯的影响。为此，俄除紧抓对独联体的主导权之外，还把加强在其南翼近邻中东地区的影响作为其对外战略的一个重点。扩大在伊朗的影响又是俄中东政策的一个重点。美国则凭借其超强实力，竭力独主中东沉浮，只让俄罗斯在配合其战略目标的框架内发挥作用，不让俄分享其在中东的主导权，在伊朗核问题上也是如此。俄罗斯当然不愿甘当美国的随从，完全配合美国的行动，而要在中东事务尤其是在处理伊朗核危机上发挥自己的独特作用。这既是俄罗斯战略利益所在，也是俄罗斯作为一个大国的声望所系。

三是制衡美国的重要力量。虽然冷战结束后，俄罗斯和美国不再是争夺世界霸权与激烈对抗的敌手，但实际上双方仍将对方视为对本国安全构成潜在威胁的主要潜在战略对手。因此，美国坚持对俄实施全面的战略挤压。俄罗斯对处理伊朗核问题的根本目标是既要防止伊朗拥有核武，又要阻止美国实现其控制伊朗的政治图谋，即阻止美国将伊朗现在的亲俄反美政权演变。俄罗斯联手中、韩，共同抵制美国在朝核问题上的单边倾向；着力发展俄朝关系，借以增强对半岛事务的影响力并增加对美外交的筹码。

（三）中国

中国在朝鲜战争、第一次台海危机曾遭受美国威胁使用核武器的风险，深知使用核武器给人类带来的灾难。1964 年 10 月 16 日，中国第一次原子弹试验成功后，随后向世界宣布“不首先使用核武器，不对无核国家使用核武器”的核政策。中国作为世界上维护和平的一支重要力量，在国际核危机上发挥了重要作用。

一是坚持核不扩散的根本立场。中国是《不扩散核武器条约》的缔约国，中国既不向外扩散核武器，也反对其他国家和地区扩散核武器。认为，无论是我国周边地区还是世界其他地区的核扩散引发的危机，都会对地区和世界和平造成严重的影响。在朝核危机中，中国政府坚定不移的一贯立场的是，实现半岛无核化，反对核扩散，维护东北亚和平与稳定。

二是坚持通过和平解决，反对武力。在解决国际争端中，中国历来主张，采用政治、外交手段，反对使用武器和使用武力作威胁。周边国家的和平与稳定，是国家稳定发展的重要因素。和平化解核危机，改善周边战略环境，是落实战略机期的一个重要环节。如果周边核危机引发大规模动乱和战争，势必导致中国的国际安全环境严重恶化，并极大冲击我国边境地区社会稳定和经济发展。随着中国利益的全球拓展，世界的和平也关系到中国的利益，核危机引发的冲突和战争不仅破坏当地的和平与稳定，势必影响我国海外企业的正常生产、商品与货物的运输、中国公民及侨民的人身安全等。

三是积极化解核危机，展现大国形象。目前，中国是世界第二大经济体，国家综合实力显著提升，积极参与国际事务，化解核危机，不仅符合国家利益，也是一个负责任大国的义务。在朝鲜核危机中，中国与相关各方积极斡旋，多次促成会谈各国重回谈判桌，6 次六方会议均在中国的主持下召开。中国还赞成联合国通过的制裁决议，并积极落实决议的内容，促使朝鲜停止核试验，回到核不扩散条约框架。2006 年 5 月 3 日，中国作为伊核问题六国之一，首次参与了伊朗核问题协调会议，随后，积极倡导和平解决伊核问题，为恢复伊朗核问题谈判作了大量的努力，经过多年艰苦谈判，2015 年 7 月 14 日，终于达成了伊核问题全面协议。2018 年金正恩访华时表示，朝方感谢并高度评价中方在推动半岛无核化、维护半岛和平稳定方面发挥的重要作用，希望同中方及有关各方一道，推动构建朝鲜半岛持久牢固和平机制，为实现半岛持久和平共同努力。

（四）欧盟主要国家

欧盟是欧洲联盟的简称，现有28个会员国。欧盟作为一个整体，在国际舞台上发挥着重要的作用。欧盟在核危机控制特别是在伊朗核问题中表现尤为积极。

一是积极防止核扩散。防止大规模杀伤性武器扩散尤其是核扩散是欧盟的核心关切之一。伊朗核问题更引起欧盟的高度关注。中东地区是欧洲的战略侧翼和主要能源基地，维护该地区的安全与稳定关系欧盟国家的根本利益。如果伊朗发展和掌握核武器及其运载手段，就可能打开中东地区大规模杀伤性武器扩散的魔盒，给本已紧张、动荡的中东局势火上浇油，甚至使其有失控之虞；更严重的是，欧洲大陆有朝一日可能会笼罩在伊朗核打击威胁的阴影之下。这是欧盟绝对不能接受的。在不让伊朗发展核武器，消除其潜在的核威胁这一问题上，同美国的目标是一致的。因此，围绕解决伊朗核问题，欧盟与美国之间一直进行密切的协调与合作。

二是努力成为世界多极中的一极。而随着自身力量的壮大，欧盟希望在世界舞台上发挥与其实力地位相匹配的举足轻重的作用，致力于在西方联盟中成为美国的平等伙伴，成为中东事务的主角之一和世界战略格局中的独立一极。伊拉克战争之后，欧洲许多国家一直在思考，在解决重大国际危机中，欧洲首先必须考虑自身的战略利益，不能完全被美国牵着鼻子走，要运用欧洲的软、硬实力，发挥自己的独特作用。

作为伊核问题“利益攸关方”，欧盟始终致力于促进该问题的妥善解决。在对待伊朗核问题上，它与美国虽有相同的目标，但也存在利益博弈。欧盟就是抱着这种心态介入伊朗核问题的处理，积极同伊朗展开谈判。

所以，在伊朗核问题上，欧盟既反对伊朗发展核武器，以免引发地区军备竞赛和武装冲突，使本不平静的中东局势更加动荡，又主张以政治和外交手段解决，即发挥联合国的主导作用，通过核查、谈判等和平方式解决危机，不同意美国像对待伊拉克一样，过分夸大其威胁程度，对伊朗采取军事行动。欧盟还认为美国对伊朗采取强硬政策会增强伊朗保守派的势力，使其加大对中东和北非恐怖主义的支持。欧盟更担心这会更加激化美国推行单边主义和谋求独家主导中东和国际事务的行动，从而削弱欧洲的作用和影响。如果完全按照美国旨意解决伊朗核问题，伊朗有可能像伊拉克一样被纳入美国主导的轨道，从而为美国独家主宰中东打下更牢固的基础，而欧盟只能在中东居于配角地位。

在欧伊谈判无法取得进展的情况下，欧盟调整政策，试图借助联合国向伊朗施压，迫使其回到谈判桌上来。欧盟始终坚持与伊朗进行严肃对话，以外交手段解决问题。由于欧盟的主张相对温和、务实，并在一定程度上允许伊朗和平利用核能，伊朗一直愿意向欧盟敞开谈判之门。欧盟的立场和努力推动了伊朗核问题的合理解决。

第八章
古巴导弹危机控制

古巴导弹危机，是20世纪60年代初，在美苏两个核大国疯狂进行军备竞赛和为争夺世界霸权而进行激烈斗争的大背景下发生的。是人类进入核时代以来，世界面临的最为严重和惊心动魄的一场危机。它几乎引发了一场核大战，使人类进入了毁灭的边缘。古巴导弹危机的发生及其最终化解，给后人对核武器的作用、历史地位、控制核危机及遏制核战争等方面，留下广泛的思考和认识空间，不仅使研究战争和国际关系的人们感兴趣，而且值得生活在和平时期的人们去回顾和思考。

一、古巴导弹危机概述

（一）背景

20世纪五六十年代，是全世界反殖民主义浪潮风起云涌的时代，很多前殖民地或半殖民地国家纷纷独立。1955年1月1日，年仅32岁的菲德尔·卡斯特罗领导古巴人民，推翻了亲美卖国、贪污腐化的巴蒂斯塔政权，取得了革命的胜利，1月13日成立了古巴共和国。

在古巴革命胜利之初，并未引起世界的重视，因为中、南美州一向是动荡不安的，各种政变和革命不断发生。最初美国试图拉拢古巴新政权继续走半殖民地道路，希望能继续维持美国在古巴的特权：如驻军、治外法权、特殊商业利益等。但是古巴人民的理想是建立一个独立自由的古巴。1959年6月，古巴新政府的领导成员发生很大变动，美国政府担心控制不了古巴，后院起火，动摇美国在拉美的统治基础，于是就对古巴新政权产生了怨恨和不满，并且以傲慢的态度对待古巴，企图逼新政府就范。但是古巴新政府并不屈服于美国的压力。因此，美国与古巴的关系日益恶化。1961 年 1 月 5 日，美国竟然宣布同古巴断绝外交关系，并开始着手颠覆古巴新政权了。

20 世纪 50 年代后期，在军备竞赛中，肯尼迪政府拚命扩充其核武库，使美国在苏美核竞赛中处于领先地位。苏联出于同美国争夺霸权的需要，想在拉丁美洲找一个立足点，因而，对古巴的处境表现出异乎寻常的关切。当受到美国强大压力之时，卡斯特罗自然想到可以向苏联寻求援助。在美国同古巴绝交后，苏联就抓住机会，增加了对古巴的经济、军事援助。

1961 年 4 月，发生了著名的“猪湾事件”，在美国中央情报局的策划下，由美国海空军提供支持，1400 名全副武装的古巴流亡分子在猪湾登陆，企图突袭并推翻古巴革命政权。然而这次行动遭到了可耻的失败，古巴军队全歼了这些叛徒，400 名叛徒被打死，1000 人被活捉。

按美国颠覆外国政府的做法，低成本低风险的代理人战争失败之后，就轮到美国军队赤膊上阵了。当时的古巴军队非常弱小，主要装备是轻武器，显然无法抵挡美国的入侵。因此只有求助于苏联的帮助。

苏联向古巴提供了大批武器装备，派出了顾问团。但这远远不够，因为古巴距美国仅 140 千米，距苏联 11000 千米，苏联也没有能力在如此遥远的地方和美国对抗。1962 年，美国所拥有的核运载工具大约比苏联多 5 倍。苏联拥有约 350 枚至 700 枚短程导弹，但这些导弹不能从苏联发射到美国，只能发射到欧洲。苏联只有 200 架洲际轰炸机，而美国却有 600 架。美国还有大约 130 枚至 150 枚导弹装置在“北极星”潜艇上。美国核武库中的新成员和美国制定的“打击军事力量战略”又给苏联的核力量带来了巨大的威慑。

当时的苏联领导人赫鲁晓夫面对美国的核优势，一直热衷于发展火箭部队，对常规部队建设采取压制的态度。因此，当时赫鲁晓夫手中只有一张牌可打——中程弹道导弹。苏联决定在古巴秘密部署中程弹道导弹，这一行动如果成功，将改变苏联在美国核武器包围之下的不利地位。苏联认为，在古巴安置大约 60 枚导弹，有的射程 1000 英里，少数射程 1500 英里到 2000 英里，可以避开美国的预警系统，使苏联打击美国的能力增加 1 倍，从而提高苏联的威胁作用。对古巴来说，苏联导弹也可以平衡美国的军力优势。因此，1962 年 6 月，苏联和古巴秘密签订了关于在古巴领土上布置苏联导弹的协定。揭开了古巴导弹危机的帷幕。

苏联在古巴部署导弹，主要有以下四个方面考虑：一是苏联想通过在古巴部署核导弹，增加能够攻击美国本土的核弹数量以改变美苏核力量对比失衡的局面，进而实现苏美在全球战略上的均势。二是苏联想保护古巴这个新生的社会主义国家，使其免遭美国的入侵，并避免苏联作为世界社会主义阵营领袖的声誉受到损害。三是苏联准备在柏林问题上摊牌，制造危机来分散美国的力量部署和战略注意力。四是由于美国在土耳其部署了导弹，苏联想取得和美国的导弹部署相对称的局面。在这些原因中，第一条原因是主要原因，当时战略核力量上逊色的苏联试图通过冒险来取得与核武力量占优势的美国相当的战略地位。亨利·基辛格在危机爆发前就曾预测到苏美之间由于在核导弹上的差距，苏联可能会对美国进行核讹诈，极有可能在美苏之间引发核危机。

（二）经过

1962 年 7 月，第一批苏联导弹运抵古巴，但当时美国情报机关认为这些是萨姆 –2 防空导弹。这批货物中确实有萨姆 –2 防空导弹，但它们的任务是建立掩护中程弹道导弹的防空网。8 月 29 日，美国 U –2 侦察机发现了建设中的地对地导弹发射阵地，这些阵地和防空导弹阵地有很大差异。此后美国又发现了运输巨型导弹的专用货船，其货箱尺寸远远超过萨姆 –2 防空导弹。这些迹象越来越引起美国的怀疑，直到 10 月 15 日，由鲁道夫·安德森少校驾驶的美国 U –2 飞机拍摄到了中程弹道导弹的照片。美国最后确认苏联已经在古巴部署了 16—32 枚导弹核武器。

10 月 16—19 日，美国国家安全委员会执行委员会（简称“执委会”）连续召开会议讨论对策，当时提出了 7 种方案：（1）不采取行动。（2）外交行动，把问题提交联合国。（3）派特使去苏联，私下解决问题。（4）用威胁和利诱手段离间古苏关系。（5）进行封锁。（6）空袭。（7）全面入侵。

当时讨论的焦点主要集中在空袭和封锁两策上，最终温和派占上风，决定对古巴进行海空封锁。为此，美国调动了 180 艘舰船（包括 8 艘航母），68 个空军中队、另外有 5 个师的部队集结在佛罗里达准备入侵。

10月22日，美国总统肯尼迪公开宣布苏联在古巴部署了导弹，美国决定开始封锁。同时，美国摆出一副核大战的样子，战略空轰炸机带核弹升空、战略核潜艇出海，全球美军处于核战备状态。23日，肯尼迪总统签署了《禁止进攻性武器运往古巴》的公告。

针对肯尼迪发表的广播讲话，10月23日，苏联政府发表声明，表示仍要按苏古协议继续使用武器“援助”古巴，“坚决拒绝”美国的拦截，对美国的威胁“将进行最激烈的回击”。当天，苏联潜艇开始驶进加勒比海。

10月24日，在68个空军中队和8艘航空母舰护卫下，由90艘军舰组成的美国庞大舰队出动了。美舰从佛罗里达到波多黎各布成了一个弧形，封锁了古巴海域。与此同时，美国导弹部队全部奉命处于“高度戒备”状态，800架B—47型轰炸机作好随时出动的准备，上百架B—52、70架B—58型飞机都已装弹。90架B—52型战略轰炸机携带着氢弹在大西洋上空待命。100枚“阿特拉斯”、50枚“大力神”和12枚“民兵”洲际弹道导弹在发射台上听候指令。不仅在佛罗里达和邻近各州，美国集结了第二次世界大战后最庞大的登陆部队准备参战，而且世界各地的美军基地也进入戒备状态，剑拔弩张地准备打一场全球性的核战争。

24日上午10时刚过几分钟之后，两艘苏联船——“加加林号”和“科米莱斯号”已经距离美军封锁线只有几海里之遥了，同时，一艘苏联潜艇已经插入那两艘船之间的位置。危机局势已发展到了战争的边缘。但最后，苏联的船只停下来，并掉头走了。这使肯尼迪大松一口气。10月25日，一艘苏联油船“布加勒斯特号”和一艘东德客轮“人民之友号”不顾封锁直驶古巴。令他们意外的是，两艘船只被美国准许不加检查就通过了隔离线，理由是它们不可能载运导弹或其他类似的设备。

与此同时，美国在外交领域也加强了攻势。10月25日（星期四），美国驻联合国大使史蒂文森在联合国大会上出示了照片证据，美军侦察机拍摄的空中照片显示了导弹基地的工作正在以特快的速度进行着，伊尔—28型轰炸机也正在迅速拆箱和装配之中。而后，联合国代理秘书长吴丹和英国哲学家伯兰特·罗素向苏联和美国政府发出了调解呼吁。

10月25日，赫鲁晓夫首次表明了他对这一事件的立场。他在致罗素的信中称：“我们将尽一切力量防止战争爆发。我们充分认识到，这场战争一旦爆发，从它开始那一刻起，就会成为一场热核战争和世界大战。”

同日，联合国代理秘书长吴丹开始了同赫鲁晓夫和肯尼迪的第二轮通信。在苏联方面，他要求赫鲁晓夫保证，命令其开往古巴的船只不要驶入美国封锁海区，赫鲁晓夫答应了。在致肯尼迪总统的信中，吴丹要求美国在加勒比海的船只尽可能避免与苏联船只直接对抗，以减少发生无可挽回的意外事件的可能。肯尼迪也同意了，但要以苏联政府掉转船头为条件。

10 月 26 日（星期五），赫鲁晓夫给肯尼迪写了一封被白宫形容为“充满着要避免核战激情”的信。

10 月 26 日，肯尼迪得知一艘美国电子情报船在古巴沿岸与对方交火了。他觉得，现在就打还不是时候，就下令让这艘船撤至海上。

在美苏高层相持不下的时侯，发生了多次“擦枪走火”的事件。10 月 27 日，美国战略空军司令部侦察联队的一架 U－2 飞机从阿拉斯加的艾尔森空军基地起飞，执行一次“例行的空中取样任务”，但它偏离航向飞进了苏联远东的楚科奇半岛上空。位于苏联东北部弗兰格尔岛上的苏联米格飞机紧急起飞拦截该机。麦克纳马拉得知这一消息后，大为光火，这架 U－2 飞机飞出了苏联领空，没有发生战斗。肯尼迪接到报告后，决定对此事保持沉默，坐等苏联先开口。在古巴上空，另一架 U－2 飞机被苏联防空导弹击落，10 月 14 日曾发现苏联导弹的鲁道夫·安德森少校当场毙命。同日，美国准备轰炸古巴进行报复，而苏联则试爆了一颗原子弹。此时此刻，核大战一触即发。

正当国家安全委员会执行委员会在激烈紧张地辩论应采取什么对策和一筹莫展的时候，总统弟弟、司法部长罗伯特·肯尼迪灵机一动，想出了一个摆脱危机的办法。他说，为什么不可以不理睬赫鲁晓夫的第二封信而只回答第一封信呢？为什么不可以把星期六抛开而只集中在星期五上面呢？肯尼迪总统对他弟弟这一想法很感兴趣，决定最后一次暂时按兵不动，再给他的外交顾问们一次机会。他向赫鲁晓夫发出了一封信，接受他 10 月 26 日星期五的“提议”。

赫鲁晓夫领会了肯尼迪的暗示。他认识到，长期容忍无法打破而又日益加强的封锁不利于苏联，封锁拖得越久，苏联的损失比美国还要大。事实上，肯尼迪已打算考虑把石油加在“隔离”的单子上。因此，赫鲁晓夫决定利用这个“台阶”体面地让步。10 月 28 日，星期六。莫斯科电台广播了还没有来得及校阅的赫鲁晓夫的回信。随着这封信的播出，古巴导弹危机开始缓解。

（三）结果

经过紧张的对峙，古巴导弹危机化解。美苏做出了相应的承诺，并进行了兑现。（1）苏联停止了在古巴修建导弹基地，撤回导弹、导弹发射架以及伊尔—28 轰炸机，并保证不再把类似的武器系统运往古巴。（2）美国取消目前所实行的隔离措施，并保证不进攻古巴。

11 月 21 日，赫鲁晓夫下令在 30 天内全部撤走在古巴的导弹、飞机及其他军用设施，最终苏联从古巴撤走了 42 枚导弹。随之，美国也终止了对古巴的海上隔离措施。至此，古巴导弹危机结束。

二、古巴导弹危机控制目标与原则

（一）控制目标

美国的目标是，要苏联将导弹从古巴撤出，确保苏联在古巴不会对美国造成军事威胁。

苏联的目标是，体面地从古巴撤出导弹。

（二）基本原则

保持接触。古巴导弹核危机中，尽管双方斗争十分激烈，甚至一度发生军事冲突，发生了在古苏军击落美军 U－2 侦察飞机和美军用深水炸弹逼浮苏军潜艇的事件，双方海上力量形成尖锐对峙，战争处于一触即发之势。但双方始终通过各种方式，保持有效的沟通，了解对方或让对方了解自己的态度与行动。在 10 月的最后几天，古巴导弹危机已使世界濒临核战争的边缘，但是两国首脑保持密切的通信，将战争转向和平发挥了重要的作用，大约十八九篇首脑级声明和信件起了关键性作用。仅在三天之中，肯尼迪和赫鲁晓夫之间措词严厉的书信往来竟达五封之多。顺畅的沟通，可以最大程度地减少因相互误判而将事态引向极端。有助于危机的有效控制与和平化解。

慎用武力。苏联虽然把核武器运到古巴，但并不是想采取与美国拚死一战的方针，而是企图“既能对付美国威胁，又能避免战争”。苏联最初并未料到美国的反应会如此强烈。事态恶化后，赫鲁晓夫不想进一步激化矛盾、冲突，而是要求肯尼迪共同关心如何拯救和平，他意识到核时代的世界大战是人类的灾难。

不想让事态扩大到不可收拾的地步，正是肯尼迪选择封锁而反对空袭的一个很重要的原因。肯尼迪担心，如果美国入侵古巴或进行空袭，很可能导致双方的措施与反措施，行动与反行动，使这个不幸的世界陷入可怕的绝境。因此，他特别希望避免你来我往，变本加厉，导致对抗升级的武装冲突。封锁的好处是使美国可以更有节制地升级，根据形势发展的需要逐步升级或迅速升级。向赫鲁晓夫发出一种明白无误的，而又不是突然的或屈辱性的警告，让他们了解美国人期待他采取什么行动。封锁是慎重的，可以避免重大伤亡，可以避免进攻古巴领土，所以它比空袭更容易为其他国家所接受，使美洲国家和盟国支持美国初步采取的立场，并使以后需要采取的行动，不论是空袭还是其他行动，都更有可能得到他们的支持。

合理合法。纵观古巴核导弹危机控制和化解的全过程，尽管赫鲁晓夫不顾卡斯特罗的可能感受，及时、果断地抓住了美国刻意为其意准备好的台阶，较为体面地实现了危机的解决。但苏联总体上处于极其被动的地位。这主要是因为苏联的国家安全利益在古巴没有直接牵连，因此，苏联在古巴部署导弹一事，找不到能够自圆其说的正当理由，也就无法获得普遍同情和支持。相反，西欧及北大西洋公约组织普遍表示支持美国。在巴黎，戴高乐在接见美国总统特使迪安·艾奇逊时表示，美苏之间“如发生战争，我将同你们站在一起”。在波恩，阿登纳和戴高乐一样，表示了“坚持支持美国的立场”。同时，在联合国安理会，美国常驻联大代表史蒂文森和苏联常驻联大代表瓦列里安·佐林就古巴有无苏联核导弹问题进行了激烈的辩论，史蒂文森当场向与会各国代表提供了有关苏联导弹的照片证据，结果在世界公众面前又给了佐林的狡辩以致命的一击。另外，非洲当时在战略上对苏联有着极大的重要性。因为它飞往古巴的飞机，必须在非洲的机场加油。可是，在通向古巴的航线上，几内亚的塞古·杜尔（卡斯特罗的好友）和阿尔及利亚的本·贝拉都向肯尼迪保证，“他们将拒绝给予俄国飞机的过境权”。原因是，他们都反感苏联在别国领土上建立军事基地。出于地区安全的考虑，美洲竟有 19 个国家公开支持对苏联的“隔离”措施。美洲多数国家的支持显得尤为重要，因为要是没有这种支持的话，苏联很可能要对隔离检查的合法性提出挑战。

三、古巴导弹危机控制决策

1962 年 10 月 16 日晨，肯尼迪总统听过国家安全事务助理乔治·邦迪的汇报之后，立即指示邦迪召集政府主要成员在上午 11 点 45 分开会，讨论对苏联把导弹运进古巴的对策。

（一）决策人员

危机发生后，肯尼迪召集了其信任的人士以及国务院、国防部、中央情报局等负责人组成了一个国家安全委员会执行委员会作为临时决策机构，简称执委会。参加会议的人员，除了总统和副总统，还有国务卿、副国务卿帮办、拉丁美洲事务助理国务卿、国防部长、国防部副部长、助理国防部长、司法部长、中央情报局局长、财政部长、总统的国家安全事务特别助理、总统顾问和参谋长联席会议主席等人。这些人组成了国家安全委员会执行委员会。

执委会没有要求任何国会议员参加，因为肯尼迪认为，“国会在这个关头既无法牵制他也帮不了他什么大忙”。直到 10 月 22 日晚上 5 点，肯尼迪总统决定发表电视讲话宣布决定的两小时前，才会见了一批国会领导人。

（二）决策程序

1. 确定控制目标

执委会首先讨论了赫鲁晓夫在古巴部署导弹的战略意图，提出了几种不同看法。

第一种看法是冷战策略。持这种意见的人认为，赫鲁晓夫可能断定美国人太胆小，不敢冒核战争的风险，美国人一旦实际面对着这些导弹，除了抗议之外，不会做什么别的，这样美国人就会在全世界面前显得软弱无力和优柔寡断，从而使盟国不相信美国的话而谋求同苏联人和解，特别是听任共产党在拉丁美洲增加影响。认为赫鲁晓夫在核武器上花了大量的金钱和力气之后，虽然希望永远不会在战争中使用它，但至少他想再试上一试，用它来达到讹诈的目的。所以，这是对美国抵抗意志的一次试探和考验。

第二种看法是一个转移注意力的圈套。有人说，依照赫鲁晓夫的估计，如果美国真得作出反应——假定说，进攻“小小的”古巴——那么盟国就会出现分裂，联合国就会感到震惊，拉丁美洲国家的反美情绪将会比过去更为激烈。当美国的部队和精力转移到这里时，赫鲁晓夫就会乘机迅速进入西柏林。还有人推测，赫鲁晓夫还估计到，美国方面的任何强烈反应，都有助于他向斯大林分子和中国人证明，西方并不是“纸老虎”。

第三种看法是为了保卫古巴。认为赫鲁晓夫之所以要大力扶植古巴，不能听任古巴垮掉，就在于他意识到：苏联在西半球有一个卫星国是极有价值的，这对苏联推行对外扩张政策和与中国对抗，都非常有利。

第四种看法是讨价还价的交易。认为赫鲁晓夫企图利用这些导弹基地作为筹码，在一次最高级会议上或在联合国中与肯尼迪讨价还价——以这些基地换取他所需要的那种柏林协定，或换取美国撤退其海外基地。

第五种看法是为了显示导弹实力。有人认为，苏联急于弥补美苏在导弹方面存在的差距。如果发展洲际弹道导弹和潜射导弹，费用太高；如果在古巴设置基地，部署他们现有的中近程弹道导弹和中远程弹道导弹，那么他们就能迅速而相当廉价地大大增加以美国为目标的导弹总数。这些导弹能够越过美国大多数导弹警报系统，在发射和到达目标这段时间里，美方不可能发出战术警报。美核轰炸机在跑道上保持的15分钟地面待命，就嫌时间太长了。

肯尼迪认为，第三、第五种看法，可能是苏联方面的动机，但第一种看法所指出的可能性，或许最切合实际。由于对苏联动机的分析各持己见，无法很有把握地肯定其中一种意见，因此在讨论对策或可能采取的行动时，依然是见解纷呈，莫衷一是。

无论苏联的动机如何，最终目标是“将苏联赶出古巴”。

2. 提出控制方案

10月17日，国家安全委员会执行委员会在继续讨论对策时，至少提出过七种可供选择的方案：

（1）目前什么行动也不采取；

（2）采取外交行动，把苏联人拉到联合国安理会上去解决问题；

（3）派使者去见赫鲁晓夫，对苏联人施加压力并提出警告，悄悄解决此事；

（4）离间苏古关系，即同卡斯特罗秘密接触，使他同苏联人分开，并向他提出警告，倘若不接受美国的建议，他的岛国将遭到毁灭，况且，苏联人也正在出卖他；

（5）进行封锁；

（6）实行空袭；

（7）入侵古巴，军队开进去，把古巴从卡斯特罗手里夺过来。

3. 评估、优选控制方案

国家安全委员会执行委员会成员，最后形成了两种带倾向性的意见。

一是以参谋长联席会议主席马克斯韦尔·泰勒上将为一方，包括肯尼迪总统顾问中的多数人，主张全面空袭古巴，属于“强硬派”。他们认为，封锁解决不了问题，应力求以空中袭击，摧毁那些导弹，这一办法不仅可以显示美国的决心，而且会使赫鲁晓夫恢复理智。持这一主张的人也认识到，要在军事上万无一失，就需要进行更大规模的打击，以消灭一切可能产生的危险。他们指出，空袭之后，几乎可以肯定需要继之以陆上进攻，在进攻中可能会有2.5万美国人和相应数量的古巴人伤亡。他们确信，由于美国在西半球的军事优势，上述空袭和陆上入侵定然成功，苏联人的反应，很可能是在侧翼地区，或者甚至是对北大西洋公约组织的心脏地区采取军事行动。

二是以国防部长麦克纳马拉为代表的“温和派”，则提出了对古巴实行海上封锁的主张。他们认为，封锁“目的在于阻止把进攻性武器运进古巴，并且渴望强迫撤走已经设置在那里的导弹”。他们还指出，封锁是一条介乎无所作为和战争之间的中间道路，这条道路利用了美国在当地常规力量方面的优势，同时使美国在以后的行动上处于既可战又可和的有利地位。

那些主张采取军事打击、反对封锁的人指出，封锁实际上搞不掉导弹，甚至也无法使导弹基地停止继续工作。导弹已经运进了古巴，用封锁的办法，充其量只能做到“亡羊补牢”而已。此外，他们还争辩说，当应该集中注意力对付古巴和卡斯特罗的时候，将会因为迫使苏联船舶停航而引起同苏联发生一场对抗。他们最有力的论点是，美国在古巴周围设置封锁线，等于引诱俄国人对柏林采取同样的行动。如果美国提出以撤除在古巴的导弹作为美国解除封锁的条件，那么，苏联就会提出撤除包围苏联的导弹作为相应的行动。

10月19日，封锁的方案获得了更多的支持者，“封锁派”已占了绝对优势。肯尼迪总统作出了对古巴实行海上封锁的最终决定。

四、古巴导弹危机控制手段

在古巴导弹危机控制中，双方使用了外交、政治、军事等手段。

（一）外交手段

10月18日下午，为了表示一切处于正常，肯尼迪接见了苏联外长葛罗米柯。葛罗米柯无疑也知道苏联有核导弹在古巴，但他不知道肯尼迪已经知道了这件事，因此他矢口否认在古巴布置有导弹一事。葛罗米柯说，苏联对古巴的援助，“目的完全在于对古巴的防御能力提供帮助。如果情况不是这样，那么苏联政府是不会给予这种援助的”。为了不让苏联察觉到美国已知此事，从而有更多的掩盖和准备时间，肯尼迪在葛罗米柯面前装糊涂，没有多说关于古巴的事情。

10月22日下午6点，美国国务卿腊斯克会晤了苏联驻美国大使多勃雷宁。大使从屋子里走出来时，铁青着脸，显得惊慌失措。

而后，联合国代理秘书长吴丹和英国哲学家伯兰特·罗素向苏联和美国政府发出了调解呼吁。

（二）政治手段

10月22日晚上7点，肯尼迪在白宫的书房里，向美国和全世界发表广播讲话，通告了苏联在古巴部署核导弹的事实。肯尼迪认为这一“秘密、迅速和异乎寻常的导弹设施”是“蓄意的挑衅和对现状作出的毫无道理的改变，是美国不能接受的”。

10月25日（星期四），美国驻联合国大使史蒂文森在联合国大会上出示了照片证据，美军侦察机拍摄的空中照片显示了导弹基地的工作正在以特快的速度进行着，伊尔—28 型轰炸机也正在迅速拆箱和装配之中。

肯尼迪在广播讲话中说，20 世纪 30 年代使我们吸取了一个明确的教训：如果允许侵略行动不受遏止和不遭反对地继续下去，最终必将导致战争。肯尼迪告诫道："我们已开始的努力是困难和危险的"，而"最大的危险将是我们不采取任何行动"。他威胁说："我们不会过早地或不必要地冒全球性核战争的风险。在核战争中，甚至胜利的果实也是到嘴的灰烬，然而到了必须面对这种风险的时候，我们也决不畏缩。"

演说由美国新闻署用 38 种语言，播往世界各地，并立即用更多种语言书面印发出去。肯尼迪的讲话，使美国和全世界都感到震惊。

（三）军事手段

肯尼迪 10 月 19 日作出海上封锁的决定之后，美国政府就迅速行动起来。

美国在军事上加紧为封锁作准备。海军在加勒比海部署了 180 艘舰艇；B—52 轰炸机部队奉命满载核武器在空中作昼夜飞行；第一装甲师深夜从得克萨斯州出发，开往佐治亚州的港口，准备上船；另外还有 5 个师处于戒备状态。

10 月 22 日，肯尼迪演说刚一结束，美"北极星"导弹潜艇便从军港蜂拥而出，向预定位置进发。包括北美防空司令部在内的美驻世界各地常规部队和战略核力量部队被命令进入 3 级国防戒备状态（国防戒备状态共分五级）。战略空军司令部首次进入 2 级国防戒备状态。10 月 24 日上午 6 时，就在"隔离"正式生效前几个小时，战略空军司令部进入了高度戒备的状态：

（1）作战人员 24 小时昼夜警戒值班。

（2）取消所有休假，召回全部人员。

（3）183 架 B—47 型轰炸机飞往 33 个预先选定的民用和军用机场。

（4）B—52 空中警戒训练计划被扩充，以保证全部 B—52 飞机的 1/8 在 24 小时内不停地轮班作警戒飞行。一架飞机着陆后，另一架马上升空。这样，在空中一直有 57 架轰炸机和 61 架加油机在飞行。载有 182 件核武器的 49 架 B—52 轰炸机保持战位，随时准备执行命令。

（5）额外增加的B—52和B—47轰炸机及加油机在扩充的跑道上待命起飞。机场值班飞机共计672架轰炸机和381架加油机，共载有1627件核武器。

（6）90枚“宇宙神”和46枚“大力神”洲际弹道导弹处于高度戒备状态。

与此同时，美国务院、国防部和白宫的许多官员实行24小时值班，在办公室里搭起帆布床，全体工作人员轮流值班。

10月24日，在68个空军中队和8艘航空母舰护卫下，由90艘军舰组成的美国庞大舰队出动了。美舰从佛罗里达到波多黎各布成了一个弧形，封锁了古巴海域。与此同时，美国导弹部队全部奉命处于“高度戒备”状态，800架B—47型轰炸机作好随时出动的准备，上百架B—52、70架B—58型飞机都已装弹。90架B—52型战略轰炸机携带着氢弹在大西洋上空待命。100枚“阿特拉斯”、50枚“大力神”和12枚“民兵”洲际弹道导弹在发射台上听候指令。不仅在佛罗里达和邻近各州，美国集结了第二次世界大战后最庞大的登陆部队准备参战，而且世界各地的美军基地也进入戒备状态，剑拔弩张地准备打一场全球性的核战争。

在古巴的42枚苏联导弹及其弹头还有军事人员已全部到位，有两枚导弹已处于战斗准备状态，可以随时运用。古巴大约有2万苏联部队，分成4个大队，每队5000人左右——两个大队在哈瓦那附近，一个在古巴中部，一个在东部。他们拥有现代化地面作战装备，包括像美国的“诚实约翰”火箭发射装置。同时，苏联的部分舰艇尚在途中，运送辅助用品和供应军事人员的食品。

五、启示

古巴导弹危机是冷战时期美苏进行的一次极限对抗，其紧张程度和可能造成的破坏性影响都是史无前例的。这场核危机的成功化解，给我们留下了以下几点启示。

一是保持沟通渠道和信息交流。危机双方的沟通既可以是官方的，也可以是私人的，包括定期高级官员会晤、军事演习通告制度、边界定期会晤，首脑派出特使、顾问，首脑之间建立热线联系等。这些措施有利于当事国遇有紧急情况时及时磋商，防止非意愿的冲突升级。古巴导弹危机中，在紧张对抗的同时，美苏双方通过各种渠道和方式进行了有效的沟通，这对于成功控制危机有着重要影响。从危机爆发到平息的 13 天，美苏双方首脑之间直接通信 8 次，苏联驻美大使和驻联合国大使向国内拍发电报 12 次，在紧张关头，美方高级官员与苏联驻美大使直接沟通 3 次。而且，美国与苏联的首脑在关键时刻直接通信，保证了无“过滤信息”的最准确传递。虽然美苏双方在密集沟通中有传递强硬信息的成分，但是这种沟通在客观上却有利于了解对方的真实立场，避免造成误判而引发战争①。

二是慎重组织与展开军事行动。核危机一般是在一方或双方展开军事行动，并对一方或对双方均构成威胁的情况下发生的。恰到好处的军事行动，能对一方的战争企图起遏制作用。而不适当地组织军事行动，包括展开时机不当、兵力规模过大等，均有可能促使对方做出过激的反应，水涨船高地增加对峙的兵力，引起危机局势的进一步紧张。如在古巴导弹危机中，以美国参谋长联席会议主席泰勒和财政部长狄龙为首的强硬派主张用“外科式手术”，即空中轰炸来摧毁古巴的导弹基地，以国防部长麦克纳马拉为首的稳健派主张进行通过外交交涉让苏联停止部署导弹的做法。两派相持不下。后来，“执委会”经过六天的反复争执和讨论，先后提出七种方案供总统选择。肯尼迪出于避免核战争的考虑，最终同意采取封锁措施。另外，即使在擦枪走火时，双方也表现出了很大的克制，避免了事态进一步激化。美军逼迫苏联潜艇上浮使用的是小威力的练习深弹，6 艘 F 级潜艇只炸伤了 1 艘。苏联部分货船在到达美国封锁线前折返，而美国对部分不可能运载导弹的货船也给予放行。

三是确立有限目标。核危机管理成功的一个重要原则就是对立双方的目标要相对有限，不能一味追求利益的最大化。古巴导弹危机中，美苏双方确立的都是相对有限目标，不威胁对方的核心利益。美苏在危机过程中虽然进行激烈的对抗，但双方都遵循着不威胁对方核心利益的基本原则。当赫鲁晓夫知道美国已经发现自己在古巴布置了导弹后，他在第一次承认

① 赵学功．十月风云：古巴导弹危机研究．天津：天津人民出版社，2008 年 11 月．

在古巴部署了导弹的信中，始终坚称是为了防御目的，强调美国不必担心古巴的导弹，因为这些导弹绝不会用来攻击美国，只是为了防御部署在那里的。而且，苏联以实际行动证明了有限目标，如苏联军舰遇到美国海军封锁后，并没有采取对抗性措施，而是调转船头返航。苏联的言与行都使美国确信苏联不谋求用核武器攻击美国。美国的目标也同样有限。首先，美国在采取反应措施时就选择了强度适中、并留有较大“余地”的“海上封锁”，而且为了规避国际法中关于“封锁”等于宣战的规定，特意进行名称变通。其次，美国在采取强硬的军事措施的同时，在外交层面却主动寻找渠道与苏联进行沟通。在沟通中还几度显示出“软弱”，表明美国无意进攻古巴，总统不想与苏联进行对抗，并承受着来自军方和民意的巨大压力。再次，当苏联开出条件时，美国在不伤害其核心利益的情况下，通过“妥协”满足了苏联的要求。

四是避免堵死对方的退路。核危机局势中的对抗双方，均暴露在民众（包括国际社会和其国内民众）之下，其胜负进退不仅决定着国家利益的得失，还关系到国家荣誉的益损以至国家首脑（危机决策者）的颜面。因此，危机决策者决策时不仅要给自己留有充分的回旋余地，还应尽可能地替对方设想，留给其能够摆脱两难困境的退路，换句话说，就是给对方决策者留面子，以便其能够将当前的危机解决方式解释为某种胜利，向国内政府和民众有所交待，在国际上不丢脸。经验证明，这是有些核危机得以控制的较好方法。古巴导弹危机中，即使在苏联退却、危机平息后，肯尼迪仍在警告：“我们绝对不能渲染俄国人的退却。我们由于允许赫鲁晓夫从危机中体面地缩回去，没有使他彻底丢脸，而避免了一场核战争，这就够了。”

五是保持核威慑力。在核危机控制过程中，若无实力对抗砝码，而是一味地利用国际舆论和谈判沟通，并不能遏制对方的嚣张气焰和疯狂行为，必须建立己方的核力量，用现实的核能力向对方施压，使对方感受到强大的压力，认识到核对抗甚至核战争可能造成的毁灭性后果，并最终放弃核对抗，这是核危机得以化解的最后王牌。古巴导弹危机中，美苏双方都在频频打出自己的核战力底牌，给对方以强大的核威慑。美国战略空军的全面战备命令是用明码发出的，很明显是为了让苏联方面收到，起到实际威慑作用。苏联在 10 月 27 日最紧张的时刻试爆核弹，这是给美国的一个强硬的警告，威慑美国不要轻易向古巴和驻扎在古巴的苏联军事人员运用武力。而且美方明白，这不是研制新式核武器的试验，而是对库存核弹可靠性的临战检验。美苏的核威慑对于双方在最后关头相互妥协和让步起了重要作用。

第九章 伊朗核危机控制

伊朗核危机自2002年爆发，先后出现三次危机。2015年7月14日，经过长期艰苦谈判，伊核问题六国（美国、中国、俄罗斯、英国、法国和德国）、欧盟和伊朗在维也纳达成伊核问题全面协议，7月20日，联合国安理会通过决议，支持伊朗核问题协议。从而使这场持续13年之久的国际核问题争端以政治解决的方式告一段落，创造了通过和平谈判维护核不扩散体系的先例。

一、伊朗核危机概述

（一）背景

伊朗核能源开发活动开始于20世纪50年代。当时伊朗巴列维王朝是美国的战略盟友，是美国中东战略的支柱之一。伊朗的核开发得到了美国及其他西方国家的支持。1957年，作为美国和平利用核能计划的一部分，伊朗同美国签署了一个民用核合作协议。为充分利用核能资源，伊朗自20世纪50年代后期开始先后投入大量资金，建立了一个核电站、6个核研究中心和5个铀处理设施。1970年，伊朗正式批准了《不扩散核武器条约》。

1979年，霍梅尼领导的伊朗伊斯兰革命推翻了巴列维政权，此后，美伊关系急剧恶化，为伊朗核问题埋下了伏笔。但当时伊朗核计划并没有成为国际热点问题。一是伊朗核计划处于初级阶段，且进展缓慢，不具有制造核武器的能力；二是霍梅尼认为核武器与伊斯兰教义相冲突，反对发展核武器。在这种思想指导下，伊朗曾一度中止了核计划；此外，两伊战争期间，伊朗重要的核设施还遭到严重破坏，使伊朗核计划倒退了若干年。

因此，相当一段时间，伊朗核计划并没有引起国际社会的关注，也就没有“问题”化。

1991 年，美国联合多国部队沉重打击了伊拉克萨达姆政权，打破了海湾地区力量的平衡，加重了伊朗在中东政治版图上的分量。为了阻止伊朗在中东地区扩大影响，美国政府（时任总统克林顿）对伊拉克与伊朗实施了严厉的“双重遏制”政策，将伊朗和伊拉克一并视为其中东战略的严重威胁。此后，美国在伊朗周边又多次发动战争采取军事行动，如：伊拉克战争、阿富汗战争、入侵索马里、空袭巴基斯坦西部等，而且美军在伊朗近邻的中东、中亚国家、南亚岛屿等驻扎有大量军队，严重威胁了伊朗安全。霍梅尼去世后，伊朗的核政策有所变化，重新启动了核计划。2002 年，由于伊朗与西方特别是与美国的严重对立，伊朗核计划开始引起美国的强烈不安，逐步“问题”化。美国开始指责伊朗以“和平利用核能”为掩护秘密发展核武器，并对其采取“遏制”政策。

（二）经过

1. 第一次危机

2003 年初，伊朗前总统哈塔米发表电视讲话宣称，伊朗已在雅兹德地区发现铀矿并已成功提炼出铀，伊朗将开采铀矿并将建设铀转换和铀浓缩设施，以便建立一个完整的核燃料循环系统。伊朗方面 2003 年 10 月透露，德黑兰核研究中心曾进行钚回收试验。国际原子能机构估计伊朗已经分离出 100 克的钚。至此伊朗核计划已经发展到关键阶段，即核燃料循环系统建设阶段。该系统建成后，便可为伊朗的核电站和研究机构提供燃料，同时也可以进一步提高浓缩铀的丰度，使伊朗能够获得武器级高浓缩铀。

伊朗宣布发现并提炼出能为其核电站提供燃料的铀后，美国对伊朗核能开发计划提出“严重质疑”，并多次警告伊朗停止与铀浓缩相关的活动，甚至威胁将伊朗核问题提交联合国安理会。国际原子能机构也通过多项相关决议，要求伊朗与其合作，签署《不扩散核武器条约》附加议定书，终止铀浓缩活动。在国际社会，特别是在代表欧盟的法国、德国、英国积极斡旋下，伊朗采取了一系列积极举措。伊朗 2003 年 10 月中止了铀浓缩活动。2003 年 12 月 18 日，伊朗正式签署了《不扩散核武器条约》附加议定书。2004 年 4 月，伊朗宣布暂停浓缩铀离心机的组装。2004 年 9 月 21 日，伊朗副总统兼原子能组织主席拉扎·阿加扎德说，伊朗已开始将37吨“铀黄饼”（即铀矿料）的一部分用于铀转化试验。2004年11月中止了与铀浓缩有关的一切外围活动，第一次危机结束。

2. 第二次危机

2005年6月，艾哈迈迪·内贾德当选为伊朗总统后，伊朗在核问题上的态度渐趋强硬。8月，英、法、德提出解决伊朗核问题的一揽子方案，但遭到伊朗的拒绝。2005年9月24日，国际原子能机构理事会报告认为伊朗违反了《不扩散核武器条约》，对伊朗核计划的和平性质“缺乏信心”。2005年底，俄罗斯提出了将铀浓缩的后续活动转移到俄罗斯境内的建议，后来又提出在俄罗斯境内建立浓缩铀联合企业，以确保伊朗核计划不会被用于军事目的。伊朗对俄罗斯的建议采取一边不置可否，一边继续铀浓缩活动的政策。

2006年1月3日，伊朗宣布已恢复中止两年多的核燃料研究工作，并于10日在国际原子能机构的监督下揭掉了核燃料研究设施上的封条，正式恢复核燃料研究活动。此举引起国际社会的强烈反应。2006年2月4日，国际原子能机构理事会通过一项决议，表示在经过近3年密集的核查活动后，国际原子能机构仍不能澄清与伊朗核计划有关的一些重要问题，也不能得出伊朗不存在未申报的核材料或核活动的结论；伊朗多次不履行和违反与《不扩散核武器条约》相关的“保障协定”的义务、隐瞒核活动的历史及其性质，由此导致伊朗核问题进一步升级。2006年3月，国际原子能机构最终将伊朗核问题提交联合国安理会。安理会经过激烈磋商，于3月29日一致通过了一项主席声明，把处理伊朗核问题的任务重又交给了国际原子能机构，要求国际原子能机构总干事在30天内向国际原子能机构理事会和安理会报告“问题”的新进展。2006年7月31日，基于国际原子能机构关于伊朗核问题的报告，联合国安理会通过第1696号决议，要求伊朗在8月31日之前暂停所有与浓缩铀有关的活动。2006年12月27日和2007年3月24日，安理会又分别通过对伊朗进行制裁的第1737和1747号决议。联合国安理会的制裁决议对伊朗发展核计划产生了十分重大的影响，因此伊朗适时地采取了较为灵活的妥协政策。2007年8月20日，国际原子能机构表示，伊朗提供的澄清钚问题的材料与调查结果相符，钚问题已经得到解决。伊朗的合作政策立刻得到回报。2007年9月28日，联合国安理会5个常任理事国及德国达成一致，决定推迟表决对伊朗的第3份制裁决议，在国际原子能机构和欧盟负责外交和安全事务高级代表索拉纳11月递交有关伊朗核问题的评估报告后，再决定是否对伊朗采取进一步的制裁措施。此后，伊朗虽然积极配合国际原子能机构的核查，但未停止浓缩铀活动，这为第三次危机埋下了隐患。

3. 第三次危机

2008年3月3日，联合国安理会通过第1803号决议。禁止其他国家与伊朗进行军民两用商品的贸易，授权核查来往伊朗的海上与空中航线是否可能装载禁运物品。这似乎向伊朗传递了一个明确的信号，即国际社会不会接受伊朗拒绝暂停浓缩铀的事实，伊朗继续浓缩铀活动将付出巨大的代价。9月27日，联合国安理会一致通过第1835号决议，重申安理会自2006年以来通过的有关伊朗核问题的决议，要求伊朗立即全部履行决议中所规定的各项义务，并执行国际原子能机构理事会对伊朗提出的各项要求。但决议中并没有包含新的制裁措施。

2010年5月17日，正值西方国家积极推动安理会对伊实施新一轮制裁的关键时刻，伊朗做出让步，出人意料地与巴西、土耳其签署核燃料交换协议，一定程度上满足了国际原子能机构所提出的“核燃料”交换草案，使谈判解决伊朗核问题曙光再现。但以美国为首的西方国家并不买账，认为伊朗没有停止其核计划，这是伊朗为逃避制裁而实施的又一“拖延战术”。第二天，美、英等国就安理会制裁伊朗最新决议草案宣布达成一致。伊朗核问题再次陷入僵局。

为了打破伊朗核问题的僵局，2012年12月，俄罗斯向伊朗递交了两国在俄境内建立铀浓缩联合企业的提议，以确保伊朗的核技术不会用于军事目的。但伊朗表示其铀浓缩活动必须在本国境内进行。

2013年1月1日，伊朗宣布已经开发出用“混合澄分”法从铀矿石中提取铀浓缩所需要的“铀黄饼”的技术。该技术使伊朗朝自主建设核燃料循环系统迈进了一步。2013年10月16日，在日内瓦举行的伊朗与伊核问题六国谈判有了新亮点，伊朗提出了解决伊核问题的新方案，以换取西方取消经济制裁。伊朗代表团表示，如果美国和欧盟取消单边制裁，德黑兰愿审议停止纯度为20%的铀浓缩活动的可能性。伊朗首席核谈判代表还表示，新方案允许突击检查伊朗核设施，并可设立由六大国和伊朗成员组成的监督委员会，对方案的实施情况进行监督。

2013 年 11 月 24 日，伊朗与美国、英国、法国、中国、俄罗斯及德国在瑞士日内瓦就解决伊朗核问题达成一项阶段性协议，媒体评价称这项协议具有“历史性”意义。

（三）结果

2015 年 7 月 14 日，经过多年艰苦谈判，伊朗核问题终于达成历史性的全面协议，使这场持续 13 年之久的国际争端最终以政治解决的方式告一段落。这份协议共约 100 页，包括主体部分，另外还有五个附件，分别涉及制裁问题、核领域问题、六国与伊朗联委会的工作、核能合作以及协议执行计划，其内容涵盖了解决伊核问题涉及的所有关键领域。另外，此次达成的文件还包括联合国安理会的一份决议草案。

2015 年 10 月 18 日，是联合国安理会批准伊朗核问题全面协议后 90 天，伊核问题全面协议——《全面联合行动计划》协议生效。《全面联合行动计划》生效，意味着从这一天开始，《全面联合行动计划》参与方将采取必要的安排，并为执行在《全面联合行动计划》中的承诺做准备。对欧盟和美国意味着，开始启动“解除”或“停止执行”对伊朗大部分经济和金融制裁的程序，为全面协议“执行日”到来时，立即实施上述措施做准备。对伊朗意味着，在国际监督下，开始减少铀浓缩活动规模，拆除和封存纳坦兹和福尔多燃料厂的部分离心机和铀浓缩相关设施，重新设计和改建阿拉克重水反应堆，减少浓缩铀库存等。

伊朗核危机的和平解决创造了通过和平谈判维护核不扩散体系的先例。1968 年问世的《不扩散核武器条约》NPT 有效遏制了世界上核武器扩散的势头。冷战期间，除了以色列，世界上未出现新增的核国家。冷战结束后世界局势失去平衡，一批中小国家开始对核武器趋之若骛。印度和巴基斯坦首先获得突破，进行了核试验。伊拉克、伊朗、利比亚和朝鲜都跃跃欲试加入这个行列。美国作为唯一的超级大国和 NPT 游戏规则的制定者，出于一己私利对上述各国采取了不同的态度和政策，国际防核扩散于是出现了三种不同的模式：一是容忍，如印度、巴基斯坦和以色列；二是动用武力，如伊拉克和利比亚，其领导人还遭肉体消灭；三是经济制裁和外交孤立，如朝鲜和伊朗。事实证明，这三种模式均非防止核扩散之道。容忍对核扩散是一种奖励，自然不可取；发动战争本身就违反《联合国宪章》，而且会造成有关国家和地区的局势长期动乱；制裁则适得其反，朝鲜和伊朗都是在制裁中发展了自己的核力量。此次伊朗核谈判虽然万分艰难，耗时耗力，最后还是外交智慧战胜了暴力，为和平解决核扩散问题提供了一个崭新的思路和有效的解决办法。

二、伊朗核危机控制目标

由于俄罗斯、美国和欧盟在伊朗核问题上有着不同的利益诉求，因此他们的核危机控制目标也不尽相同。

（一）防止核扩散

在伊朗核危机控制中，防止大规模杀伤性武器扩散成为国际社会关注的重要内容。伊朗获得核武器之后理论上存在向外扩散的可能性。伊朗总统内贾德就曾在联合国表示，会让其他穆斯林国家分享自己的核技术。与此同时，如果允许伊朗在《不扩散核武器条约》框架内获得核武器，不但可能触发中东地区军备竞赛，还极有可能诱使那些徘徊在核门槛之前的国家，迈出坚定步伐冲破本已千疮百孔的国际核不扩散体系。对此最为担心的莫过于俄、美、英、法、德等大国。在伊朗核问题上，“美国是当事国，欧盟是居间调停的一方，俄罗斯是深深卷入的一方”①。俄、美、欧三方在伊朗核问题上的唯一共同利益是核不扩散，即伊朗不能拥有核武器。

1. 美国

1980年美伊断交后，美国就曾多次指责伊朗以“和平利用核能”为掩护秘密发展核武器。尽管国际原子能机构至今尚未发现有关伊朗核武器计划的确切证据，但美国一直对伊朗作“有罪推定”，认定伊朗在秘密研制核武器。在伊朗核问题爆发之初，美国就威胁将其提交联合国安理会，并试图通过安理会烈度不断提升的制裁促使伊朗屈服。

---

① 华黎明：伊朗：战争可能微乎其微［N］．国际先驱导报，2007. 12. 27.

美国多次表示不放弃使用武力。布什总统始终未排除对伊朗使用武力的可能性。布什任期即将届满，其继任者对于伊朗核问题的态度变得更加惹人注目。已经获得共和党总统候选人提名的麦凯恩曾表示，在伊朗核问题上，他和布什的看法一致，就是“美国应该保护以色列并防止伊朗制造核武器”[①]。民主党候选人希拉里一直强调对伊朗不排除使用军事手段的可能性，这位参议员曾在 2002 年投票支持武力推翻萨达姆政权，并在 2007 年 9 月投票支持将伊朗伊斯兰革命卫队列为“恐怖主义组织”。但她也强调如当选总统可能派国务卿作为特使与伊朗进行直接对话。而民主党另一候选人奥巴马则已明确表示军事手段暂时不被考虑。

作为民主国家，美国国内民意对于政府外交政策具有较大影响。根据 2006 年 4 月 World Public Opinion. org 在美国进行的问卷调查结果，有 84% 的被调查者认为伊朗正试图发展核武器，持否定态度者只占 9%；当被问及“如果伊朗继续制造核燃料，美国应当如何反应”时，选择外交途径解决的占 70%，选择轰炸伊朗核设施的只占 24%[②]。这表明尽管美国民众普遍怀疑伊朗的核动机，但仍希望避免使用武力。

2. 俄罗斯

俄罗斯作为安理会常任理事国和核大国俱乐部的一员，坚决支持国际核不扩散体系，同时出于自身安全考虑，也不希望家门口出现一个拥有核导弹的国家。[③] 2005 年俄伊之间达成供应核燃料和回收核废料协议，就是保证伊朗不会利用核废料提取用于制造核武器的原料。

俄罗斯一直表示不相信伊朗拥有核武器研制计划。俄罗斯也表示尊重伊朗和平开发和利用原子能的权利，因为这是俄伊两国核合作的法理基础。所以，自伊朗核危机爆发以来，俄罗斯一直在国际原子能机构和联合国安理会中在为伊朗减压，力排对伊朗严厉的制裁措施。局势紧张时，俄罗斯则追随多数大国立场，在国际原子能机构和安理会几次决议中俄罗斯

---

① “伊朗：麦凯恩煽动流亡人士对伊进行颠覆活动”，凤凰网，2008 年 3 月 10 日。

② http：//www. world publico pinion. org/ pipa/ articles/ home_ page/ 201. php? nid = & id = &pnt = 201& lb = hmpgl May 30，2006.

③ Talal Nizameddin，Russia and the Middle East ：Towards New Foreign Policy ，(London：Hurst & Co .，1999)，pp. 237 – 239.

都投了赞成票，2005 年 10 月、2006 年 1 月和 3 月俄罗斯分别提出了三个解决方案，既保障了伊朗和平利用核能的权利，又使美国降低调门，转移视线。

俄罗斯外交同伊朗一样让人难以捉摸。俄罗斯东正教在基督教世界中所处的非主流地位与伊朗什叶派之处于伊斯兰教的非主流地位相当类似。长期历史文化积累造成了两国对于外部世界的敏感心态，使得两国的外交行为既相当老练，又复杂多变。[①] 据报道，在建设计划被拖延三个月后，2007 年 12 月俄罗斯向布什尔核电站运送了首批核燃料[②]。这或许可以看作是对 12 月 3 日美国情报评估出台使局势稍缓的一种因应。

3. 欧盟

欧盟在伊朗核问题上一直坚持伊朗有权发展民用核计划，同时反对伊朗拥有核武器，主张通过和平方式解决这一问题，允诺如果伊朗放弃核武计划将给予其安全保证和先进核电技术支持。但内贾德上台以后，伊朗拒不执行国际原子能机构和安理会的有关决议，欧盟的立场开始向美国靠拢。欧盟国家和美国草拟了联合国安理会制裁伊朗的两个决议，目前英国外交部正在研究安理会对伊朗采取新一轮制裁措施的文本。[③] 鉴于伊朗拒不妥协的态度，欧盟国家已经逐渐切断了与伊朗的经济和外交联系。在过去的两年里，欧洲的银行很大程度上停止了同伊朗的合作。[④] 法国时任总统萨科奇曾表示，要在“伊朗核弹与轰炸伊朗”之间做出选择。欧盟也在为最坏情况做打算。

另外，自伊朗核问题出现以来，国际原子能机构已经对伊朗进行多次核查，总干事巴拉迪已经向机构理事会提交了 20 份报告[⑤]。国际原子能机构除对伊朗核材料是否转用、是否存在发展核武器的确切证据等技术问题进行认定之外，还与伊朗进行了多次谈判。国际原子能机构实际上担当着

---

① 冯绍雷教授 2006 年 6 月 12 日在授课时就伊朗和 2006 年上合组织峰会问题时谈及这一观点。

② 俄罗斯向伊朗提供首批浓缩铀燃料．联合早报电子版，2007 - 12 - 18.

③ 新华网伊朗核问题专题报道，2007 年 12 月 10 日．

④ Philip H. Gordon, Russia is Crucial to Action overa Nuclear Iran, The Financial Times , 4 December 2007.

⑤ 根据国际原子能机构官方网站统计．

伊朗核问题国际社会与伊朗的中间协调者角色。自 2006 年 3 月起，安理会已就伊朗问题通过了一个主席声明和四个决议，对伊朗进行了三轮制裁。

（二）实现政治或经济目的

伊朗核危机作为一个重大的国际事件，各相关国际行为主体都会充分利用核危机进行政治、经济、军事、外交等博弈，以维护本国利益，实现自身的政治或经济目标，各当事方在不使核危机到达临界点的情况下，通常都会不同程度地利用核危机，来谋求利益的最大化。

1. 地缘政治利益

伊朗东西连接中亚和中东，南北连接南亚和高加索以及波斯湾和里海两个全球第一和潜在第三大油气产地，战略位置十分重要，“可以在决定某一个重要棋手是否能进入重要地区，或在阻止它得到某种资源方面能起特殊的作用”①。俄罗斯将其视为防止美国从中东向高加索扩展势力范围的重要屏障。而出于全球战略考虑，美国也要防范伊朗地区强权崛起危及美国自身的主导地位。在伊朗核危机控制中，美国推销自己的价值观念，有意丑化对方形象，其最终目标是搞垮伊斯兰政权，在伊朗建立亲美的世俗政权。

中东地区与欧洲山水相连。中东的不稳定所引发的恐怖袭击、民族和宗教仇视、社会动荡及难民潮，将直接冲击欧洲。特别是欧盟 2004 年扩大以后，其外部边界向中东地区大大推进，难民和跨境犯罪更容易流入欧盟，欧盟与伊朗等国采取联合行动处理这些问题的需求也进一步加强。伊朗作为中东大国，在该地区政治、经济、宗教、防务等领域事务中具有特殊地位。欧盟的伊朗政策有别于美国，希望通过发展同伊朗的良好关系处理伊朗核危机，依靠合作而非对抗最终实现中东和平。

2. 经济利益

1995 年，俄罗斯承诺为伊朗续建西德未完工的布什尔核电站，合同金额达 8 亿美元。据报道，该项目挽救了 300 家以上濒临破产的俄罗斯企

---

① ［美］兹比格纽·布热津斯基．大棋局——美国的首要地位及其地缘战略．上海人民出版社，1998：55.

业[1]。2005年，两国签署布什尔核电站核燃料供应和核废料回收协议，未来10年俄每年将从核燃料生意中获利3000万美元。这对于因20世纪90年代经济衰退而濒危的俄罗斯核工业犹如雪中送炭。除核能合作外，伊朗还是俄罗斯重要的武器出口国。2001年两国签署了为期5年的《联合防务与军事合作协议》，俄允诺每年向伊朗提供价值3亿美元的武器装备。2005年12月两国又签署了价值10亿美元的军售合同。

美欧在中东地区的经济利益主要体现在能源方面。中东的石油和天然气储量分别占世界的三分之二和二分之一，特别是沙特、伊拉克、阿联酋、科威特和伊朗等波斯湾沿岸五国集中了世界石油产量的四分之一。2006年美国从中东地区原油进口量占其进口总量的22.1%[2]，在确保石油和天然气稳定供应方面，中东波斯湾地区“将继续成为美国利益的关键”[3]。中东地区的油气资源作为政治商品，对于美国的全球战略具有十分重要的意义。在伊朗核危机控制中，美国确保其经济利益不受损害的目的显而易见。因为，伊朗一旦掌握核技术，将对美国在中东的利益构成致命威胁，不仅对美国在中东地区的军事目标构成威胁，而且威胁到美国的石油进口。欧盟从中东进口的石油占其消耗量的一半以上。北海油田面临枯竭，而俄罗斯与乌克兰天然气之争也让欧盟担忧俄会以能源为武器向欧洲施压，中东地区特别是还没有被美国控制的伊朗，对欧盟的重要性不言而喻。欧盟已经和伊朗进行谈判，计划在2011年开工修建通往中东欧的纳科布天然气管道，以减少对俄罗斯的能源依赖。欧盟不希望伊朗核计划导致地区军备竞赛和冲突，为世界石油市场增加不稳定因素。

三、伊朗核危机控制手段

在核危机控制过程中，美国、欧盟、俄罗斯与伊朗分别同时或先后运用外交、政治、经济和军事等手段，各施其术，针锋相对。

---

① Sergei Leskov，“Nuclear Iran”，Izvestiia，27 December 2002，p. 1.

② 中国石油化工信息网，2007-4-24.

③ 高祖贵. 美国与伊斯兰世界. 北京：时事出版社，2005（2）：151.

（一）舆论战

第一，互相借媒体丑化各自的国际形象。伊朗总统内贾德称美国是“大撒旦”，说美国的中东政策居心叵测。而布什政府随着伊核计划的推进，对伊朗的界定不断升级，先是“邪恶轴心”，后是“暴政前哨”和“支持恐怖主义的国家”。小布什在离任之际出台的2008年《国防战略报告》中仍将伊朗视为“威胁国际秩序的流氓国家”，强硬指责伊朗的铀浓缩活动对世界而言是“严重的挑战”。奥巴马总统在当选后首次会见记者时要求伊朗停止对恐怖组织的支持。这说明奥巴马政府对伊朗的界定仍然是“支持恐怖主义的国家”。

第二，从各自角度解读IAEA报告。美国希望借助IAEA的核查制裁伊朗，而伊朗希望通过加强与IAEA的合作，保留自身发展核技术的国际法基础，使《不扩散核武器条约》中有关和平利用核能的规定成为自己发展核计划的理由，同时也使国际社会相信伊核问题是可以通过谈判解决的，从而继续获得与别国外交对峙的空间。每一次IAEA报告出台以后，美伊通常各取所需、断章取义。2007年11月15日，巴拉迪在向IAEA理事国提交的报告中称，伊朗在澄清核计划方面与IAEA的合作是足够的，但还不能就伊是否发展核武器得出明确结论。此报告一出，伊朗紧紧抓住报告的前一部分，表示该报告“证明了伊朗的清白”，联合国安理会继续有关对伊制裁的讨论是“没有法律依据”的。相反，美国则紧紧抓住报告的后一部分，认为伊朗没有停止铀浓缩活动，国际社会应继续对伊朗保持压力。2008年2月22日，巴拉迪就伊核问题再次发表报告，指出伊朗回答了绝大部分未决问题，但伊朗仍未按联合国安理会要求停止铀浓缩活动，而且加快了铀浓缩进度。IAEA认为伊朗仍未澄清其核计划是否具有军事目的。这一报告公布后，伊朗立即给予了相当积极的评价。伊朗首席核谈判代表、最高国家安全委员会秘书贾利利说，该报告是伊朗人民的又一次胜利，它再次证明了伊朗核计划的和平性质。但美国认为伊朗的铀浓缩活动仍在继续并在加快，违反了安理会的有关决议，应继续推动联合国安理会对伊朗的制裁。

（二）威慑与反威慑

首先，在外交场合上，美国政府采取双轨政策。一方面宣称外交途径是美国解决伊核问题的首选，另一方面又表示不排除武力解决的可能。因为“美国决不允许世界上对美国最危险的政权拥有世界最具破坏性的武器（核武）”。伊朗方面对此恐吓作出了强烈回应，表示绝不屈服于美国的压力之下。伊朗革命卫队司令贾法里曾表示，伊朗武装部队将击退任何针对伊核设施的打击，若遭军事打击，伊朗将以控制海湾和霍尔木兹海峡的石油运输通道来反击。

其次，双方通过军演等形式展示军事实力，进行武力威慑和反武力威慑。

从美国方面来看。2006 年 10 月 29 日，美国、英国、法国、意大利、澳大利亚和巴林六国海军在巴林附近的国际水域举行联合演习。此次军演的目的之一就是向伊朗表明：伊拉克战争没有削弱美国的军事能力。2007 年 3 月 27 日至 29 日，美国海军在海湾地区进行了自 2003 年 3 月伊拉克战争以来美军在海湾地区最大规模的军事演习。其中动用 2 个航空母舰战斗群，1000 多架战机和 1 万多名官兵。2008 年 4 月，美国又联合阿联酋、巴林、科威特、卡塔尔等海湾四国举行代号为“2008 雄鹰决定”的联合军事演习。2007 年，美国有 3 艘航母战斗群被派往波斯湾，这样就从地理位置上对伊朗形成了包围的态势。值得注意的是，“美国海军在应对中等威胁时，一般只会使用 1 ~ 2 个航母战斗群，只有在高威胁区参与局部战争或大规模常规战争时，才可能投入 3 个或 3 个以上的航母战斗群。”2010 年以来，美国加紧针对伊朗的军事部署，并不时作出威慑之举。首先，美国力图构筑一个环海湾地区的导弹防御网，以防备来自伊朗的导弹威胁。2010 年 1 月 22 日，美军中央司令部司令彼得雷乌斯在华盛顿公开表示，伊朗已被海湾地区“另外一边的国家”视为非常严重的威胁，美军将在海湾四国（卡塔尔、阿联酋、巴林和科威特）部署导弹防御系统。1 月 31 日，美国国防部首次举行以伊朗为假想敌的导弹防御试验。美国在海湾地区构筑导弹防御体系既可以对伊朗形成先发制人的军事威慑，也可以增强海湾国家的安全感，还可以安抚以色列，防止它未经美国允许就对伊朗的核设施和导弹设施实施军事打击。其次，向迪戈加西亚岛调运重型钻地弹，其作战目标可能就是伊朗的地下核设施。

面对美国的强大攻势，伊朗并未因此害怕而退缩，反而采取了针锋相对的强硬措施予以回应。如试射导弹，研发各种新式武器，并不断宣布进展，进行纷繁的军事演习，派伊朗革命卫队接管海湾地区的巡逻任务等。为展现其军事实力，从2006年3月31日到4月6日，伊朗在阿曼湾和霍尔木兹海峡举行了“神圣先知”军事演习。演习中，伊朗发射了自主研发的多弹头隐形导弹，并称该导弹“能够躲过敌方的雷达，避开敌方的反导导弹……能同时打中多个不同的目标，从而让敌拦截导弹不起作用”。伊朗还称其成功发射了世界上最快、威力强大的鱼雷，同时还成功试射了一枚国产“天河”中程岸舰导弹。2007年、2008年伊朗先后进行了多次军事演习。“演习中伊朗展现了多种自称是先进的武器和利用小型快艇以‘蜂群’战术对付波斯湾的美国军舰等战术。”2011年12月至2012年2月，伊朗又分别进行了代号为“守卫90”“联合殉难者”“神圣支持者”和“黎明”的军事演习，再次展现了其军事实力。

（三）制裁与反制裁

在军事打击伊朗方案现实可行性不高的情况下，美国不断加大经济制裁力度，试图借此迫使伊朗放弃核计划。

2005年4月13日，美国国会通过“HR282法案”，决定对伊朗反政府组织提供财政上的支持，并加强制裁伊朗政权，惩罚与伊朗政府有业务往来的别国公司。2007年10月25日，美国宣布对包括伊朗国防部在内的多个政府机构、银行和个人实施制裁，以惩罚伊朗“支持恐怖主义”和“进行扩散大规模杀伤性武器”的行为。2008年9月10日，美国认为伊朗国有轮船公司等18个附属企业参与了伊朗核武器研制的活动，宣布对这些公司实施经济制裁。同年10月13日，美国政府又宣布对伊朗出口开发银行实施制裁。2012年8月初美国国会和白宫对伊朗实施了自2010年6月以来的第七轮制裁。

美国除单方面对伊朗实施制裁外，还积极推动和游说联合国安理会先后通过了对伊朗实施制裁的第1737号决议（2006年12月23日）、1747号决议（2007年3月24日）、1803号决议（2008年3月3日）和1929号决议（2010年6月9日）。此外，美国还利用其影响力，向其他国家施压，使那些国家被迫与美国一起对伊实施制裁。在美国的压力下，2006 年 9 月底日本放弃了对探明储量约为 260 亿桶的伊朗艾扎德干油田的开采。2007 年 5 月日本政府宣布冻结伊朗 13 个团体和 15 名个人的资产，以对伊追加制裁措施。印度维第什 OVL 公司虽然取得了伊朗储量约为 10 亿桶的法尔西地区石油和天然气的开采权和经由巴基斯坦到达印度石油管道的建设权，但在美国的压力下，印度不得不宣布，“在德黑兰当局没有停止其核计划之前，印度不会在伊朗寻求能源”。已有多家大型银行断绝了与伊朗的金融往来。

面对美国咄咄逼人的制裁大棒，伊朗利用其能源优势以及其他大国与美国的利益分歧和冲突，积极拉拢欧盟、俄罗斯等。如今，伊朗是欧盟在中东最重要的油气供应国，而欧盟是伊朗最大的贸易伙伴；俄罗斯是伊朗核电站的主要供应者。伊朗意在通过形成伊朗和这些国家的利益捆绑，使这些国家在美国抡起大棒时会顾忌他们在伊朗的利益，从而可以尽可能地减少美国对伊的制裁，缓和对伊制裁的力度。事实证明，伊朗的这一外交策略是有成效的，尽管联合国对伊核计划实施了多轮制裁，但伊朗仍在继续吸引外来投资。

（四）“颜色革命”与反“颜色革命”

在经济制裁、军事恐吓伊朗政府的同时，美国政府也加紧筹划伊朗的“颜色革命”，企图从伊朗内部推翻伊朗现政权。

第一，通过资助广播、电视、网络等媒体语言波斯化，向伊朗人民灌输美式民主价值观，企图以此动摇伊朗现政府的舆论基础。2003 年，美国启动“美国之音”波斯语电视新闻节目，通过卫星从华盛顿直接向伊朗 24 小时不断播放，企图扩大伊朗国内反动派人士同执政者之间的裂痕。2006 年“赖斯又要求美国国会追加 7500 万美元的‘倒伊费’，其中 5500 万美元分配给波斯语电台和网站建设。”

第二，资助美国各种非政府组织反伊朗的活动，期望在伊朗引发一场“颜色革命”。如：号称美国上百万个非政府组织“龙头老大”，和美国国务院、国际开发署、中央情报局有密切联系，被认为是“第二中情局”的全国维护民主捐赠基金会（又叫“国家民主捐赠基金会”，简称 NED），“援助了伊朗多家团体的反政府组织”。得到美国国际开发署资助的“伊朗自由基金会”在其网站上动员伊朗大学生发动颠覆革命，等等。

第三，支持反伊朗政府的恐怖主义组织，通过这些恐怖组织在伊朗境内进行情报侦察、挑动民族对立情绪、破坏伊朗政局稳定，以此达到颠覆伊朗现政权的目的。“人民圣战者组织”曾是被美军利用的最大的伊朗反对派组织。该组织曾在萨达姆支持下开展活动，以推翻当时的伊朗政府为宗旨，当时美国还一度将其界定为恐怖组织。2004 年 8 月，美国将该组织从恐怖组织名单中删除，并将其收归旗下使用。

第四，挑起伊朗民族宗教矛盾与事端。伊朗是个多民族的伊斯兰国家，信奉伊斯兰教的公民中还有什叶派和逊尼派的区分。美国政府积极利用伊朗个别少数民族落后的经济地位、激进的分离主义倾向以及逊尼派和什叶派伊斯兰教徒的水火不容，欲图使伊朗四分五裂。在美国中央情报局的支持下，伊朗西部的库尔德人聚集区、西北部的阿塞拜疆族聚集区、西南部的阿瓦士阿拉伯人聚集区、东南部的俾路支人聚集区针对伊朗军队和其政府官员的恐怖袭击事件接连不断。

针对美国意图更迭其政权的种种挑衅，伊朗见招拆招，如：“至 2007 年 6 月，伊朗至少有三个知名的非政府组织遭直接解散，另外 8000 个组织也在调查之中。”“伊朗各大学教授都收到政府的警告，不要参加国外学术会议，不要与外国政府接触以免被吸收成为间谍。”另一方面，伊朗也暗中调动自己能够使用的一切战略力量，欲借外部力量，在美国中东利益集中的敌方，给美国制造麻烦，从而减轻自身的压力。

第一，加强与巴勒斯坦哈马斯的关系。伊朗核危机爆发后，伊朗向哈马斯提供资金、培训和武器方面的支持。2006 年 3 月当美欧国家联合大多数阿拉伯国家，暂停对巴勒斯坦直接经济援助时，伊朗表示将向哈马斯政府提供 5000 万美元的援助，并呼吁其他国家对巴勒斯坦施以援手。

第二，积极培育伊朗在伊拉克的影响力，随时为美国在伊拉克的民主重建增添障碍、制造麻烦。美国的伊拉克战争客观上帮助伊朗消除了长久以来的宿敌，打破了两伊对峙的均衡状态。伊朗积极把握时机，利用国内的什叶派与伊拉克什叶派的联系，扩大伊朗在伊拉克的影响力。伊朗已将其影响力渗透到伊拉克各个层次的政府，包括什叶派神职人员与部落当权派，安全和政治机构等。

第三，支持黎巴嫩真主党。伊朗曾参与黎巴嫩真主党的创建，对黎巴嫩的影响无处不在。黎真主党精神领袖法德拉拉称伊朗为伊斯兰运动的根据地。据称2006年黎以冲突中，伊朗向黎巴嫩真主党提供了大量武器支援。

第四，介入阿富汗事务，为“基地”组织某些成员提供保护等。据美国与欧洲情报官员表示，隶属伊朗革命卫队的“耶路撒冷军”在伊拉克战争后一直保护拉登的儿子与多名“基地”组织头目，也一直在以训练、武装以及与外国恐怖分子团体合作等方式执行“输出回教革命”的任务。

通过以上这些措施，一旦美国对伊朗采取激进的行动，伊朗就可以利用其在以上所提各组织的联系，发动“无国界战争”。战争不仅在伊朗境内展开，而且很可能整个美国在中东的战略利益都将遭到打击，甚至美国本土都难逃厄运。

四、伊朗核危机前景分析

随着伊核问题全面协议——《全面联合行动计划》协议生效。伊核问题出现了全面政治解决的曙光。但也要充分估计到伊核问题本身的复杂性。对伊朗核问题的前景仍不能过于乐观。

首先，从伊朗核问题的根源与本质上看，伊核的彻底解决困难不小。不可否认，美伊两国在宗教文化、国际权力、国家利益和国际机制等方面都存在着巨大冲突和分歧，这些都是导致核问题爆发的重要根源，但美伊之间的信任危机应该是伊朗核僵局的一个最重要根源和结症。美伊核冲突源于美伊两国对彼此国家身份的认知和界定，都把对方当作全球最危险的敌人，这一“对方是敌人”的身份认知使双方在核问题上产生激烈碰撞和对抗。也就是说，伊朗核危机症结之一是美伊之间的信任危机，特别是安全信任危机，双方长期互不信任，相互敌视和猜忌对方的战略意图和安全动机。如前所述，伊朗核能的开发最早是20世纪50年代在美国的大力支持下开始的。直到伊斯兰革命爆发、美伊断交，美国才改变立场，开始指责和质疑伊朗核计划，伊朗核计划演变成核问题。美国对伊朗核计划由最初的大力支持发展到后来的坚决反对，充分说明了互信在核问题上的重要作用。同样，美国公然破坏国际核不扩散机制、同印度签订核能协定，但它却并不顾忌印度会对美国构成威胁，说到底，这也是个信任问题。总之，伊朗核问题根源在于美伊因长期冲突、敌对而形成的“信任鸿沟”，只要两国之间的“信任鸿沟”不消除，核问题就很难从根本上解决。换句话说，伊核问题能否以全面协议为契机，顺利走向彻底解决，关键在于美伊双方在安全互信上的互动结果。而美伊关系持续向好发展肯定是困难重重。

其次，这次全面协议的达成，并没有实现伊朗弃核的目标，七国谈判的成果，实质上是美国与伊朗之间的一笔交易。即伊朗以限制核能力的发展换取对伊朗制裁的取消。反过来说，美国是以对伊朗制裁的取消换取对伊朗核活动的限制。这中间包括很多的内容，其核心内容大致上包括：伊朗用来制造浓缩铀的离心分离机的数量，从 1.9 万台减少到 5000 台；伊朗已经提炼出浓缩铀的数量从 1 吨减成 300 千克。伊朗对位于阿拉克的反应堆进行改造，不能再生产核材料；对位于福尔多的地下浓缩铀厂也改成民用设施。此外包括允许进一步的核查。在伊朗做了这些妥协之后，美国和西方国家逐步减少对伊朗的制裁。制裁的取消首先取决于国际原子能机构对伊朗采取这些行动的证实，他们确实证实伊朗这些行动，然后开始取消对伊朗的制裁。这些取消要根据伊朗在限制核活动方面的具体行为，逐步、逐年地取消。伊朗整个核活动冻结大概需要 15 年的时间。从表面上美国通过制裁迫使伊朗放弃一贯的强硬立场，坐下来谈判并做出了一定让步，赚足了面子；但从协议的结果看，则是美国的让步更大，使伊朗既得以保留了其核技术，又大大减轻了因国际制裁造成的压力，实实在在地赚足了里子。

对于美国来说，确实是做出了关键性让步：一是承认了伊朗和平利用核能的权利；二是承诺无意推翻伊朗现政权。这两条，应该说是美国送给伊朗的两个大礼包，否则伊朗是不可能坐下来谈的。从美国方面来讲，美国之所以肯这样做，主要是其全球战略调整的结果。当前，亚洲已经成为世界政治经济的中心，美国的战略重心东移以针对中国崛起。在中东问题上，美国需要耗费巨大的资源，这对整体实力处于颓势的美国而言，绝对是个不小的负担。美国政府决定减少它的中东负担，就必须解决伊朗问题，而美国急于解决伊朗问题，就必须做出必要妥协。如果美国不做妥协，比如不同意伊朗有和平利用核能的权利，伊朗就可以放手制造它的浓缩铀，结果可能会引起新的冲突甚或战争。所以，尽管没能实现美国长期以来对伊核问题的最高目标，奥巴马还是下决心在伊朗核问题上先做个了断。从本质上说，伊核问题并没有如美国所愿地彻底解决，伊朗的核技术仍在，伊朗从事有限铀浓缩活动和核技术研发的权利仍在，伊朗大部分核设施仍在，伊朗发展核武器的潜能仍在。只要伊朗愿意，它随时可能继续研发制造核武器。因此，伊朗核问题全面协议的达成，并不意味着伊核问题的终结，而更可能是美伊在核问题上的新博弈的开始。

第三，在核查问题上，还存在大量变数。伊朗被西方国家诟病的重要问题之一就是伊朗搞核计划太秘密，透明度很差。伊朗的很多地方国际原子能机构的核查人员进不去、看不到。所以，这次对于核查问题，本来对伊朗提出了很严格的要求。美国非常苛刻地要求对伊朗的任何地方、任何人都要能在任何时间进行核查。但是，这三个条件，伊朗并没有完全接受。伊朗认为，伊朗是主权国家，有权决定哪些地方能去核查，哪些地方不能；哪些涉核人员能见，哪些涉核人员不能见。美国对此做了妥协，接受了伊朗方案。这就很可能为协议执行中出现反复埋下了伏笔。至少国际原子能机构的核查团队与伊朗之间很可能就核查问题产生矛盾。比如，国际原子能机构认为需要核查的地方，伊朗可能以是军事基地名义不允许核查。这样的矛盾可能很难避免，肯定会在这些问题上引起一些双方的纠纷。

第四，就伊核问题全面协议本身而言，面临着被扼杀在摇篮中的危险。伊核问题全面协议是在奥巴马任期内签订的，2016 年 11 月特朗普上台之后，认为伊核协议是奥巴马政府谈判输掉的表现，他反复批评这个协议，主要是反对那些允许伊朗逐步恢复其核活动的条款。2017 年 10 月，特朗普公布针对伊朗的新战略，尽管没有宣布退出伊核协议，但他指责伊朗没有遵守该协议精神，且“在多方面违反协议”，因此决定“不确认”伊朗遵守协议，同时给国会 60 天考虑是否有必要采取进一步制裁措施。2018 年 1 月，特朗普宣布“最后一次”延长美国对伊朗核问题的制裁豁免期，要求欧洲国家和美国国会对伊核问题全面协议加以修正，并将 2018 年 5 月 12 日定为修改的最后期限，扬言如果届时没有令他满意的修改方案，美国将退出伊核协议。伊朗原子能组织主席萨利希 2018 年 4 月 8 日在接受采访时表示，如果西方国家背弃伊核协议，伊朗将在 4 天内重启 20% 丰度铀浓缩活动。萨利希强调，这是伊朗对美国释放的信号，伊朗不希望美国退出伊核协议。4 月 9 日，在当天举行的伊朗国家核技术日揭幕仪式上，伊朗总统鲁哈尼表示，如果美国撕毁伊朗核问题全面协议，他们必将后悔，伊朗对此的反制措施将超出其想象，美国将在不到一周内看到这种结果。可以预见，一旦伊核问题全面协议被撕毁，伊朗核危机必将再生变数。

第十章 利比亚核危机控制

利比亚核计划始于20世纪70年代。2003年12月19日，利比亚政府宣布自愿放弃研制大规模杀伤性武器计划。2004年9月，美国国务院证实，利比亚已经“相当确切”地拆除了其核设施并放弃导弹计划。

一、利比亚核危机概述

利比亚与伊拉克同属中东国家，利比亚核危机亦是因“利比亚试图通过拥有核武器取得中东地区霸主地位的做法触犯了以色列和美国在中东地区的利益”而起，最终以利比亚单方面妥协、放弃核计划而告终。

国际原子能机构和美英等国认为，利比亚早在20世纪70年代就开始发展核技术。利比亚曾积极获取研发核武器的技术，主要从国外购买相关技术，建成约10余处核设施。到了20世纪80年代，利比亚的核武器研究计划开始“提速”，一批曾在美国威斯康星大学和明尼苏达大学深造的利比亚科学家成为核计划的核心人物。到了20世纪80年代末，利比亚核计划一度停顿，到了20世纪90年代中期再度启动。这是因为当时在黑市上购买离心机等设备已经变得“相对容易”。《华盛顿邮报》援引一名不愿公开姓名的国际原子能机构负责人的话说，利比亚为发展核武器计划耗资数亿美元，四处购买原材料和设备，“这项技术已经是公开的秘密，提供设备的不止一两个渠道，而是有好几个”。这位国际原子能机构负责人同时指出，利比亚研制核武器的所有原料和设备都是进口的。国际原子能机构总干事巴拉迪指出，冷战结束后，走私高技术武器和设备的国际黑市不断膨胀。一些试图发展核武器的国家不再从单一渠道进口相关设施，它们从黑市上通过不同途径买来各种设备的零部件，然后进行组装。利比亚正是通过这种方法进行核武器研制的。至2003年放弃核计划前，利比亚已经接近造出1枚核弹。

2003年12月19日，利比亚总统卡扎菲宣布了弃核决定。这是继当年8月利比亚宣布对洛克比空难负责，并同意向遇难者家属支付巨额赔偿后，为改善同西方大国的关系而做出的又一重要让步。自宣布自愿放弃发展大规模杀伤性武器计划以来，利比亚频繁与国际社会接触，并一再表示愿意接受国际社会对其核武器项目的核查。2004年1月，利比亚对外联络和国际合作秘书（外长）沙勒加姆说，利比亚放弃核计划是经过深思熟虑的慎重决定，是实现中东地区无核化的重要一步。此后，利比亚先后采取了一系列具体行动。2003年12月28日，巴拉迪率领国际原子能机构专家组视察利比亚首都的黎波里地区4处核设施。据国际原子能机构的初步调查，利比亚的核计划仍处于“低水平、小规模”的铀浓缩试验阶段。2004年1月23日，国际原子能机构发言人23日宣布，利比亚已经把研发核武器的图纸交给联合国核查人员，这些图纸已被核查人员以联合国的名义封存。2004年1月6日，利比亚正式批准了《全面禁止核试验条约》，成为第109个批准该条约的国家。2004年1月18日，美英首批核查专家抵达利比亚，展开销毁利比亚大规模杀伤性武器的进程。专家将对利比亚的大规模杀伤性武器项目，包括核项目、生化以及弹道导弹项目进行全面核查。2004年1月20日，国际原子能机构核查人员开始对利比亚的核设施进行核查。先期抵达利比亚的美国和英国核武器专家根据有关协议为核查工作提供后勤支援。

二、利比亚核危机控制目标

利比亚核危机控制的主要目标是阻止利比亚研制和发展核武器，防止核武器及技术在中东地区的扩散，维持地区安全与稳定。

三、利比亚核危机控制手段

为了实现这一目标，以色列和美国先后发动多次军事行动，国际社会亦对利比亚核计划实施了持续多年的核查监控与制裁。在多种核危机控制手段的共同作用下，最终利比亚核危机以利比亚单方面放弃核计划的形式得以解决。

（一）施加军事压力

外部严峻军事压力导致的安全环境恶化，既是利比亚当初选择发展核武器的原因之一，亦是致使利比亚选择放弃发展核武器的重要原因。安全关切是利比亚发展核武器的一个重要借口。长期以来，以色列、利比亚两国一直是不共戴天的敌人。利比亚一贯反对以色列在中东地区的存在，反对埃及等国同以色列实现和解，并长期为反以武装提供庇护。以色列也将利比亚视为其最大敌人之一。以色列所拥有的核能力是利比亚最经常引用的借口。而 1981 年以色列对伊拉克位于奥西拉克的核反应堆实施了外科手术式的打击，更是进一步增强了利比亚获得核武器的决心。除以色列外，美国也是利比亚所认定的威胁来源之一，不仅因为美国支持以色列在中东地区对阿拉伯世界的打压，而且还在于美国在地中海锡尔特湾的军事存在。然而，利比亚寄望于发展核武器维护自身安全的想法却只是“一厢情愿”。一方面，以色列在美国的支持下，核武器发展水平与速度大大高于利比亚，对于利比亚构成了常规和核打击的双重优势。另一方面，美国在中东地区的军事存在不是减弱，反而加强了。在反恐背景下，美国极有可能因利比亚从事恐怖活动及其核计划而对利比亚发动攻击。而美国以反恐为名发动的阿富汗战争、以伊拉克拥有核生化大规模杀伤性武器为由发动的伊拉克战争，无疑增加了可能因为发展核武器而再次遭到军事打击的可能性。眼看着阿富汗、伊拉克等国家先后因此成为标靶，利比亚开始思忖，打算斥巨资发展核武器是安全保障还是更大风险。用利比亚驻英国大使穆罕默德·祖艾的话说，“我们当时意识到，获得这些武器可能比没有武器面临更大危险。”正是在这一背景下，2003 年年初，利比亚还被英美视为支持恐怖主义的“流氓国家”，备受制裁与孤立。但在 2003 年 3 月美国发动伊拉克战争后不久，利比亚总统卡扎菲在首都的黎波里向英国军情六处的官员传递了简单干脆的信号：没错，利比亚准备弃核。同年 12 月，利比亚正式宣布放弃大规模杀伤性武器特别是核武器的研制计划，此后与西方国家关系渐暖。不可否认，利比亚选择放弃核计划与美军 2003 年发动伊拉克战争导致的安全威胁压力增大紧密相关。

（二）实施制裁与孤立

国际制裁与孤立对利比亚的弃核决定起着重大促进作用。因被认为支持恐怖主义和发展核计划，利比亚曾经在很长时间里受到国际社会的制裁和孤立。多年来，利比亚在政治上始终被以美国为首的西方国家视为支持恐怖主义的“流氓国家”，历经多年的制裁和孤立。自20世纪80年代中期起，利比亚因支持国际恐怖主义而面临空前的国际孤立，并被贴上“无赖国家”的标签。而与此相应的严厉经济制裁对于利比亚的经济造成了相当大的打击，利比亚经济因此元气大伤，仅美国对利比亚实施长达17年的禁运和长达22年的旅游禁令就使利比亚每年遭受30亿美元的经济损失。因为利比亚领导人卡扎菲拒绝交出洛克比空难事件两名嫌疑人，联合国于1992年对该国实施制裁。进出利比亚的飞机受到严格的禁飞令限制，该国商品价格飙升，利比亚人为到国外学习或工作历尽艰辛。制裁使利比亚经济社会发展受到严重制约，人民生活水平明显下降，进而诱发了人民的反政府情绪并给政治反对派以可乘之机。因此，对利比业而言，寻求西方取消对其制裁、摘掉“恐怖主义国家”或“无赖国家”的帽子有着重要的意义。这不仅可以大大缓解并改善其经济状况，而且还可以缓解国内政治矛盾。这样，利比亚开始主动改善与相关国家关系，这对最终的弃核决定起到了推动促进作用。在利比亚宣布放弃核计划后，美国解除对其制裁。摆脱了制裁的利比亚随后经济取得显著进步。利比亚的现实可作为一个例证，说明国家可以通过放弃核计划获益，“你可以放弃没必要走的大规模杀伤性武器之路，这是一条重新融入国际社会的道路。”

（三）采取国际监控

国际社会有效监控是迫使利比亚弃核的推进剂。为了防范利比亚借民用核能开发研制核武器，国际社会，主要是美国对利比亚的核技术、核设备、核材料进口等相关核活动进行了严密的监控。尽管卡扎菲于2003年3月伊拉克战争爆发后不久即已向外界传达了准备弃核的信号，但是距离卡扎菲在12月19日宣布弃核决定，利比亚的弃核时间表整整推迟了近9个月。正是在这9个月时间里，国际社会取得了突破性进展，迫使卡扎菲承认核计划的最终目标为制造核武器，愿意接受国际社会的核查，通过严密监视利比亚进出口贸易渠道，积极获取利比亚从事核武器研发的确凿证据。英国和美国情报官员2003年9月接获报告，称一艘德国货轮正要从某个海湾国家的港口起航，承运离心分离机部件前往利比亚。获知这一动向以后，英美官员与德国情报部门联系，由后者秘密联系那艘货轮的船东，即一家名为"BBC船舶租赁与物流有限公司"的德国企业，下令货轮改变航向，停靠到一个意大利港口。货轮靠岸时，已是10月初，英美官员登船，找到了"数以千计"离心分离机部件，继而截留了这批设备。离心分离机可以用于加工浓缩铀，为核武器制备原料，同时也可以为核能发电制备燃料。然而，利比亚并没有核能发电计划。按照一名美国高级官员的说法，利比亚官员承认原打算运往利比亚的离心机设备系核武器研制所需。截获离心分离机部件前，利比亚从2003年3月开始着手与美国和英国谈判，试图澄清大规模杀伤性武器问题。几个月间，美英官员无法促使利比亚领导人确定首次接受相关核查的时间。然而，美方官员用10月初截获分离机部件的事实与利方官员对峙以后不久，利比亚总统卡扎菲于2003年12月19日突然宣布立即中止所有研制大规模杀伤性武器的计划，接受国际核查。无疑，国际社会对利比亚核计划的有效监控是促使卡扎菲作出放弃研制大规模杀伤性武器决定的推进剂。

参考文献

[1] Nicholas Eberstadt The North Korean Nuclear Drama: Another "Twenty Years' Crisis"? EAST ASIA, Summer 2004, 21 (2).

[2] Richard M. Pious. The Cuban Missile Crisis and the Limits of Crisis Management. Political Science Quarterly.

[3] [Russia] RYURIK A. KETOV, The Cuban Missile Crisis as Seen Through a Periscope. The Journal of Strategic Studies, Vol. 28, No. 2, April 2005.

[4] 陈先才. 国际核危机管理模式之比较分析. 国际论坛，2007，9 (5).

[5] 李云龙，陈庆鸿. 台海危机管理. 北京：金城出版社，2008.

[6] 胡平. 国际冲突分析与危机管理研究. 北京：军事谊文出版社，1993.

[7] Michael Brecher and Jonathan Wilkenfeld, and Sheila Moser, Crises in the Twentieth Century, Handbook of International Crises, Vol, Oxford: Pergamon Press, 1988.

[8] Phil Williams. Crisis Management: Confrontation and Diplomacy in the Nuclear Age, London: Martin Robertson & CO. Ltd, 1976.

[9] Steven Fink. Crisis management: planning for the Inevitable. New York: AMACOM, 1986.

[10] 薛润，张强等. 危机管理：转型面临的挑战，北京：清华大学出版社，2003.

[11] 赵绪生. 论后冷战时期的国际危机与管理，现代国际关系，2003 (1).

[12] 潘光. 当代国际危机研究. 北京：中国社会科学出版社，1989.

[13] 胡平. 国际冲突分析与危机管理研究. 北京：军事谊文出版

社，1993.
[14] 程晓勇．国际核危机的控制与管理．南亚研究，2010. 10. 13.
[15] 程晓勇．国际核危机及其管理研究—理论探讨与案例分析［D］．博士论文，暨南大学，2009. 6. 10.
[16] 朱建新．核生化防御战略研究．北京：解放军出版社，2009. 6.
[17] Glenn H. Snyder, and Paul Diesing. Conflict Among Nations. New Jersey: Princeton University Press, 1977.
[18] 程晓勇．国际核危机及其控制．世界经济与政治论坛，2009（1）.
[19] 李效东．朝鲜半岛危机管理研究．北京：军事科学出版社，2010.
[20] 郑治仁．揭秘中国五次核危机．晚报文萃．2004. 2.
[21] 路自平．核武器与核战略．北京：兵器工业出版社，2009. 2.
[22] 郑伟．国际危机管理与信息沟通．北京：中央编译出版社，2009. 7.
[23] 杨存堂．苏联历史档案选编（第29卷）：古巴导弹危机．北京：社会科学文献出版社，2002.
[24] 徐辉．国际危机管理理论与案例解析．北京：国防大学出版社，2011. 11.
[25] 周晓玲．国际核安全法律制度评析．西安政治学院学报，2010（8）.
[26] 顾德欣，牛永军．核幽灵的震荡．北京：国防大学出版社，1999. 1.
[27] 杨存堂．苏联历史档案选编（第29卷）：古巴导弹危机．北京：社会科学文献出版社，2002.
[28] 杨道金．巅峰博弈——马哈姆德·艾哈迈德·内贾德传．北京：时事出版社，2013. 1.
[29] 沈庭云，万学锋，孙丽艳．伊拉克核危机控制历程研究．防化学报，2013. 6.
[30] 何亚非．美国外交战略的文化基因．中国新闻周刊，2015（28）.
[31] 赵子聿，贤峰礼．国家安全危机决策．北京：时事出版社，2006. 12.
[32]［美］莫顿·A·卡普兰著，薄智跃译．国际政治的系统和过程．北京：中国人民公安大学出版社，1989.
[33] Richard N. Hass, What To Do With American Primcay. Foreign Affairs, Vol. 78, No. 5 Sept. /Oct. 1999.

[34] 王荣．美国国家安全战略报告．北京：时事出版社，2014. 10.
[35] 程晓勇．国际核危机管理基本问题探讨．理论导刊，2012. 4.
[36] [美] 霍华德·J. 威尔德，陈媛媛，何克勇 译．美国在冲突地区的外交政策，江苏：江苏人民出版社，2014. 3.
[37] 奥巴马政府全面启动外交“新政”，星岛环球网，2009. 2. 8，http：//www. stnn. cc.
[38] 崔金久，步伟利．20 世纪重大军事危机述评．北京：军事科学出版社，1995. 02.
[39] National Security Strategy. The White House，February 2015：11.
[40] 治远．外国国家安全战略与军事战略教程．北京：军事科学出版社，2013. 6.
[41] 孙德刚．危机管理中的国家安全战略．上海：上海人民出版社，2010. 2.
[42] 罗霄，梁咏．朝核问题的国际法视角解读．法学研究，2007（3）.
[43] 李元龙，梁雪美．军事条约．北京：蓝天出版社，2011. 4.
[44] 陈小功．军备控制与国际安全．北京：世界知识出版社，1998. 10.
[45] 周晓玲．国际核安全法律制度评析．西安政治学院学报，2010（4）.
[46] 程晓东，王志军．对军事危机控制与协调的几点思考．教学研究资料，2007. 7.
[47] 侯小河．军事互信论．北京：国防大学出版社，2013.
[48] 史晓东．两岸军事安全互信机制研究．北京：九洲出版社，2014.
[49] The National Security Strategy of the United States of Amereica，The White House，Washington，September 2002.
[50] 舒涵，蘑菇云．恐怖中的和平．北京：中国档案出版社，2000.
[51] [美] 约翰·纽豪斯．核时代的战争与和平．北京：军事科学院外国军事研究部译．军事科学出版社会，1989.
[52] 郑伟．国际危机管理与信息沟通．北京：中央编译出版社，2009. 7.
[53] 赵恒．核不扩散机制：历史与理论．北京：世界知识出版社，2009.
[54] 陈先才．两岸军事互信机制：理论构建与实现路径，台湾研究集刊，2009（1）.
[55] 林正义．欧洲及亚太信心暨安全建立措施之研究．理论与政策，

1998（3）.
［56］何鹏．六方会谈机制研究［D］．云南大学，2010.
［57］杰夫·贝里奇，艾伦·詹姆斯．外交辞典．北京大学出版社，2008. 5.
［58］赵学功．十月风云：古巴导弹危机研究．天津：天津人民出版社，2008. 11.
［59］刘士洋．中外应对危机100例．南昌：百花洲文艺出版社，2012. 3.
［60］Phil Williams，“Multilateralism：Critique and Appraisal”，in Michael Brenner，eds. ，Multilateralism and Western Strategy ，New York：St. Martin's Press ，1995.
［61］联合国裁军年鉴．1985（10）.
［62］唐永胜，徐弃郁．寻求复杂的平衡：国际安全机制与主权国家的参与，北京：世界知识出版社，2004.
［63］程晓勇．国际核危机及其管理．北京：世界知识出版社，2015. 12.
［64］王佃利，曹现强．公共决策导论．北京：中国人民大学出版社，2003：2.
［65］毛泽东、邓小平、江泽民关于军队建设论述选编．北京：解放军出版社，1997.
［66］张骥．世界主要国家国家安全委员会．北京：时事出版社，2014. 9.
［67］赵渊，寿长华．顶级情报机构揭秘．北京：化学工业出版社，2013. 1.
［68］王谦．英国情报组织揭秘．北京：时事出版社，2016. 4.
［69］Raiffa，The Art and Science of Negotiation［M］．Cambridge ，Mass Harvard Univerity Press.
［70］斯塔奇布．外交谈判导论．陈志敏等译．北京：北京大学出版社，2005.
［71］丁邦泉．国际危机管理．北京：国防大学出版社，2004.
［72］［韩］都允珠．多边主义制度、六方会谈与朝核危机．国际政治研究，2007（3）.
［73］王金辉．试论国际危机管理模式．学习与探索，2009（1）.
［74］程晓勇．论国际核危机的第三方管理．云南社会科学，2012（5）.

[75] 陈先才. 国际核危机管理模式之比较分析. 国际论坛，2007 (9).

[76] [英] 詹宁斯，瓦茨. 奥本海国际法（第1卷·第1分册）. 北京：中国大百科全书出版社，1995.

[77] 刘长敏. 论朝鲜核问题解决中的国际斡旋与调停. 北京：中国政法大学出版社，2007.

[78] 程晓勇. 国际核危机及其控制—国外研究四十年述评. 世界经济与政治论坛，2009 (1).

[79] Nye J S，Jr. U. S. -Soviet Relations and Nuclear-Risk Reduction. Political Science Quarterly，Autumn，1984，99 (3) .

[80] 徐昕，程晓东. 军事危机控制行动与方法问题研究. 国防，2007 (9).

[81] 闫文虎. 美国应对伊朗核危机的战略与措施. 国际资料信息，2008 (6).

[82] 单维艳. 美国和伊朗核问题 [D]. 华东师范大学，2009.

[83] 曹希楷. 国际核危机管理模式探析 [D]. 山东大学，2009.

[84] 程栋. 国际社会核危机处理模式研究. 绥化学院学报，2012，32 (1).

[85] Alexander L. George and Richard Smoke，Deterrence in American Foreign Policy，Theory and Practice. New York，Columbia University Press，1974.

[86] 赵宗九，王辉. 论朝鲜战争中有限战争理论的实践. 军事历史研究，2003 (3).

[87] Kissinger，Nuclear Weapons and Foreign Policy [M] . New York Harper&Brothers，1957.

[88] 向钢华，王永县. 偏好、信息与威慑博弈. 国际政治科学，2006 (3).

[89] 李铁城. 联合国的历程. 北京：北京语言学院出版社，1993.

[90] [美] 陈世材. 国际组织——联合国体系的研究. 北京：中国友谊出版社，1986.

[91] 门洪华. 和平的纬度：联合国集体安全机制研究. 上海：上海人民出版社，2002.

[92] 李铁城．联合国五十年．北京：中国书籍出版社，1996.

[93] 李铁城．世纪之交的联合国．北京：人民出版社，2002.

[94] 郑启荣，李铁城．联合国大事编年：1945—1996 年．北京：北京语言文化大学出版社，1998.

[95] 王绳祖．国际关系史．北京：世界知识出版社，1996. 6.

[96] 郭隆隆等．联合国新论．上海：上海教育出版社，1995.

[97] 资中筠．战后美国外交——从杜鲁门到里根．世界知识出版社，1994.

[98] Roberd Keohane. After Hegemony, Cooperation and Discord in the World Political Economy [M]. Princeton University Press, 1984.

[99] [美] 肯尼斯·阿罗．信息经济学．北京：北京经济学院出版社，1989.

[100] Robert Keohane. After Hegemony: Cooperation and Discord in the World Political Economy [M]. Princeton University Press, 1984.

[101] Robert Keohane and Lisa L. Martin, The Promise of Institutionalist Theory. International Security, Vol. 20, No. 1, Summer 1995.

[102] 孙林虎．国际核不扩散体制的危机管理．军备控制与安全，2006 (3).

[103] John G. lkenberry, Institutions, Strategic Restraint, and the Persistence of American Postwar Order. International Security, Vol. 23, No. 3, Winter 1998/1999.

[104] 王杰．国际机制论．北京：新华出版社，2002.

[105] Robert Keohane. International Institutions: Can Interdependence Work? Foreign Policy, Spring 1998.

[106] 占祖雪，丁祥高．国际原子能机构与核保障制度．厦门大学学报（哲学社会科学版），2008 (4).

[107] 宋新宁，陈岳．国际政治学概论．北京：中国人民大学出版社，2000.

[108] 李少军．国际关系理论与现实．世界经济与政治，2004 (2).

[109] 盛海燕．俄罗斯在朝鲜核危机中的安全利益．西伯利亚研究，2006 (2).

［110］［印度］卡曼斯．2020年：印度核战略．王建，郭静波译．编译参考，1999（12）．

［111］盛海燕．俄罗斯在朝鲜核危机中的立场与作用．国际政治研究，2007（2）．

［112］刘国华．伊朗核问题与大国的利益博弈．国际问题研究，2007（2）．

［113］陈忠．朝核问题与大国博弈［D］．山东大学，2007．

［114］白翠洁．IAEA在国际防核扩散中的作用探析［D］．上海外国语大学，2007．